石头『虎踞』金陵城
——南京石头城遗址研究

南京城墙保护管理中心
南京大学文化与自然遗产研究所 编著

河海大学出版社
·南京·

图书在版编目（CIP）数据

石头"虎踞"金陵城：南京石头城遗址研究 / 南京城墙保护管理中心，南京大学文化与自然遗产研究所编著. -- 南京：河海大学出版社，2024. 9. -- ISBN 978-7-5630-9322-9

Ⅰ. K878. 34

中国国家版本馆CIP数据核字第2024VR7795号

书　　名	石头"虎踞"金陵城——南京石头城遗址研究
	SHITOU "HUJU" JINLINGCHENG——NANJING SHITOUCHENG YIZHI YANJIU
书　　号	ISBN 978-7-5630-9322-9
策划编辑	夏无双　汤思语　朱梦楠
责任编辑	彭志诚
特约编辑	夏连杰
特约校对	左雪梅
装帧设计	蔡嘉苗　槿容轩
出版发行	河海大学出版社
地　　址	南京市西康路1号（邮编：210098）
电　　话	（025）83737852（总编室）　（025）83787107（编辑室）
	（025）83722833（营销部）
经　　销	江苏省新华发行集团有限公司
排　　版	南京布克文化发展有限公司
印　　刷	南京新世纪联盟印务有限公司
开　　本	787毫米×960毫米 1/16
印　　张	20.5
字　　数	258千字
版　　次	2024年9月第1版
印　　次	2024年9月第1次印刷
定　　价	68.00元

《石头"虎踞"金陵城——南京石头城遗址研究》编委会

主　　　　任：郑孝清　贺云翱

委　　　　员：马　麟　王碧顺　刘东华　严文英　张义平

（按照姓氏　　张　琪　陈启东　林　琨　周　源　胡贵卿

笔画排序）　　黄文浩　黄　亮　温林泉　翟森森

主　　　　编：刘东华

执 行 主 编：严文英　翟森森　林　琨　周　源

执 行 副 主 编：赵梦薇　马天翼

编 撰 人 员：马天翼　冯方涛　周　萌　周桂龙　刘　成

　　　　　　　马　涛　蔡嘉苗

编　　　　务：周　萌　夏　慧　高柳雪　马怡晨　赵　凤

　　　　　　　陈　云　裴晓璇

支 持 单 位：中国城墙研究院　南京城墙研究会

　　　　　　　南京古都城墙保护基金会

序　言

　　我与石头城的结缘，如果从正式的考古勘探算起，从1998年7月至今，已跨越了26个春秋。然而，我对石头城的兴趣与探索之心，早在那之前便已萌芽。

　　在南京城西，秦淮河东岸，有一片低山丘陵，那里便是历史上赫赫有名的"石头山"，现今被称为清凉山。石头山因相传三国时期诸葛亮赞誉金陵山水格局为"钟山龙盘，石头虎踞"而声名远扬；到了南唐时期，之前五代十国时杨吴在此建立的兴教寺后又被更名为清凉寺，山也因此渐渐改称为清凉山，这一名称沿用至今。尽管古石头山的海拔最高点仅为60多米，但由于唐代以前江水直接逼近山脚，其南部又扼守着秦淮河口，因此它在军事战略上占据着极为重要的位置。据史书记载，南京最早的行政建置——楚国的"金陵邑"就位于这里。东汉建安十七年（212年），孙权在此修建"石头城"，并将秣陵改名为建业，这标志着南京作为都城历史的开端。自此以后，在整个六朝时期，石头城因其地处要冲而备受历代王朝重视，帝王们常常委派亲信重臣驻守于此，许多重要的历史事件、战役以及人物与石头城紧密相连，因此留下了大量的吟咏诗文。

　　石头城的重要性不言而喻，但在1998年之前，关于其具体位置、范围以及确切属于六朝时期的遗迹却一直如同迷雾般扑朔迷离。这也成了我投身南京地区考古工作后想要解开的一个心结。1998年7月至1999年2月期间，南京市文物研究所为了探寻石头城的城址，在清凉山地区进行了多次野外调查与勘探工作。作为领队，我主持了这次考古工作，带领考古专家邵磊、路侃等人对石头城遗址进行了细致的考古调查和勘探，同时收集和研究相关历史文献。正是这次工作，让我们确定了石头城的大致位置就在清凉山、国防园、菠萝山一带，也开启了我对石头城长达二十余年的持续考古探索与研究之旅。此后，从2010至2021年，我又多次主持田野考古工作，分别对石头城遗址的不同地点进行了持续性的田野勘探和发掘，也取得了重大突破，确定了六朝石头城的城垣四至范围，摸清了城垣布局、结构、修筑工艺、年代变迁等问题，发现了大量的建筑遗迹，比如孙吴时期的顺城垣砖铺路面、东晋至南朝早期夯土与包砖城墙及角楼遗迹，特别是还发现了一座南朝的城门……2017年，一块铭文砖的出土，更加证明了经我们发现的埋藏于地下的古城址，正是孙权于212年在临江而立的石头山上建造的"石头城"。这块城砖出土于石头城遗址西北角一号城门北侧的包砖墙上，残砖端部模印繁体"石头"二字，仿佛穿越时空，向世人述说着那段辉煌的历史。作为南京建都史的"铁证"，2019年，在南京市博物总馆主办的"源流——99件文物里的南京"展览中，这件文物被选中展出；2021年底，"石头"铭文城砖更是在南京城墙博物馆的基本陈列展中占据了重要的一席之地，向每一位参观者讲述着六朝时期南京城墙那独特的历史篇章。

城市考古有助于发现、保护和记录城市的历史文化遗产，通过研究城市的历史遗迹和文化现象，可以更好地理解城市发展演变的历程与规律，也可以为后代留下宝贵的文化财富。它可以帮助人们了解城市是如何随着时间的推移而成长的，包括如何处理人地关系、城市功能空间的规划、建筑设计风格的变化、居住环境的变迁等方面。石头城是南京作为中国重要都城城市的起点，对研究六朝都城史、南京城市建设史、长江流域城址变迁等具有重大意义。

石头城是群雄时代的军事要塞与政治中心。石头城建立伊始，便处在群雄争霸的格局之中。东吴石头城被认为是在楚国金陵邑城的基础上建立起来的。从东汉末年至三国时期，以及东晋、宋、齐、梁、陈时期，是南京城市发展史上英雄辈出的时代，涌现了许多著名的政治家、军事家和文化名人。石头城作为长江防线上的军事堡垒和都城防御的核心命脉，在此时期的诸多战役中发挥了决定性的军事作用，石头城往往被视为六朝都城的"定海神针"。然而，石头城的意义远不止于此，它不仅标志着南京作为六朝都城的起点，同时也预示着六朝历史的终结，指向了南京作为六朝都城的命运之演化。同时，六朝时代的石头城，还是六朝都城作为当时海上丝绸之路中心城市的重要启航地。从这些意义上讲，石头城对六朝、对南京都城史而言，都具有举足轻重的政治、军事、交通和国际意义。

石头城在大一统时代第一次完成了功能转变与文化重塑，文化符号更加深入人心。隋唐时期，随着分裂割据局面的结束，大一统的帝国再次崛起于中华大地。统一的国家内部不再需要"划江而治"的政治中心与军事要塞，加之隋、唐中央政府有意贬抑南京的地位，南京在隋唐时期的行政归属频繁变换，由六朝都城一度降级为县级行政区。石头城的政治、军事功能逐渐淡出历史舞台，取而代之的是它们作为具有深刻象征意义的文化符号深入人心，并随着时代的发展，在明清时期成为古代都市中一处代表士大夫文化的独特文化场域。"石头山"这一带有自然风貌特点和军事色彩的旧称，在人们的口中逐渐演变为"清凉山"这一蕴含佛教韵味与山水园林风情的新地名，它反映了六朝以后石头城区域在人们心中的定位之变化。

　　石头城在近现代第二次完成了功能转变与文化重塑，成为公众视域下的文化景观与公共空间。19世纪末，在日益紧张的国际竞争局势下，清政府被迫打开了国门。经历"洋务运动""辛亥革命""北伐战争"等一系列历史变革，南京城市地位及城市基础设施建设尤其是交通条件得到显著提升，人口的增长与城市的扩张对城市功能提出了更多的要求。此时的清凉山分布着公共图书馆、新式学堂、水库等公共服务场所，在1920至1922年间拟定的南京城市发展"公园计划"中也提出，利用清凉山等山水景观打造西城公园。中华人民共和国成立后，石头城被赋予了现代城市中特有的新职能，作为城市公共服务系统的一个重要组成部分，从士绅精英阶层寄情山水的传统园林，转变为服务于广大人民群众的历史文化景观与城市公共空间。改革开放以来，区域定位的更新与城市建设观念的改变，进一步使清凉山焕发出不同的面貌。特别是六朝石头城遗址及相关遗迹的考古发现，清凉山作为六朝都城南京的文化地标之一，逐渐呈现出历史与现代及"山水城林"交融的核心型文化景观。

　　石头城，是南京作为中国四大古都之一的城市时光隧道中的第一站。这里的一砖一瓦都承载着厚重的历史，一风一叶都诉说着传奇的故事。在这里，古老与当代交织，历史与未来对话，共同书写着南京这座城市的非凡地位、独特魅力与发展成就。石头城遗址不仅丰富了城市的历史文化内涵，也为市民创造了更多接触历史文化、享受文明生活的可能性，展现了南京城市天工钟毓的自然佳境与绵延古今的文脉传承，让人们在繁忙的现代生活中找到一片宁静与思考的空间。

目 录

上篇 自然空间、政治结构与价值取向塑造的文化遗产

第一章 群雄时代的军事要塞与政治中心 ... 3
 一、面江守淮的"石头山"形胜 ... 4
 二、千古之谜"金陵邑" ... 25
 三、六朝都城的"定海神针" ... 51

第二章 大一统时代的功能转变与文化重塑 ... 74
 一、隋代蒋州治和唐初扬州大都督府 ... 75
 二、五代文化中心的崛起与法眼宗的创立 ... 93
 三、明代都城中清净的一角 ... 115
 四、明清时代文人的园林化活动 ... 134

第三章 近现代公众视域下的文化景观与公共空间 ... 150
 一、见证"开眼看世界" ... 152
 二、晚清与民国时期的公共空间与设施建设 ... 163
 三、新中国成立以来"城山交融"的景观建设 ... 174

下篇 考古学家手铲下"复活"的石头城

第四章 从"鬼脸城"到寻找"石头城" ... 191

第五章 石头城遗址的历次勘探与考古发掘工作 ... 198
 一、1998 年考古勘探 ... 199
 二、2009—2012 年考古勘探及发掘 ... 203
 三、2016—2017 年考古发掘 ... 207
 四、2019—2020 年考古发掘 ... 207

  五、2020—2021 年考古发掘 208

第六章 石头城的规模与规制 210
  一、规制："七里一百步"的古城 210
  二、建筑材料：从"土坞"到"加砖累甓" 216
  三、道路：驰道如砥 219

第七章 石头城遗址体现的六朝城市建筑思想 222
  一、因险筑城 222
  二、城周之围 229
  三、固以砖壁 239

第八章 石头城遗存体现的艺术与审美特征 250
  一、瓦当：屋檐的艺术 250
  二、陶瓷：生活的美学 261

第九章 石头城遗址的文化意义与时代价值 270
  一、虎踞之地，文化复兴 270
  二、石头城遗址的地位与价值 275

附录
  附录一 南京石头城遗址 1998—1999 年勘探试掘简报 286
  附录二 江苏南京六朝石头城遗址 303
  附录三 南京发现吴大帝孙权始筑的石头城 305

参考文献 308

后记 316

上篇

自然空间、政治结构与价值取向塑造的文化遗产

第一章
群雄时代的军事要塞与政治中心

石头城，位于今天的南京市，是中国古代都城军事防御体系中的一个重要组成部分。它初登历史舞台的阶段恰好涵盖了春秋战国与六朝两个历史时期。这两个时代群雄并起、争霸不断，不仅在政治军事上经历了剧烈的变革，也在思想文化上迎来了空前的繁荣。这样的历史背景塑造了石头城的独特历史地位。

东吴石头城被认为是建立在楚金陵邑城基础之上，是历史变迁与地缘政治互动的产物。春秋时期，周王室衰微，诸侯并起，开启了中国历史的大国争霸时代。吴国、楚国、越国三国相邻，都意图争霸东南，纷争不断。南京地处吴、楚、越三方势力交割之地，无论是西方的楚文化东渐，还是东方的吴、越两国势力的向西发展，南京都是交锋的前线地带。越灭吴，楚灭越，到战国时期，整个东南地区成为楚国势力控制范围。对于新近征服尚未稳固的吴越故地，建立一个区域性的政治中心以稳固统治成为必由之选，金陵邑城由此诞生。金陵邑城是南京市区真正意义上第一座具有行政建置意义的古城，是有明确史籍记载的南京政区建置之始，它奠定了此后南京城市发展乃至立都的基础，是古都金陵的起点。石头城承接的正是这样一座对南京而言视为起点与发端的城邑，并继之成为建康都城的起点与发端。

进入东汉末年，魏、蜀、吴三国鼎立。孙吴政权据长江以为险，其政治中心在吴县（今江苏苏州）、京口（今江苏镇江）、武昌（今湖北鄂州）辗转，最终选择建业（今江苏南京）作为国都。在楚金陵邑城故址上扩建而成的石头城，是孙吴政权修建都城的第一步，也是转移政治中心前划定势力范围的首选之地，为后期南京城的全面开发奠定基础。

随着历史的推进，建业更名为建康。南京作为东吴、东晋、宋、齐、梁、陈六朝都城，与石头城的军事作用也密不可分。石头城既是入城通江的交通要道，也是控江扼淮的险要之地，无疑成为六朝时期城市西北的天然门户，承担着军事防御与对外交流的主要功能。一方面由于地势险要，自东吴起即修筑石头城，在城中屯兵贮粮，并派重臣驻守，形成沿江防线。另一方面，又在石头城下开设石头津渡，用以转运粮草货物入城，并渡送城内外往来行人，是六朝时重要的水运交通枢纽。

石头城作为长江防线的军事堡垒和都城防御的核心命脉，在六朝时代的诸多战役中起到了决定性的军事作用，石头城也成为六朝都城的"定海神针"。然而，石头城的意义远不止在于它的军事地位，更在于它肇始于东吴立国之前，是南京作为六朝都城的起点，同时又寓意着六朝历史的终结，指向了南京作为六朝都城命运的结束。从这个意义上讲，石头城对六朝、对南京都城史，可谓有着举足轻重的意义与作用。

一、面江守淮的"石头山"形胜

清凉山古称"石头山"，位于今天的南京城西，西临秦淮河，西北接马鞍山，东南连五台山，山势呈圆形，周围有大小山丘十余座。受地质构造影响，1500多年前，石头山在长江与秦淮河交汇之处拔地而起，控江临淮，地势险要，成为长江下游一处倚山扼水的地理形胜，历来有"石头虎踞"的美誉。

（一）地质构造影响下的"石头山"地形

关于石头山这一名称的来源，文献记载有："吴之石城，犹楚之九疑（山）也，自江北而来，山皆无石。至此山始有石。"[①]南京市的地形地貌受地质构造影响很大，其山脉的走向主要为北东向，分布受西北向的南京—湖熟断裂控制。江南宁镇山脉在这一线突然中止，进入西南变为地势低平的丘陵、山地、岗地。秦淮河的走向与它近于一致。

宁镇山脉自镇江逶迤而来，在市区东侧分成3支：其中北支沿长江向西延续，包括栖霞山、乌龙山、幕府山、狮子山、马鞍山、清凉山，海拔130—286米；中支钟山盘踞于市区东郊，主峰北高峰海拔448.9米，是南京市第一高峰，其余脉有富贵山、九华山、鸡笼山、鼓楼岗、五台山、清凉山，海拔32—486米。这两道山脉的汇集点是清凉山，起伏虎踞于长江边，南临淮水，形势极为险要。中支的山冈成为市区的分水岭，山南为秦淮河水系，山北为金川河水系。

清凉山古称"石头山"，其中最高处位于中东部，海拔65.7米。清凉山的附近区域由七座山阜组成，主山脉之东有五台山；西北有马鞍山、八字山（四望山）；南有菠萝山（盋山）、红土山、龟山、蛇山、冶山等几座山体。

南京地区属扬子地台范围。南京市地区构造位置处于淮阳山

---

① （明）王一化纂，（明）程嗣功修：《万历应天府志》卷一五《山川志》引《江乘地记》，南京：南京出版社，2011年，第325页。

字型构造前弧东翼与宁镇反射弧西翼交接部位。南京的地质情况复杂，长期以来由沉积海相、海陆交替相、陆相各时代形成的地层交迭。自元古界震旦系至新生界第四系的近代新冲积层均有出露。西部清凉山、五台山，石色呈赭红色，石质疏松、粗糙，砂砾成分偏高，系1.35亿—0.7亿年前白垩纪砂砾岩层构成。原为低洼河谷的地层中堆积而成的水成岩，由于地球的地壳运动，大约在距今一千多万年前的第三纪后期，出现了一条呈北西方向延伸的断层，致使东北侧山体上升，西南侧山体下降，出现了石头城地段挺直的悬崖峭壁屹立于长江岸边的奇观。

（二）倚山扼水的地理形胜

"形胜"是中国地景文化中特有的概念。这一概念起源于战国时期，最初的来源是《孙子兵法·军形》，该篇讨论了军事形势之优劣与战争胜败之要，后来逐渐成为评述地理形势的用词。而"形胜"所指代的地理形态，经历了从形容战略上的地势险要，演变为对秀丽山水及诗意居所等的美称的过程，"形胜"一词也逐渐有了哲学与美学上的内涵。由此可见，"形胜"一词不仅是对山水空间形态或居住环境格局最优模式的高度概括，同时也蕴含着古人对山水、建筑、地形、植物、道路等自然景象与人工造物的理解和认识，"形胜"观念体现着中国传统文化中追求"天人合一"的精神内涵。

论及南京的形胜之势，"龙盘[①]虎踞"是其最为显著的代名词。"龙盘虎踞"一词最初见于汉代《西京杂记》载中山王所作的《文

[①] 后文"龙盘""龙蟠"通用。

木赋》：

鲁恭王得文木一枚，伐以为器，意甚玩之。中山王为赋曰："丽木离披，生彼高崖。拂天河而布叶，横日路而摧枝。幼雏赢毂，单雄寡雌，纷纭翔集，嘈嗷鸣啼。载重雪而稍劲风，将等岁于二仪。巧匠不识，王子见知。乃命班尔，载斧伐斯，隐若天崩，豁如地裂。华叶分披，条枝摧折。既剥既刊，见其文章。或如龙盘虎踞，复以鸾集凤翔……"①

"龙盘虎踞"一词用于描述南京的山川形势，最早见诸宋代文献。宋代《景定建康志》云：

以山川形势验之，钟山来自建邺之东北而向乎西南，大江来自建邺之西南而朝于东北。由钟山而左，自摄山、临沂、雉亭、衡阳诸山以达于东，又东为白山、大城、云穴、武冈诸山以达于东南，又东南为土山、张山、青龙、石硊、天印、彭城、雁门、竹堂诸山以达于南，又南为聚宝山、戚家山、梓潼山、紫岩、夏侯、天阙诸山以达于西南，又西南绵亘至三山而止于大江。此亮所谓龙盘之势也。

自钟山而右，近之为覆舟山，为鸡笼山，皆在宫城之后。又北为直渎山、大壮观山、四望山以达于西北，又西北为幕府、卢龙、马鞍诸山以达于西，是为石头城，亦止于江。此亮所谓虎踞之形也。②

钟山龙头横亘东北，易守难攻，石城虎踞俯卧江边，扼江控淮。"龙盘虎踞"所形容的正是南京山川环绕、可攻可守的绝佳地势，在群雄割据的时代，这样的区域是建都的不二之选，因此，"龙

---

① （汉）刘歆撰，（晋）葛洪辑，王根林校点：《西京杂记》卷六《文木赋》，转引自《汉魏六朝笔记小说大观》，上海：上海古籍出版社，1999年，第115页。
② （宋）周应合纂：《景定建康志》卷一七《山川志序》，南京：南京出版社，2009年，第395页。

盘虎踞"也被附加了"金陵王气"的连带意象。唐代《建康实录》一篇引《吴录》：

>案：《吴录》刘备曾使诸葛亮至京，因观秣陵山阜。叹曰：钟山龙盘，石头虎踞，此乃帝王之宅也。①

值得注意的是，《建康实录》中引用了《吴录》的说法，《吴录》原书成书于西晋，记载了三国时期吴国的史事。尽管其记录的故事未必信实，但南京"龙盘虎踞"的说法大概率在当时已经流传开来。西晋《江表传》中记载张纮劝说孙权建都南京的史料，也提及了金陵有王气的说法②；南朝陈徐陵《太极殿铭》中也将王气与虎踞龙盘联系起来：

>夫紫盖黄旗，扬都之王气长久。虎踞龙蟠，金陵之地体贞固。天居爽垲，大寝尊严，高应端门，仰模营室。③

因此，可以推断，至迟在三国时期，南京的地文形态已有了"龙盘虎踞"的美誉，而南京之所以有这样的美名，与当时割据形势下南京地形易守难攻、适宜作为政权的首都的形式有关，南京有这样的地理优势，得益于长江与石头山的相对位置关系。

长江下游丘陵连绵，河湖纵横。南京地区地势平坦，为冲积平原小盆地，周围有宁镇山脉的支系紫金山、幕府山等，其地貌形态是在新构造运动的影响下完成的。长江及其支流的侵蚀作用是营造南京地理形势的重要外动力。

长江是南京城市北部的防御天堑，古代六朝时期长江直抵清凉山石头城下，沿长江设有一系列的军事堡垒和烽火台。其西部

---

① （唐）许嵩撰，张忱石点校：《建康实录》卷二引《吴录》，北京：中华书局，1986年，第38页。
② （晋）陈寿撰，（南朝宋）裴松之注：《三国志》卷五三《吴书·张纮传》注引《江表传》，北京：中华书局，1959年，第1246页。
③ （南朝陈）徐陵：《太极殿铭》，转引自（清）严可均校辑：《全上古三代秦汉三国六朝文·全陈文》卷一〇，北京：中华书局，1958年，第3457页。

崖壁今天依然可以看到江水冲刷的自然痕迹。

长江南部一带，沿岸从西南往东北有三山、石头山、马鞍山、四望山、卢龙山、幕府山、摄山等一系列山岭，是抵御北方进犯的天然屏障，易守难攻。同时宁镇山脉的最高峰钟山与其西面的余脉富贵山、覆舟山、鸡笼山以及鼓楼岗、五台山、石头山连成秣陵北部的第二道连绵的山岗。山峦半圆形围合，具有凝聚气韵之势。尤其是石头山，为这两条山脉的汇集点，虎踞长江边，控

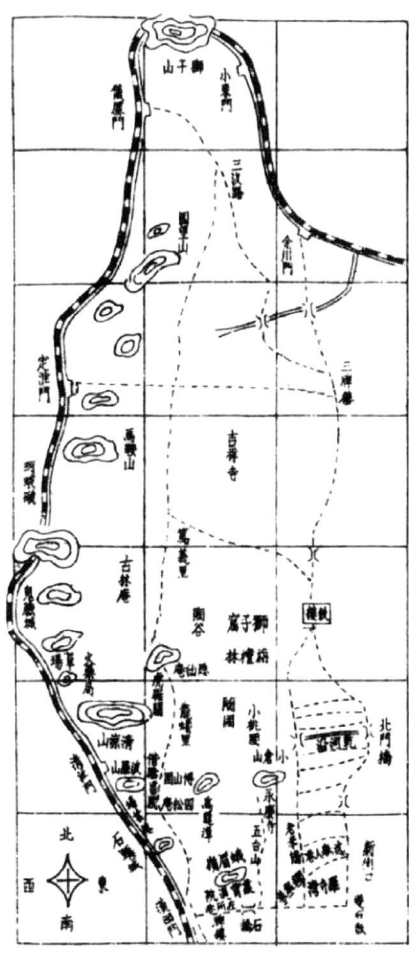

石城诸山图（图源：《石城山志》）

制淮水入江口，形势极为险要。

六朝时期，长江与石头城的位置关系紧密，根据《三国志》记载，东吴太元元年（251年）：

> 秋八月朔，大风，江海涌溢，平地深八尺，吴高陵松柏斯拔，郡城南门飞落。①

根据《晋书》记载，东晋元兴三年（404年）：

> 涛水入石头，商旅方舟万计，漂败流断，骸胔相望。江左虽频有涛变，未有若斯之甚。②

据《南齐书》记载，南齐永元元年（499年）：

> 涛入石头，漂杀缘淮居民。③

可见，唐代以前，长江紧邻石头城下，其距离之近，当海潮上涨和遭遇台风时，石头城部分地段还会遭受水灾。六朝至唐代的秦淮河口就在石头城附近入江，后来江水渐渐西移，秦淮河改为沿着较深的残留江道，往北于三汊河口流入长江。古代石头城的西北、西南两面原分别为长江和淮水。如今的石头城遗址水域资源有秦淮河（古长江遗迹）和乌龙潭（杨吴和南唐金陵城北护城河遗迹）。

长江自西面而来，在南京转折弯曲，向东而去，在南京扼守转折之处，是古代控制长江水道要点，石头城战略地位因此而产生。"石头山和钟山构成了这座城市的两翼。石头山是南京建城、建都的关键，亦是这座城市的灵魂与神秘性所在，由此才衍生出南京后续的历史。"④这是对"龙盘虎踞"的金陵形胜精深的把握

---

① （晋）陈寿撰，（南朝宋）裴松之注：《三国志》卷四七《吴书·吴主孙权传》，北京：中华书局，1959年，第1148页。
② （唐）房玄龄等撰：《晋书》卷二七《五行志》，北京：中华书局，1974年，第817页。
③ （南朝梁）萧子显撰：《南齐书》卷一九《五行志》，北京：中华书局，1972年，第384页。
④ 宇文所安：《地：金陵怀古》，转引自乐黛云、陈珏编选：《北美中国古典文学研究名家十年文选》，南京：江苏人民出版社，1996年，第142页。

和理解。

（三）诸葛亮南京风水观的出处和真实性

石头山形胜"龙盘虎踞"的美誉，常常与三国时期的政治家、军事家诸葛亮联系起来。根据《建康实录》引《吴录》的记载，诸葛亮为促成孙刘联盟，曾亲临南京，观钟山、石头山的地理形势，认为此处适宜建都，并留下了"钟山龙盘，石头虎踞，此乃帝王之宅也"[①]的感叹，这句话将南京"金陵王气"的风水观与"龙盘虎踞"的地理形势联系起来，因此，后世通常认为南京有帝王气这一风水观念来源于诸葛亮的评价。

然而，这一说法常为史学家所质疑，一方面，这一说法最早的来源仅见于《三国志》裴注转引《江表传》中的只言片语，《江表传》原书已佚，其他史料中又缺乏记载与之印证，相反，结合其他史料内容，甚至难以确定诸葛亮是否真的到过南京；另一方面，"金陵王气"之说很可能是汉灭秦后附会天命而引申出来的说法，在口口相传中累积叠加而成，并非由诸葛亮"原创"。

首先，从《三国志》正文内容看，建议孙权定都金陵的是东吴谋士张纮：

纮建计宜出都秣陵，权从之。[②]

就张纮本人的身份而言，提出定都金陵的建议符合其身份。张纮与另一位文臣张昭同为孙吴的辅佐大臣，人称"江东二张"，

[①] （唐）许嵩撰，张忱石点校：《建康实录》卷二引《吴录》，北京：中华书局，1986年，第38页。
[②] （晋）陈寿撰，（南朝宋）裴松之注：《三国志》卷五三《吴书·张纮传》，北京：中华书局，1959年，第1246页。

孙权独称张纮为"东部"[①]，称张昭为"张公"。唐人孙元晏有诗说："东部张公与众殊，共施经略赞全吴"[②]，可见张纮是孙吴重臣。因此，孙权采纳张纮的建议迁都较为可信，绕过本国重臣却采纳作为蜀汉大臣诸葛亮的建议，略显舍近求远，缺乏可信度。

到了西晋时，建议孙权定都的人第一次出现了变化。裴松之在注《三国志·张纮传》时，引用西晋《江表传》，认为促使孙权建都的人是刘备：

纮谓权曰："秣陵，楚武王所置，名为金陵……今处所具存，地有其气，天之所命，宜为都邑。"权善其议，未能从也。后刘备之东，宿于秣陵，周观地形，亦劝权都之。权曰："智者意同。"遂都焉。[③]

而在同时期的《吴录》中，促成建都南京的关键人物则变成了诸葛亮。按《吴录》记载，诸葛亮奉刘备之命前往南京促成孙刘联盟：

因观秣陵山阜。叹曰：钟山龙盘，石头虎踞，此乃帝王之宅也。[④]

然而，没有证据表明刘备或诸葛亮曾经到过南京。部分学者考证诸葛亮的出使路线，认为其与吴国方面谈判之事发生在柴桑郡（今江西九江西南），途中自然不可能舍近求远地绕道南京；就算诸葛亮真的到过京口（今江苏镇江），途经南京，在当时的交通条件下，也一定是乘船沿江而下，无马可驻。

诸葛亮出使江东是东汉建安十三年（208年），时曹操南下

---

① "东部"得名于张纮曾出任会稽东部都尉一职。
② （唐）孙元晏：《张纮》，转引自《全唐诗》卷七六七《孙元晏》，长沙：岳麓书社，1998年，第885页。
③ （晋）陈寿撰，（南朝宋）裴松之注：《三国志》卷五三《吴书·张纮传》注引《江表传》，北京：中华书局，1959年，第1246页。
④ （唐）许嵩撰，张忱石点校：《建康实录》卷二引《吴录》，北京：中华书局，1986年，第38页。

荆州，刘琮不战而降，刘备兵败于长坂，孙权的江东政权亦岌岌可危。于是在鲁肃的建议下（裴松之认为"刘备与权并力，共拒中国，皆肃之本谋"①），诸葛亮作为刘备的全权代表前往柴桑，游说在巨大军事压力和内部投降派的包围下犹豫观望的孙权，孙刘的第一次同盟正式形成，后取得赤壁之战的胜利。

《三国志·诸葛亮传》中对于诸葛亮出使江东之事的记载，提及"时权拥军在柴桑"，即此次出使的地点应是孙吴当时的驻军地柴桑。

先主至于夏口，亮曰："事急矣，请奉命求救于孙将军。"时权拥军在柴桑，观望成败。亮说权曰："海内大乱，将军起兵据有江东，刘豫州亦收众汉南，与曹操并争天下。今操芟夷大难，略已平矣，遂破荆州，威震四海。英雄无所用武，故豫州遁逃至此。将军量力而处之。若能以吴、越之众与中国抗衡，不如早与之绝。若不能当，何不案兵束甲，北面而事之？今将军外讬（托）服从之名，而内怀犹豫之计，事急而不断，祸至无日矣！"②

柴桑，古县名，设置于西汉，隶属于扬州豫章郡，故址大约在今江西省九江市西南。在《三国志》正史中，柴桑是吴主孙权驻军之地，孙刘联盟时期诸葛亮出使至此，并没有太多的细节记载。但在《三国演义》中，柴桑在孙刘联盟期间，成为孙权、诸葛亮、周瑜等诸多三国名人的交锋舞台，诸葛亮"舌战群儒""智激周瑜""卧龙吊丧"等故事都发生在柴桑。因此，后世流传诸葛亮对"金陵王气"的评价，有附会之嫌。

另外，追溯"金陵王气"的来源，这一说法的文献记载最早

---

① （晋）陈寿撰，（南朝宋）裴松之注：《三国志》卷五四《吴书·鲁肃传》，北京：中华书局，1959年，第1269页。
② （晋）陈寿撰，（南朝宋）裴松之注：《三国志》卷三五《蜀书·诸葛亮传》，北京：中华书局，1959年，第915页。

见于西晋《江表传》：

> 秣陵，楚武王所置，名为金陵。地势冈阜连石头，访问故老，云昔秦始皇东巡会稽经此县，望气者云金陵地形有王者都邑之气，故掘断连冈，改名秣陵。①

根据《江表传》，张纮劝说孙权建都南京时所引用的"金陵王气"之说，是其"访问故老"所得，由此可推断，即便以《江表传》的时间序列，在诸葛亮感慨金陵为"帝王之宅"前，民间就已流传着相关的说法。而民间这一说法的来源，或与汉代秦立国后，附会天命之说有关。依据《史记》内容，《秦始皇本纪》中并无始皇泄金陵王气的相关记录，甚至无法确定始皇东巡期间是否曾到过南京，但《高祖本纪》中却出现了对应的记载，称：

> 秦始皇帝常曰"东南有天子气"，于是因东游以厌之。高祖即自疑，亡匿，隐于芒、砀山泽岩石之闲。吕后与人俱求，常得之。高祖怪问之。吕后曰："季所居上常有云气，故从往，常得季。"高祖心喜。沛中子弟或闻之，多欲附者矣。②

《高祖本纪》是秦始皇东游压胜最早的文献记录，由此可知，此类说法最初是为强化汉取代秦的正统性而出现的。

这一说法能够在三国时期被进一步附会引申，也有着一定的历史原因，群雄争霸的时代是这一说法产生的土壤。一方面，在政权稳固的统一王朝内，地方对中央无法构成威胁，自然不会流行"王气"之说；另一方面，同时期的三大割据政权中，曹魏占据中原，挟天子以令诸侯，蜀汉刘备自称帝王之后，唯独孙吴缺乏自立之名份，因此，不得不假借"王气""天命"之说为政权

---

① （晋）陈寿撰，（南朝宋）裴松之注：《三国志》卷五三《吴书·张纮传》注引《江表传》，北京：中华书局，1959年，第1246页。
② （汉）司马迁撰：《史记》卷八《高祖本纪》，北京：中华书局，1959年，第348页。

正名，由此可见，"金陵王气"于孙吴统治者而言，更近似于一种重要的政治资源，孙吴建都于此，也有借"王气"为政权合法性造势宣传的目的。

石头城背靠石头山、钟山，地势雄壮险要，符合古代风水之说对于城市的要求。针对南京的风水，《景定建康志》中有关于南京地势的记载：

> 石头在其西，三山在其西南，两山可望而挹大江之水横其前，秦淮自东而来，出两山之端而注于江，此盖建邺之门户也；覆舟山之南，聚宝山之北，中为宽平宏衍之区，包藏王气，以容众大，以宅壮丽，此建邺之堂奥也；自临沂山以至三山，围绕于其左，自直渎山以至石头，溯江而上，屏蔽于其右，此建邺之城郭也；玄武湖注其北，秦淮水绕其南，青溪萦其东，大江环其西，此又建邺天然之池也。形势若此，帝王之宅宜哉！①

同时，对于山川地势评价为：

> 疆域，帝王之所定也；山川，天地之所作也。金陵未邑、秣陵未县、建邺未都之前，或言地有王气，或言有天子气，非山川融结，气何所指哉？②

可见，《景定建康志》认为金陵"王气"中的"气"，是一种对于风水的评价，这种"气"所依托的，是其所属的山川地势。石头山处于西白虎的位置，与东青龙钟山相对，山环水抱的风水格局"是以王气可乘而运动如意"③。

在《三国志》、《宋书》和《建康实录》等不同时代的古籍

---

① （宋）周应合纂：《景定建康志》卷一七《山川志序》，南京：南京出版社，2009年，第396页。
② （宋）周应合纂：《景定建康志》卷一七《山川志序》，南京：南京出版社，2009年，第395页。
③ （宋）周应合纂：《景定建康志》卷五《建康图》，南京：南京出版社，2009年，第90页。

中，都不约而同地出现将"王气""天子气"等视作政权正统性依据的字句，可见这一观点在历史时期有着广泛且深刻的政治、社会基础。因此不难理解孙吴政权选择从天命的角度，为称帝做出准备。不仅如此，后世东晋、南唐等政权立足江南时，也背靠"金陵王气"以示正统。东晋苏峻之乱后，建康一片残破，时人议迁都豫章或会稽，王导以建康乃"古之金陵，旧为帝里，又孙仲谋、刘玄德俱言王者之宅"[①]为由，力排众议。可见，"金陵王气"是六朝立都建康与立国江南不可或缺的政治和心理条件之一。王气之说已被神化，并广为人们所信服。作为"金陵王气"的神秘性所在，加之"龙虎"也是用以形容王者之象，"龙盘虎踞"同时就具有了政治话语背景。实质上，"龙盘虎踞"就是金陵王气说的异变，也可以说是它的形象化和具体化。

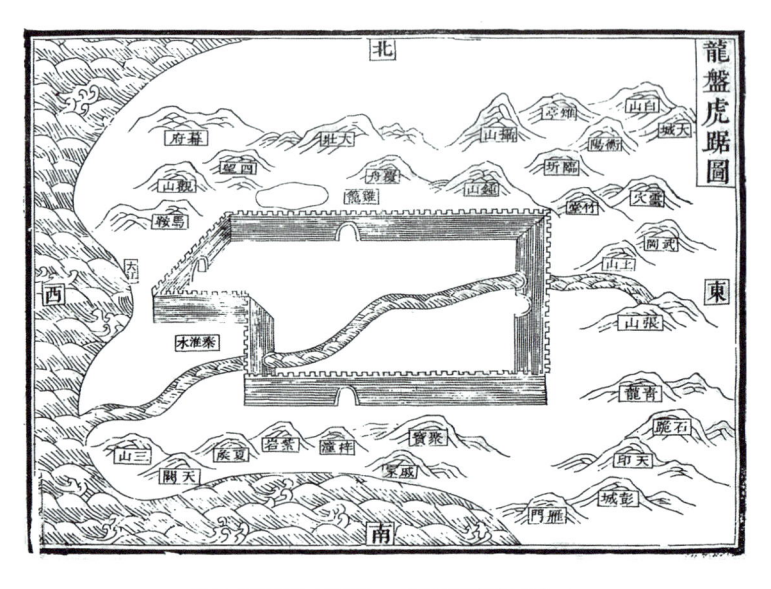

龙盘虎踞图（图源：《景定建康志》）

---

① （唐）房玄龄等撰：《晋书》卷六五《王导传》，北京：中华书局，1974年，第1751页。

在众多说法中，无疑以诸葛亮的传说最富戏剧性。诸葛亮在《三国演义》中被描绘成半人半神似的角色，"有夺天地造化之法，鬼神不测之术"，他的话自然是"金玉良言"。诸葛亮对南京"龙盘虎踞"的评价也历来为坊间大众所津津乐道。在南京城至今还留有诸多"驻马""虎踞""龙蟠"等取自这个传说的老地名，如龙蟠、虎踞现分别作为钟山和石头城附近两条主干道的路名。

清凉山景区内有驻马坡。据说，诸葛亮当年就是在这里与孙权联辔观览南京形胜，历代文人歌咏颇多。

北宋叶辉有《驻马坡》诗：

将军气势溢江河，跃马曾来驻此坡。

坡下石头城最险，屯兵正自不消多。

明代陶安《石头城》诗云：

铁壁巉岩阨要冲，古来设险大江东。

半天虎踞山如旧，万壑鲸吞地更雄。

上国控临吴楚郡，西藩环护帝王宫。

当年驻马坡前望，想见金陵气郁葱。

驻马坡旧影（图源：《金陵胜观》）

晚清时，驻马坡前仍遍植诸葛菜[①]。晚清南京方志学家陈作霖有《减字木兰花》词一首咏诸葛菜：

将星落后，留得大名垂宇宙。

老圃春深，传出英雄尽瘁心。

浓青浅翠，驻马坡前无隙地。

此味能知，臣本江南一布衣。

2022年，复建的武侯祠开放，武侯祠北山墙雕有展现诸葛亮驻马清凉山观望南京山川地势的大型浮雕。

由驻马坡向南，经虎踞关，过龙蟠里，一公里左右就到了驻马庵。清光绪七年（1881年），定居乌龙潭畔的惜阴书院院长、文人薛时雨利用乌龙潭东蛇山上的灵应观旧址，兴建诸葛武侯祠，又名"诸葛武侯驻马庵"，以纪念这位为清凉山扬名的先贤。学

驻马坡

[①] 诸葛菜，学名蔓菁，南京俗称大头芥，根多肉可食。因诸葛亮行军所至即种蔓菁，以充军粮，所以四川人称其为诸葛菜，以表怀念之情。参考薛冰著：《清凉山史话》，南京：南京出版社，2009年，第8页。

乌龙潭

者汪士铎作《驻马坡新建诸葛祠记》为记。另有韩弼元撰文并书写《金陵诸葛武侯祠迎神送神辞并序》碑，文辞优美。法国近代汉学家还受其影响，作有《卧龙颂》一诗。[1]2011年，诸葛武侯驻马庵被列入南京重要近现代建筑保护名录。

乌龙潭公园有龙游亭。相传三国时期，乌龙潭叫芙蓉池、清水塘，诸葛亮出使东吴，曾在此饮马，后人竖石马纪念。2007年在此新建龙游亭，取"卧龙先生到此一游"之意。

南京城南也曾有一座武侯祠。清代甘熙《白下琐言》载诸葛祠在军师巷，相传武侯和吴破魏时驻节于此。[2]

诸葛亮是否来过金陵，尚无定论。要回答这一问题，也许可以借鉴河南南阳卧龙岗武侯祠的那副对联。针对诸葛亮躬耕地在襄阳还是南阳的纠纷，清代南阳知府顾嘉蘅为南阳武侯祠所写楹联道："心在朝廷，原无论先主后主；名高天下，何必辨襄阳南阳。"

---

[1] 〔法〕谢阁兰著，车槿山、秦海鹰译注：《碑》，北京：生活·读书·新知三联书店，1993年，第93页。
[2] （清）甘熙撰：《白下琐言》卷二，南京：南京出版社，2007年，第27页。

在历史长河中，有些真相与细节可能模糊风化，有些人物和故事则常读常新。诸葛亮是否到过南京，没有绝对准确的答案，但"钟阜龙盘，石城虎踞"的名言流传于世，成为历代人们对金陵山川形势的共同评价。毋庸置疑的是，用"龙盘虎踞"来总结和概括南京的山水格局，将石头山与钟山等量齐观，这种观念和认识至迟在西晋时期已经成形了。"龙盘虎踞"之说，对后世产生了很大的影响，在一定程度上成为后世帝王们在此建都的重要理由。诸葛亮金陵驻马、赞叹形胜的故事混合了历史与文学的想象，在六朝烟雨气之外，带给南京新的气息。

（四）古代城市规划的"风水"思想

中国古代城市拥有与西方城市不同的设计建造逻辑和规划设计方法，尤其是其结合山水因素的"风水"思想，形成了地理和风水玄学融为一体的堪舆学，曾指导古代人民创造了大量中国式城市。

"风水"是中华文明特有的"天人合一"传统思想的一个重要体现。追溯其源头，最早可推演至上古时期。《周易·系辞》有言：

> 古者包牺氏之王天下也，仰则观象于天，俯则观法于地，观鸟兽之文与地之宜，近取诸身，远取诸物，于是始作八卦，以通神明之德，以类万物之情。[1]

通过朴素的观察，形成阴阳思维和"天人合一"传统，并引入中医、易学、道教、政治智慧乃至日常生活之中，最终成为中国人特有的传统文化观念。

---

[1] （先秦）佚名撰：《周易·系辞下》，转引自唐明邦主编：《周易评注》，北京：中华书局，1995年，第237页。

古人认为，天道与人事互为影响，即"天人感应"，为了把握天的意志，用以作为人的行为的指导，便有了占卜、占星、占候、风水、望气等术数形式。所谓术数，是指推演之术，用数字组合或自然现象推测往来，预言吉凶。术数所推出的结论往往要用"气"来解释。"气"是古代中国人解释事物变化的一个特殊概念。古人认为，万物的存在变化不过是"气"的作用。《老子》说："万物负阴而抱阳，冲气以为和。"① 《庄子》说："通天下一'气'耳。"② 抽象的"气"被广泛用于解释宇宙起源、社会变迁、人的生存等各个方面。

风水通常被用于居址和墓葬地址的选择上。东晋《葬书》记载：

气乘风则散，界水则止，古人聚之使不散，行之使有止，故谓之风水。③

可见"气"是风水的核心与主要研究对象，风水学认为山水组合会生成某种"气"，"气"成为风水术判断地形优劣的结论。风水在古代称堪舆，"堪"指天道，"舆"指地形。风水术将山川附会星象，以达到地与天的对应。

先民在观察天象过程中发现，周天星象都在自东向西转动（实际是地球自转），只有北极星居中不动。因此，古人将北极星作为天帝所居之位，而东方苍龙、南方朱雀、西方白虎、北方玄武等四方星象则作为守护神拱卫中央，合称"四神"或"四象"，后又衍生出包括"三垣""四象"在内的七大星区。其中四象依

---

① （春秋）李耳撰：《老子》第四十二章，转引自朱谦之撰：《老子校释》，北京：中华书局，1984年，第174页。
② （战国）庄周撰：《庄子·知北游》，转引自（清）郭庆藩辑：《庄子集释》，北京：中华书局，1961年，第729页。
③ （晋）郭璞著：《葬书·内篇》，转引自王其亨主编：《风水理论研究》，天津：天津大学出版社，1992年，第11页。

照方位与季节被分为四宫,每宫包含二十八宿中的七个星宿。

而天象又严格对应现实中的王朝正统性。比如王者就要居于天下之正中位置。《白虎通义》就说:"京师,四方之中也。"① 就是说王者之都城,必须在天下的正中位置,一方面便于统治,另一方面则显示帝王受命于天,只有在这里定都才能在法统上具备正当性。如最早周武王和周公通过勘测地形和占卜确定了天下正中的位置,就是洛阳,这也是早期王朝如东周、汉等多定都在洛阳周围的原因。古人认为中原是对应"天中"的帝王之国,只有占据中原才有资格称帝,只有包括中原的"中国"才具有承继正统的地位,中原王气成为封建政治的定理。

帝都的重要性决定了它必然是风水的精华所在。《管子》中记载:

凡立国都,非于大山之下,必于广川之上。高毋近旱而水用足,下毋近水而沟防省。②

故圣人之处国者,必于不倾之地,而择地形之肥饶者,乡山左右,经水若泽,内为落渠之写,因大川而注焉。乃以其天材,地之所生利,养其人,以育六畜。③

可见,在聚落、城市等选址时,需要综合考虑地形、地势、水土、资源等条件,理想的基址应在背靠高山且有水带环绕的平原上。

对照南京的地理环境,基本上符合上述风水格局。北有祖山——幕府山,还有主山——覆舟山和鸡笼山;东有青龙——钟

---

① (汉)班固著:《白虎通义》卷五《巡狩》,转引自万里、刘范弟辑校:《舜帝历史文献选编》,长沙:湖南大学出版社,2011年,第402页。
② (春秋)管仲撰:《管子》卷五《乘马》,转引自赵守正译注:《白话管子》,长沙:岳麓书社,1993年,第405页。
③ (春秋)管仲撰:《管子》卷五《度地》,转引自赵守正译注:《白话管子》,长沙:岳麓书社,1993年,第570页。

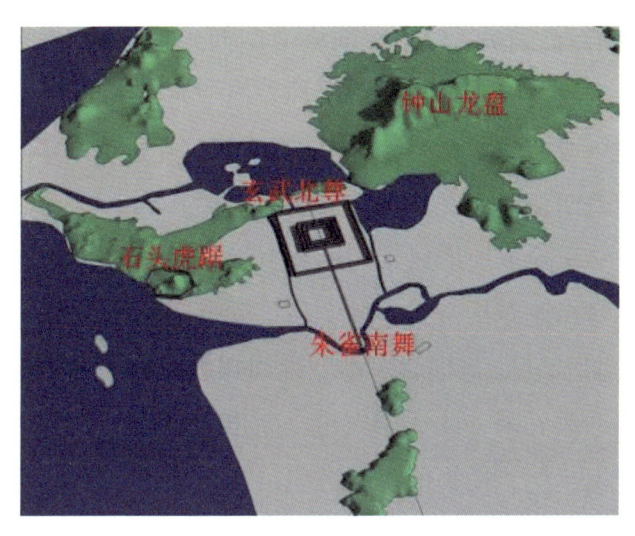

南京风水格局
（南京市城市规划编制研究中心毛燕玲据贺云翱原图绘制）

山；西有白虎——石头山；南有秦淮河水环绕，隔水近处有案山——石子冈（聚宝山），远处有朝山——牛首山；龙穴——建康都城就处在这一系列山水环绕的中央。不难想象，古人选择这里作为都城确实是经过一番踏勘，也无怪乎南京自古以来就有王气的传说。[1]

尤其是南京"龙盘虎踞"的形势之说，可以对应古人对苍龙、白虎星座形象的描述。汉代天文学家张衡有"苍龙连蜷于左，白虎猛踞于右"[2]之星象说，对应南京的"钟山龙蟠，石头虎踞"，可以看作是对于南京地形的风水说认知。

龙虎形象在南京的反复强调，也与历史悠久的龙虎文化密切相关。

龙虎文化起源于远古自然崇拜和图腾崇拜，与我国初民原始

---

[1] 卢海鸣：《试论六朝定都建康的风水因素》，《南京社会科学》2002年第4期，第43页。
[2] （汉）张衡撰：《灵宪》，转引自（清）严可均校辑：《全上古三代秦汉三国六朝文·全后汉文》卷五十五，北京：中华书局，1958年，第1552页。

文化共生并存。1987年，在河南濮阳西水坡仰韶文化时期古墓葬群的考古发现中，M45发现了蚌壳摆塑龙虎图，被称为"天下第一龙虎"或"中华第一龙虎"。说明起码在近7000年前的原始氏族社会晚期，龙虎文化信仰就已经存在。

龙虎文化除了地形风水的形象之说，也与帝王有着特殊的关联。大家熟知龙专指帝王，其实最早称呼帝王是龙虎并称。比如《史记·项羽本纪》，范增就对项羽说刘邦之面相，"吾令人望其气，皆为龙虎，成五采，此天子气也。急击勿失！"[1]可见天上星宿和人间帝王交汇，最终使得龙虎星宿和相关地形成为王气的代名词。在汉画像和六朝墓葬中，都能找到很多龙虎并举的装饰，作为龙虎王气文化之对应。

风水术用"气"来评价地形优劣，龙又是王权的标志，那么，南京以"龙蟠"和"虎踞"为标志的地形，就是风水学上能产生所谓"王气"的最优越的地理形势。它的具体形象就是以金陵东面的钟山为苍龙、以西面的石头山（今清凉山）为白虎，形成了龙虎猛神镇护皇都的形势。南京的代称"龙蟠虎踞"的真正含义就是"金陵王气"。

具体到"龙蟠虎踞"的地形被赋予"金陵王气"意象的汉末三国时代。三国中，曹魏政权占据王朝中心、中原"正统"，挟天子以令诸侯，具备称帝的最优条件；蜀汉政权虽偏据西南，但蜀主刘备为汉宗室后裔，可以皇族血统争正统，只有孙吴政权没有任何借口可以利用，既偏据东南，又没有皇族血统，所以，直到曹魏的曹丕和蜀汉的刘备都相继称帝之后，孙吴的孙权综合考虑多种因素之后才于合适时机登大宝。孙权"自以居非中土"[2]，

---

[1] （汉）司马迁撰：《史记》卷七《项羽本纪》，北京：中华书局，1959年，第311页。
[2] （南朝梁）沈约撰：《宋书》卷十六《礼三》，北京：中华书局，1974年，第423页。

连皇家必需的祭天地设施也迟迟没有兴建。三国鼎立,必争一尊,孙权只有借助"天意"来为自己正名份,"金陵王气"也就成为孙吴与曹魏、蜀汉争尊的"武器"。

"金陵王气"作为特殊的历史现象,科学地剖析它,可以看作是古人用他们的思维方式对优越地理形势所作的一种表述,近似于现代用语中的"战略要地"。

而"金陵王气"的传说并没有随着封建王朝的消失而泯灭。近代民国时期,孙中山先生选择南京作为民国政府首都,他在《建国方略》中说:"南京为中国古都,在北京之前,而其位置乃在一美善之地区。其地有高山,有深水,有平原,此三种天工,钟毓一处,在世界中之大都市,诚难觅如此佳境也。"[①]1949年4月23日,人民解放军渡过长江,占领南京,毛泽东闻讯赋诗《七律·人民解放军占领南京》:"虎踞龙盘今胜昔,天翻地覆慨而慷。"1953年2月23日,毛泽东来到南京,他登上钟山俯瞰古城,兴致勃勃地与陈毅谈起龙蟠虎踞的地形,他感慨说:"今天这个形势依然如故。"[②]这其实就是现代版的"金陵王气"说。

二、千古之谜"金陵邑"

南京被称为"金陵"最早可追溯到楚国的"金陵邑",关于这一说法最早的文献记载是唐代许嵩所编的《建康实录》,书中记载楚威王"因山立号,置金陵邑也。楚之金陵,今石头城是也"[③]。

---

① (民国)孙中山著:《建国方略》之二《物质建设》,北京:中华书局,2011年,第134页。
② 李元:《领袖胸怀连寰宇》,转引自中共江苏省委党史工作委员会、江苏省档案馆编:《毛泽东在江苏》,北京:中共党史出版社,1993年,第22页。
③ (唐)许嵩撰,张忱石点校:《建康实录》卷一,北京:中华书局,1986年,第2页。

这一记载包含两层内涵，其一，金陵邑系楚人所建；其二，金陵邑城即后来的石头城。然而，无论是金陵邑还是金陵这一名称，秦汉时期的文献中并没有相关的记载，因此楚国的"金陵邑"一说暂且存疑。探索楚金陵邑之谜，则需要从春秋时期楚文化东渐之路中寻找蛛丝马迹。

（一）历代文献对楚"金陵邑"的记载

据文献记载，楚金陵邑的建设与存续过程大致如下。周显王三十六年（公元前333年），楚威王大败越国，为控制新占领的边地，乃于滨江临淮之要地石头山置金陵邑并筑城为治。秦始皇二十四年（公元前223年），秦灭楚国，金陵邑城归属于秦。秦始皇三十七年（公元前210年），乃改金陵邑为秣陵县，城为秣

吴越楚地图（图源：《金陵古今图考》）

陵县城。至汉高帝六年（公元前201年），秣陵县迁治，城废。前后历时132年。

唐许嵩撰的《建康实录》记载如下：

越霸中国，与齐、楚争强，为楚威王所灭，其地又属楚，乃因山立号，置金陵邑也。楚之金陵，今石头城是也。或云地接华阳金坛之陵，故号金陵。①

南宋时期编纂的《景定建康志》卷二十"楚金陵邑城"条引旧志云：

（楚）威王灭越，私吴越之富，擅江海之利，置金陵邑于石头。及怀王，为秦所灭。至汉高帝时，封韩信于楚，鄣郡属焉，六年废。②

上述两段文献记载的内容大同小异，对于建设金陵邑的契机，两段文献均锚定在"楚灭越"这一历史事件上。楚灭越是战国时代东南地区的重大事件，在《史记·越王勾践世家》中有着相应的记载：

当楚威王之时，越北伐齐，齐威王使人说越王，……于是越遂释齐而伐楚。楚威王兴兵而伐之，大败越，杀王无疆，尽取故吴地至浙江，北破齐于徐州，而越以此散，诸族子争立，或为王，或为君，滨于江南海上，服朝于楚。③

从史记的内容看，在消灭越国后，南至浙江、北到江苏徐州的大片土地均被楚国占领，对于新近征服尚未稳固的地区，建立一个区域性的政治中心以稳固统治，在逻辑上是说得通的。然而关于金陵邑的辖域范围、历代邑令等，文献没有留下任何线索，现有的实物遗存中，也没有证据可以确认它们与金陵邑及金陵邑

---

① （唐）许嵩撰，张忱石点校：《建康实录》卷一，北京：中华书局，1986年，第2页。
② （宋）周应合纂：《景定建康志》卷二〇《城阙志》，南京：南京出版社，2009年，第483页。
③ （汉）司马迁撰：《史记》卷四一《越王勾践世家》，北京：中华书局，1959年，第1751页。

城直接相关。间接相关者主要有20世纪50年代发现的多枚楚国金币郢爰，其出土地点，所知的有江宁区境的淳化镇焦新塘苗圃、解溪镇焦村、横溪乡及南京城东公园路等。其中公园路的郢爰出自一户居民宅内用明代城砖砌筑而成的院墙中，明显属于"次生堆积"，其原始地点虽不明，但应该不会太远。这些楚国金币，推测即与战国时期金陵邑境的先民活动有关。[①]

（二）楚文化东渐与吴楚越之争

不过，早在春秋时期，楚国已在今南京江北地区设立棠邑，辖域包括今六合、浦口二区及相邻的安徽和县、来安县局部地区，这体现出春秋时期楚文化已经开始对长江下游进行渗透。这一时期，吴国在长江下游崛起，楚文化东渐的过程中势必伴随着与吴文化的冲突斗争。

楚建立于周成王在位时期（约公元前1043—前1021年），楚部落首领熊绎因曾祖鬻熊随周文王伐商有功，受封为楚子，居于丹阳。经熊绎及其后近二十世楚君的经营，至楚成王时（公元前672—前626年），楚文化已经成为长江流域最强势的文化之一。从历史文献与考古资料来看，楚文化是一支具有较强扩张性的文化。这种扩张性使得楚文化在分布的范围上超越了当时任意一种区域文化。据史料记载，春秋战国时期楚国共扫灭61个诸侯国，其势力已经从湖北、湖南，扩张到广东、广西、江西、浙江、福建、江苏，以及四川东部、安徽大部、河南南部、山东西南部，国土面积几乎相当于其余6国的总和。《战国策·楚策一》中记载了

---

① 王志高：《金陵邑与金陵邑城综考》，《南京晓庄学院学报》2014年第5期。

苏秦为楚威王提出的战略构想：

> 西有黔中（湖南怀化市沅陵县）、巫郡（重庆市巫山县），东有夏州（武汉市江汉区）、海阳（江苏泰州市海陵区），南有洞庭、苍梧（广西梧州市苍梧县），北有汾陉之塞（河南许昌市襄城县）、郇阳（陕西安康市旬阳市，也有说在河南南阳市淅川县），地方五千里，带甲百万，车千乘，骑万匹，粟支十年，此霸王之资也。①

1994年河南新蔡葛陵故城楚墓出土竹简1500余枚，从时间上看属于战国早、中期之交，文字数量达8000多个，墓主是楚国重要的封君平夜君成。简文内容大体可分为"祭祷"和"遣策"两大类，在祝祷文中还记载了楚族由中原南迁的过程。

其中，山东、河南等原属鲁宋，而江浙则为吴越之地，在被楚国占领后，其文化也受到了楚文化的影响，随着楚国的对外扩张，楚文化所波及的区域几占天下之半。司马迁在《史记·货殖列传》中曾对先秦时期楚国的疆域有所记载：

> 越、楚则有三俗。夫自淮北沛、陈、汝南、南郡，此西楚也。……彭城以东，东海、吴、广陵，此东楚也……衡山、九江、江南、豫章、长沙，是南楚也。②

在受楚文化影响前，吴文化已经深深植根于长江下游。吴国建国在时间上早于楚国，在周武王时期就已封周章于吴，在此之前，周太王之子太伯、仲雍就已出奔至吴地，中原文化与当地土著文化融合，形成了独具特色的吴文化。因为这则传说，《史记》将吴国归为周王室的直系分支，从吴国属于西周初分封的诸侯国

---

① （汉）刘向集录：《战国策》卷一四《楚策一·苏秦为赵合从说楚威王》，上海：上海古籍出版社，1978年，第500页。
② （汉）司马迁撰：《史记》卷一二九《货殖列传》，北京：中华书局，1959年，第3267页。

来看，这样的推断也较为可信：

> 吴太伯，太伯弟仲雍，皆周太王之子，而王季历之兄也。①

> 太伯卒，无子，弟仲雍立，是为吴仲雍。仲雍卒，子季简立。季简卒，子叔达立。叔达卒，子周章立。是时周武王克殷，求太伯、仲雍之后，得周章。周章已君吴，因而封之。②

周章去世后，吴国传至十九世君主寿梦。在寿梦的统治下，吴国日益强大，也是自寿梦起，吴国君主开始称王。《史记·吴太伯世家》记载：

> 寿梦立而吴始益大，称王。③

在寿梦以前，吴国的领袖没有称王，寿梦称王意味着吴国已经有了扩张领土的战略，吴国的版图与吴文化的影响力，也随着寿梦的对外军事行动，开始向西、向北延伸。从此，吴国打破了孤悬化外的封闭状态，开辟了与中原诸国沟通交往的新时代。

寿梦在位期间，吴国与楚国在安徽、江淮等地展开了对发展空间的争夺战。吴王寿梦二年（公元前584年），吴攻打郑国后便转而攻打楚国及其附属徐国，吴楚两国的拉扯从公元前584年持续至公元前506年，前后近80年。在此期间，吴国采取远交近攻的方针，与以晋为首的中原诸国，包括鲁、宋、陈、卫等国多次会盟，而对与之接壤的楚国及其附属国采取扩张地盘的军事行动。

吴王阖闾继位后听从伍子胥的建议，一边勤于内政，一边整军备战，在吴楚边境上采取骚扰、游击战术，消耗楚军，令楚国疲于应对。阖闾九年（公元前506年），楚国与蔡国发生冲突，

---

① （汉）司马迁撰：《史记》卷三一《吴太伯世家》，北京：中华书局，1959年，第1445页。
② （汉）司马迁撰：《史记》卷三一《吴太伯世家》，北京：中华书局，1959年，第1446页。
③ （汉）司马迁撰：《史记》卷三一《吴太伯世家》，北京：中华书局，1959年，第1448页。

蔡国向吴国求救,吴国借机率军攻入楚境,一举占领楚国郢都(今湖北荆州),楚昭王仓皇出逃。公元前505年,秦国发兵救楚,加之越国进犯吴国,迫使吴国撤军,流亡在外的楚昭王得以回归故土。次年楚吴水陆军队再次交战,楚国大败,楚昭王被迫向北迁都以避开吴国锋芒。《史记·伍子胥列传》记载这时的吴国:

> 西破强楚,北威齐晋,南服越人。①

战国时期楚国大夫屈原也在《天问》中提及此段历史,感慨吴楚交战中楚国的败绩:

> 勋阖梦生,少离散亡。何壮武厉,能流厥严?……吴光争国,久余是胜?②

除吴文化外,越文化也是长江下游地区的重要区域文化。在地域上,吴越文化处在同一大地理空间内,表现为其语言、风俗、生活习惯等具有很强的相似性,因此,二者长期处于对生存空间的争夺、拉锯局面之中。

与吴相似,越是先秦时代一支历史悠久的部族,自商周时期起,中原华夏将生活在东南地区的各大部族统称为"越"。战国时期《吕氏春秋·恃君览》记载:

> 扬汉之南,百越之际。③

可以看出战国时期已经将长江以南的土著群体泛称为"百越"。

关于先秦时期越国建国的过程并无史料记载,《越绝书·越绝外传记地传》云:

> 昔者,越之先君无余,乃禹之世,别封于越,以守禹冢。……

---

① (汉)司马迁撰:《史记》卷六六《伍子胥列传》,北京:中华书局,1959年,第2179页。
② (战国)屈原:《天问》。
③ (战国)吕不韦撰:《吕氏春秋》卷二十《恃君览》,上海:上海古籍出版社,1996年,第362页。

无余初封大越,都秦(余)望南,千有余岁而至句(勾)践。①

《越绝书》成书于汉,其内容多来自《左传》《国语》,虽在后世有一定的附益,但其资料来源大体可靠,且其体现了战国后期至汉晋之间史家对先秦越国历史的认知与想象的建构,故有一定的参考性。根据《越绝书》的内容看,越国为首领无余始建,此后历代"不可记也",详细的记述从允常、勾践时期开始。

《史记·越王句(勾)践世家》记述的越国源流为:

> 越王句(勾)践,其先禹之苗裔,而夏后帝少康之庶子也,封于会稽,以奉守禹之祀。文身断发,披草莱而邑焉。后二十余世至于允常,允常之时与吴王阖庐战而相怨伐,允常卒,子句(勾)践立,是为越王。②

从考古发现来看,早期的越文化与中原青铜时代的二里头文化等差异较大,因此,关于越人为禹后之说存在附会之嫌,但对照《史记》与《越绝书》,二者详细记述越国历史,都是从勾践或其父允常开始,那么最有可能的情况是,越国是在春秋末年才进入中原诸文化的视野当中。

春秋中后期,越国的经济和社会发展得到了长足进步。早期越人的生活区域还主要在山区,生业以半渔猎半农耕为主。到春秋后期,根据《越绝书》的记载:

> 夫镡子允常。允常子句(勾)践,大霸称王,徙琅琊,都也。③

可见,到允常、勾践时期越人已确定过都城。在此期间,吴国与楚国边境战火不息,为避开楚国的压力,吴国的政治重心自然向与楚国相反的东、南迁移,这导致吴与越之间生存空间的挤

---

① (东汉)袁康、吴平辑录:《越绝书》卷八《越绝外传记地传》,北京:中华书局,1985年,第40页。
② (汉)司马迁撰:《史记》卷四一《越王勾践世家》,北京:中华书局,1959年,第1739页。
③ (东汉)袁康、吴平辑录:《越绝书》卷八《越绝外传记地传》,北京:中华书局,1985年,第40页。

压与重叠，为争夺生存资源，吴越逐渐交恶，而楚国也趁机扶持越国牵制吴国，挑起吴越纷争。战国时期，越兴吴亡，越国代替吴国成为长江下游的统治政权。根据《越绝书·越绝外传记吴地传》的记载：

> 摇城者，吴王子居焉，后越摇王居之。稻田三百顷，在邑东南，肥饶，水绝。去（吴）县五十里。①

原吴王子所居的摇城为越王摇所据。

根据宋代《太平寰宇记》记载：

> 故越城，在县西南七里。②

此处的"县"为上元县，即今南京市江宁区的东北部。可见原属吴国的版图在勾践以后已纳入越国的势力范围内。吴国灭亡后，南中国只剩下楚越两个政权，随着共同的对手吴国消失，楚越联盟也自然瓦解，长江下游的文化冲突从楚吴之争转变为楚越之争。

越国借着消灭吴国的威势，不断扩张势力，在战国初期，延续了春秋时的争霸战争，屡次北上中原，宣扬武力，严重威胁了楚国的利益。战国时期，楚、越之间重要的战役有三场：楚威王时期楚军大败越军，杀越王无疆；楚怀王时期夺取越国江东大片地区和越国东部重镇句章（今浙江宁波西）；楚考烈王时期攻占越国都城，迫使越王退入南山。

根据《史记·越王勾践世家》记载：

> （楚威王）大败越，杀王无疆。③

---

① （东汉）袁康、吴平辑录：《越绝书》卷二《越绝外传记吴地传》，北京：中华书局，1985年，第11页。
② （宋）乐史撰，王文楚等点校：《太平寰宇记》卷九〇《昇州》，北京：中华书局，2007年，第1790页。
③ （汉）司马迁撰：《史记》卷四十一《越王勾践世家》，北京：中华书局，1959年，第1751页。

而《越绝书》中也记载：

> 威王灭无疆（彊）。①

《史记》与《越绝书》成书年代相近，其越国世系和部分事件的记载差异很大，因此，二者同时记载了楚威王杀越王无彊的事件，较为可信。

到了楚怀王时期，楚国又一次在战争中大败越国并占领了江东。关于这次事件，《史记》《越绝书》等史料均无记载，但根据《战国策·楚策一》：

> ……且王尝用滑于越而纳句章；昧之难，越乱，故楚南察濑胡而野江东。计王之功，所以能如此者，越乱而楚治也。②

滑即召滑，楚怀王时期任楚国大司马，越通过召滑将句章（今浙江宁波西）割让给楚国，可见楚国的疆域此时已进入今浙江省范围内，长江下游的宁镇地区已属于楚国的势力范围。

（三）南京的地理位置与吴楚越文化之消长

从地理位置上看，南京处于吴楚越三大势力的交汇地带，在吴楚越争霸的过程中，南京长期处于三大势力交锋的边缘，又因南京"倚陵山""扼江水"的险要地形，自然成为吴楚、楚越交锋的前线地带。

春秋时期，南京地区最早的政权是吴国。吴国的大本营在太湖流域，由于宁镇丘陵的天然阻隔，交通不便，故吴国起初的扩张目标并不在南京及长江沿线。随着中原地区晋楚关系的日益紧

---

① （东汉）袁康、吴平辑录：《越绝书》卷八《越绝外传记地传》，北京：中华书局，1985年，第40页。
② （汉）刘向集录：《战国策》卷十四《楚策一》，长沙：岳麓书社，1988年，第121页。

张，晋国为牵制楚国，在申公巫臣的建议下扶持吴国牵制楚国。此后，吴国版图逐渐开始向长江中上游扩张，逐渐与楚国相接，开始了长达60余年的对抗。

虽然申公巫臣联吴抗楚是出于私人恩怨，但他的策略客观上促进了吴国的军事发展。《左传·成公七年》记载：

> 巫臣请使于吴，晋侯许之。吴子寿梦说之。乃通吴于晋，以两之一卒适吴，舍偏两之一焉。与其射御，教吴乘车，教之战陈，教之叛楚。置其子狐庸焉，使为行人于吴。吴始伐楚，伐巢、伐徐。子重奔命。马陵之会，吴入州来，子重自郑奔命。子重、子反于是乎一岁七奔命。蛮夷属于楚者，吴尽取之，是以始大，通吴于上国。[1]

巫臣不仅促成了晋吴联合抗楚的计划，还教导吴军学习乘车、射御等车战技术，并送给吴国战车，吴国才得以走上扩张的道路。吴国地处东南临海地区，原本几乎没有车战和射御方面的经验，更无精于此道的人才。若非晋楚争霸，吴国这个远离中原、地理偏僻的小国，很难有机会在车战时代依靠军事力量崛起，更不用提对外兼并或是向北争霸了。晋国和巫臣向吴国输出的人才和科技，使吴国有了强大的陆军支持，吴军这才摆脱水路扩张的局限性，驰骋在江淮平原。吴国先后开始了对楚国、巢国（今安徽庐江、舒城一带）、徐国（今江苏泗洪南部）等的侵扰，楚国不得不派将领子重、子反在一年内无数次奔波迎战。这一时期的吴楚交锋从结果上看吴国占了上风，吴国将一些原本归属于楚国的蛮夷小国占领，并由此国力日盛，成为雄踞一方的强国。

吴楚争霸的边界地带被称为"吴头楚尾"，随着历史上吴楚

---

[1] （春秋）左丘明撰，（晋）杜预集解，李梦生整理：《春秋左传集解（上）》，南京：凤凰出版社，2020年，第351页。

春秋时期吴楚越形势图（改自《中国历史地图集》）

边境的变化，其范围大致从西面的大别山—桐柏山一线延伸至东面的宁镇山区，南京三面环山、扼守长江，是兵家必争的天险之地。吴楚均擅长水战，寿梦在位时，楚军为摆脱吴军对边境的骚扰，曾沿长江一线直取吴国腹地。根据《左传》记载：

（襄公）三年春，楚子重伐吴，为简之师，克鸠兹，至于衡山。[①]

清代学者顾栋高认为，"子重之克鸠兹也，为今太平之芜湖，此用水也"，据此，公元前570年的鸠兹之战被认为是我国古代有文献记载的最早的水战。楚国水军攻克吴国的鸠兹（今安徽芜湖）后沿江而下，但是到了南京附近，受到了"衡山"的阻挡。此处的衡山应泛指南部地带的山岳，根据相对位置看，具体可对

---

① （春秋）左丘明撰，（晋）杜预集解，李梦生整理：《春秋左传集解（上）》，南京：凤凰出版社，2020年，第406页。

应今日的宁镇山地，这道天然屏障阻拦了楚军长驱直入的道路，给了吴国反击的机会。《左传》对这一战役的后续记载如下：

……使邓廖帅组甲三百、被练三千以侵吴。吴人要而击之，获邓廖。其能免者，组甲八十、被练三百而已。子重归，既饮至，三日，吴人伐楚，取驾。①

楚军将领邓廖率大军挥师吴地，吴国伏兵拦腰截击楚军，活捉将领邓廖，并乘机攻占了楚国的驾邑（今安徽无为）。从这次战役中，不难看出南京在当时的战略地位，正因其地势险要，易守难攻，才能在楚国水军南下时为吴国赢得宝贵的还击时间。吴楚两国都意识到了南京在军事争霸中的重要性，故在长江两岸各自势力范围内建立起了军事要塞。南京地区最早的城邑，在江北地区的是棠邑，地在今六合区境内，由楚国人于公元前571年之前设立。在江南的则是吴国为了抵抗楚国东侵而在公元前541年建立的濑渚邑（一说在今高淳区固城）。从时间上看，楚国在南京设置要塞的时间更早一些，而吴国经过庸浦之战、皋舟之战乃至朱方之战带来的教训，特别是楚灵王三年（公元前538年）的朱方之战，楚国最远曾进攻到朱方（约在今江苏镇江），同样认识到虽然有宁镇山地这一天然屏障，但宁镇山地东侧的平川之上仍需设置防御要塞。

关于庸浦之战，据《左传》记载：

（襄公十三年）吴侵楚，养由基奔命，子庚以师继之。养叔曰："吴乘我丧，谓我不能师也，必易我而不戒。子为三覆以待我，我请诱之。"子庚从之。战于庸浦，大败吴师，获公子党。君子

---

① （春秋）左丘明撰，（晋）杜预集解，李梦生整理：《春秋左传集解（上）》，南京：凤凰出版社，2020年，第406页。

以吴为不吊。①

公元前560年，楚共王逝世，楚国服丧，吴乘机发兵侵楚。楚司马子午、大夫养由基率军为先锋迎敌。身为先锋将的养由基鉴于吴军轻敌且疏于防备，向子午提出诱敌深入而后伏击的建议，被子午采纳。随后，楚国设三处伏兵，养由基率部分楚军将吴军诱至庸浦（楚地，今安徽无为南长江北岸），大败吴军。

次年，楚趁晋及诸侯忙于伐秦之机，遣令尹子囊率军攻吴。楚军进至棠邑（今江苏六合），吴军示弱骄敌，实则在楚军班师必经的皋舟设伏以待。子囊轻敌麻痹，行军至皋舟时被吴军拦腰截击，吴军俘楚公子宜穀，一雪前耻。《左传》记载：

（十四年）秋，楚子为庸浦之役故，子囊师于棠以伐吴，吴不出而还。子囊殿，以吴为不能而弗儆。吴人自皋舟之隘要而击之，楚人不能相救。吴人败之，获楚公子宜穀。②

据推测，"皋舟"隘口应位于今长江沿岸芜湖至扬州之间，具体位置大概率在今南京六合区。从地理上看，这里既符合吴楚使用水军的作战习惯，又满足吴军绕过楚军前锋，突袭楚军后方的条件。从地理、交通等方面来看，吴国和楚国都是以水军为主，因此吴国的水军要迅速进入长江，以便掌握战争的主动权，就必须从南京南面的古中江一线（今胥河）进入长江，而不能从南京北面绕道。当时的长江入海口在今天的扬州和镇江之间，南京靠近入海口，水军从南京北面走，有海潮的威胁，所以必须走南面的古中江一线。根据吴楚几次交锋的过程，可以看出，能否对南京地区进行有效控制，在很大程度上影响着吴楚对抗中的胜败。

---

① （春秋）左丘明撰，（晋）杜预集解，李梦生整理：《春秋左传集解（下）》，南京：凤凰出版社，2020年，第449页。
② （春秋）左丘明撰，（晋）杜预集解，李梦生整理：《春秋左传集解（下）》，南京：凤凰出版社，2020年，第458页。

固城遗址

因而，周景王七年（公元前538年）前，吴国又在今南京辖域的江南南境的高淳固城设置濑渚邑，约辖今高淳、溧水二区及常州溧阳市，与楚要塞棠邑对峙。此外，吴国在高淳建设濑渚邑，也有切断长江到太湖流域的咽喉要地，以防止楚、越间相互沟通的战略考量。固城遗址在今固城街道东新建村，平面呈长方形，有两重城墙，子城东西长约200米，南北宽约120米，外城东西长约1000米，南北宽约800米。城垣多依山而建，城外有壕沟。固城遗址发掘出土了大量西周至春秋、秦汉时期的文物，如编钟、鼎、戈、剑等青铜器，原始青瓷器，几何印纹陶、瓦当、砖以及楚国的钱币郢爰等。

吴为越所灭后，南京地区由楚吴交锋转为楚越交锋，传说南京的秦淮河南岸有范蠡所筑的越城遗址。

《建康实录》记载：

越王筑城江上，镇今淮水一里半废越城是也。[1]

---

[1] （唐）许嵩撰，张忱石点校：《建康实录》卷一，北京：中华书局，1986年，第1页。

西街越城遗址俯瞰（南京市考古研究院提供）

《舆地纪胜》记载：

范蠡佐越灭吴，欲图霸中国，立城于金陵，以张威势。[1]

从文献记载可以推测，公元前472年，越王勾践灭吴后筑城于长干，控扼淮水入江口，史称"越城"。2020年开始，南京市考古研究院对位于南京市秦淮区中华门外、大报恩寺遗址西侧"长干里古居民区及越城遗址区"的西街遗址连续开展发掘工作，发现周代台基、环壕、墙基、水井等遗迹，出土有陶器、石器、原始瓷器等遗物。

---

[1] （宋）王象之撰：《舆地纪胜》卷一七《江南东路·建康府·景物上》引《金陵故事》，北京：中华书局，1992年，第747页。

根据推测,西街周代遗址即为文献中记载的"越城"所在地。值得注意的是,根据碳十四测年,这座城池的建设时代约为距今 2913 年到 3123 年之间,即公元前 1099 年至前 889 年,远远早于越人灭吴入驻长干的时间。同时,考古人员在环壕中发现了大量具有湖熟文化典型特征的夹砂红陶片。湖熟文化是中原商周时期时,江南地区代表性的史前文化之一,分布于宁镇地区以及太湖流域部分地区,在秦淮河流域临水的台地、土墩、山丘上尤为密集。由此,考古人员推测,湖熟文化先人乃是这一地区最早的定居者。湖熟文化通常被学术界认定为先吴文化,在太伯、仲雍奔吴后,中原文化与作为土著文化的湖熟文化合流,成为后世吴文化的起源,西街遗址的发现印证了这一推测。因此,从西街遗址的发展脉络可知,在早期吴人南下的过程中,为加强对秦淮河流域的控制,在位于今西街遗址的定居点挖掘壕沟、加筑城池,对这一地点进行开发经营。吴灭亡后,越人占领吴国故地时,直接将吴人的城池加以修缮并沿用,这座城池便成了越城。综上,西街越城遗址的变化历程,也是吴越政治文化影响在宁镇地区交替演进的缩影。

楚与吴、越文化在南京的交锋史与消长,亦可以从考古发现中略见一二。在传统的吴越文化区内,即楚的东南方,西周至战国前期,流行的都是土墩墓和石室土墩墓。这类土墩墓和石室土墩墓在宁镇地区、环太湖地区、宁绍平原、浙南闽北、皖南等地区广泛存在,甚至出现于苏北的连云港一带,是标志性的吴越文化特征。但进入战国后期,土墩墓和石室土墩墓却消失了,被楚文化风格的竖穴土坑墓所代替,楚式棺椁代替独木棺,此前以原始瓷和印纹硬陶为主的随葬品也被楚文化风格的陶器、仿铜陶礼器、人俑、漆木器等所取代。

据考古发现，迄今在东南一带已发现"楚式墓"30余座，散见于安徽宣城、江苏无锡、武进、苏州、南京、上海嘉定、青浦，浙江安吉、绍兴、宁波等地。典型墓葬有苏州木渎考古所见战国遗存、上海福泉山M88、上海青浦重固战国墓、上海嘉定外冈古墓、苏州真山四号墩诸墓、苏州善山M7、无锡施墩M5、安吉五福楚墓、安吉垄坝楚墓、江苏武进孟河战国墓、苏州何山东周墓、绍兴凤凰山木椁墓、浙江安吉上马山楚墓等等。这些墓葬中随葬品的陶器组合主要为鼎、豆、盒、壶，另加杯、钫、勺等，另外陶俑也较为常见。

这种典型楚式墓出现并广泛分布于吴越地区的时间与文献记载的战国中期"楚威王兴兵而伐之，大败越，杀王无彊，尽取故吴地至浙江，北破齐于徐州，而越以此散，诸族子争立，或为王，或为君，滨于江南海上，服朝于楚"[1] 相呼应。

（四）关于楚"金陵邑城"位置之推测

楚怀王时期，楚国灭越，南京地区归楚。《建康实录》记载：（楚威王）因山立号，置金陵邑也。[2]

从逻辑上看，楚国初定长江下游，有必要建设城邑，巩固对新占地区的统治。而南京地区既有着自然地理上的战略优势，又具备一定的开发基础，是建设新城邑的不二之选。然而，秦汉时期的文献中未见关于楚金陵邑城的记载。战国楚设金陵邑城之事，最早见于《三国志·吴书·张纮传》注引《江表传》。传载张纮

---

[1] （汉）司马迁撰：《史记》卷四十一《越王勾践世家》，北京：中华书局，1959年，第1751页。
[2] （唐）许嵩撰，张忱石点校：《建康实录》卷一，北京：中华书局，1986年，第2页。

曾提议孙权建都秣陵：

> 秣陵，楚武王（应为楚威王）所置，名为金陵。地势冈阜连石头。①

此中虽未直接点明金陵邑城的位置，但从文义分析应与石头（山）相近。

楚金陵邑城大量见于文献始于唐宋时期，且唐宋以来文献则多明确记载金陵邑城即后世六朝之石头城，如《建康实录》卷一记载：

> 楚之金陵（邑城），今石头城是也。②

《元和郡县图志》卷二十五记载：

> 石头城，在（上元）县西四里，即楚之金陵城也，吴改为石头城。③

《太平寰宇记》卷九十"石头城"条：

> 楚威王灭越，置金陵邑，即城也。④

《景定建康志》卷二十载：

> 周显王三十六年，越为楚所灭，乃因山立号，置金陵邑，今石头城是也。⑤

不过，关于金陵邑城在石头山之具体位置，各志之推测又有差异。一说在今清凉寺西，如元代《至正金陵新志》卷十二引《乾道志》记载：

---

① （晋）陈寿撰，（南朝宋）裴松之注：《三国志》卷五三《吴书·张纮传》注引《江表传》，北京：中华书局，1959年，第1246页。
② （唐）许嵩撰，张忱石点校：《建康实录》卷一，北京：中华书局，1986年，第2页。
③ （唐）李吉甫撰，贺次君点校：《元和郡县图志》卷二十五《江南道·润州·上元县》，北京：中华书局，1983年，第596页。
④ （宋）乐史撰，王文楚等点校：《太平寰宇记》卷九〇《昇州》，北京：中华书局，2007年，第1788页。
⑤ （宋）周应合纂：《景定建康志》卷二〇《城阙志》，南京：南京出版社，2009年，第484页。

金陵邑城在清凉寺西，去台城九里，南开二门，东一门。①

明代顾起元《客座赘语》卷五"金陵古城"条：

楚金陵邑城，楚威王置，在石头清凉寺西，南开二门，东一门。吴石头城，大帝因旧城修理，一名石首城。②

一说在石城门（即汉中门）近清凉门处，如明代孙应岳《金陵选胜》卷二《城阙》：

金陵邑城即石头城，今石城门近清凉门处。③

一说在石头山西北，如清代顾云《盋山志》卷一《形胜》：

金陵邑城当在盋山（即石头山）西北，楚威王置其城，西南二门，东一门。今湮。④

一说在石城门北，如明代陈沂《金陵古今图考》：

今石城门北冈垄削绝，皆（金陵邑）城故区。⑤

在学术界，大多数学者认为战国之金陵邑城即在石头山。如朱偰《金陵古迹图考》第三章第三节《楚金陵邑》："置金陵邑于石头（山）后之石头城。"⑥蒋赞初《南京史话》："楚威王灭越后，就在今清凉山上修筑了一座城邑。"⑦贺云翱《六朝瓦当与六朝都城》："石头城遗址位于今南京城西清凉山一带，它是南京在六朝时代作为都城的起点，甚至还是南京城区历史上有

---

① （元）张铉撰，田崇：《至正金陵新志》卷一二《古迹志·城阙 官署》"楚金陵邑城"条引《乾道志》，南京：南京出版社，2010年。
② （明）顾起元撰：《客座赘语》卷五"金陵古城"条，南京：南京出版社，2009年，第132页。
③ （明）孙应岳撰，成林点校：《金陵选胜》卷二《城阙》"金陵邑城"条，南京：南京出版社，2009年，第143页。
④ （清）顾云撰，张增泰点校：《盋山志》卷一《形胜》"金陵邑城"条，南京：南京出版社，2009年，第4页。
⑤ （明）陈沂撰，欧阳摩一点校：《金陵古今图考》"吴越楚地图考"，南京：南京出版社，2006年，第68页。
⑥ 朱偰著，南京市地方志编纂委员会办公室编：《金陵古迹图考》，南京：南京出版社，2019年，第59页。
⑦ 蒋赞初：《南京史话》，南京：江苏人民出版社，1995年，第33页。

行政建置的始发地。"① 王志高《简论南京石头城的四个问题》："石头城的前身是始建于战国时期的金陵邑城……石头城内的核心建筑是其东北地势较高处的仓城，或称石头库，始建于孙吴，其前身即楚金陵邑城。"②

为探索楚金陵邑城之谜，自 2010 年 5 月以来，南京大学文化与自然遗产研究所及六朝建康城遗址考古队先后多次对石头城遗址所在地区进行了大规模的考古调查、勘探和局部试掘，楚国金陵邑城的诸多未解之谜，有待进一步的考古发掘来确认。

（五）"金陵邑"得名之谜与楚国地名中"陵"的使用

关于吴石头城建立在楚金陵邑城基础之上猜想的另一线索是"金陵"为典型楚式地名，"陵"字常用于楚地名中。在受楚国统辖之前，今江苏范围内并没有以"陵"字作为地名的习惯。

以"陵"为名是楚国地名的一大特征。先秦文献中有很多关于楚地名中带"陵"的记载，如东陵、西陵、鄢陵、郢陵、召陵、杜陵、零陵、夷陵、辰陵、桂陵、武陵、江陵、安陵、竟陵等等。在楚地出土的战国竹简中，也出现了大批含有"陵"字的地名，如瀁陵、长陵、南陵、襄陵、安陵、易陵、子陵等，上述这些地名分布在今河南、湖北、湖南、江西、安徽等地区，这些区域几乎都属于先秦时楚国的领地，可见在楚国地名中，"陵"字的使用是非常普遍的。

从春秋到战国，楚国的领土持续向东扩张，曾控制如今江苏

---

① 贺云翱：《六朝瓦当与六朝都城》，北京：文物出版社，2005 年，第 173 页。
② 王志高：《简论南京石头城的四个问题》，《南京晓庄学院学报》2013 年第 2 期。

省辖区内的大部分地区，公元前333年，楚国击败越国，今南京地区成为楚国领土。因此，大致可以推断，最迟到战国晚期，楚国已经在江苏推行了自己的建置。关于楚建金陵邑，先秦两汉文献中没有相关的记载，但在《史记·六国年表》中，明确记录了公元前319年，楚国"城广陵"[1]。一般认为，广陵城是在吴邗城的旧址上建成，并将新城按楚地命名习惯改名为广陵，可见，楚国将原吴越故地的城邑命名为"陵"的事例的确存在。而广陵这一名称，一般认为是"广被丘陵"之意。根据《尔雅·释地》的解释：

> 邑外谓之郊，郊外谓之牧，牧外谓之野，野外谓之林，林外谓之坰，下湿曰隰，大野曰平，广平曰原，高平曰陆，大陆曰阜，大阜曰陵，大陵曰阿，可食者曰原。[2]

可见，"陵"的本义为"大土堆"，即山体堆积丰厚而形成的最高的部分，表"山间高地"之义，广陵这一地名也是因当地地貌广被丘陵而得。依此类推，石头城依清凉山而建，而清凉山正符合楚人眼中"陵"的标准，因此，倘若楚威王的确在清凉山侧建造过城邑，那么依据楚人的命名习惯，将此地命名为"陵"也是顺理成章的。至于"金陵"为何被称为"金陵"，历来有"埋金说""因山立号说""产金说""采金说"四种说法，多为后世附会。综上，金陵邑是否为楚人所建及命名过程尚需考古发现确证，但可以确定的是，"金陵"这一名称是根据清凉山等的山地的地貌命名的。

---

[1] （汉）司马迁撰：《史记》卷十五《六国年表》，北京：中华书局，1959年，第731页。
[2] （晋）郭璞注，（宋）邢昺疏：《尔雅》卷七《释地》，转引自（清）阮元校刻：《十三经注疏》，上海：上海古籍出版社，1997年，第2616页。

（六）秦汉秣陵县的传说及考证

楚国灭亡以后，将"陵"字用作地名的做法并没有消失。秦汉时期，今南京地区被称为秣陵。"秣"有牲畜饲料及喂养牲畜之意，"秣陵"就是种植草料养马的山陵。后世认为，这个名称含有秦始皇贬抑楚国"金陵"，降低南京地位的用意，这个观点随着时代的变迁，逐渐演变成了一则关于秦始皇的传说，绘声绘色地描述了秦始皇东巡时，途经金陵，有堪舆之人对秦始皇说金陵有王气，秦始皇遂命人将连绵的山脉凿开缺口，挖断金陵的"龙脉"，以泄王气，并将金陵改名为秣陵，加以贬抑的故事。

传说自然是后人附会，但秦置郡县时改金陵为秣陵县似乎已成定论。然而，查阅秦汉文献，并没有明确记载秦改分封为郡县时曾设置过秣陵县。先秦两汉的文献中，关于秣陵的记载并不多，仅在《汉书》《后汉书》中有所提及。

《汉书》中记载了秣陵的名称与行政归属。据《汉书·王子侯表上》记载：

> 秣陵终侯缠，江都易王子。正月丁卯封，元鼎四年薨，亡后。[1]

根据文献可知，西汉江都国第一任王刘非的一个儿子被封在了秣陵。江都国是西汉时期七国之乱平定后分封的诸侯国。由于江都王刘非平定吴国叛乱有功，汉景帝封刘非为江都王，治故吴王所属之地，据此可以推测，西汉时秣陵位于江都国境内。

《汉书·地理志》中对秣陵的记载更为详细：

---

[1] （汉）班固撰：《汉书》卷十五上《王子侯表第三上》，北京：中华书局，1962年，第438页。

丹扬郡，户十万七千五百四十一，口四十万五千一百七十。县十七：宛陵，于潜，江乘，春谷，秣陵，故鄣，句容，泾，丹杨（阳），石城，胡孰，陵阳，芜湖，黟，溧阳，歙，宣城。①

根据《地理志》的记载可以看出，秣陵在当时是归属于丹阳郡的一个县。

《后汉书·郡国四》中丹阳郡条目下记载：

秣陵南有牛渚。②

也可证实秣陵在两汉时期是丹阳郡下属县，但除此之外，并无关于秣陵县的其他详细记载，秦始皇置秣陵县的相关记录更是未曾提及。常见观点认为，秦始皇三十七年（公元前210年），乃改金陵邑为秣陵县，城为秣陵县城，然而《史记》中关于秦始皇三十七年的相关记载中，未提及设秣陵县之事。据《史记·秦始皇本纪》记载：

三十七年十月癸丑，始皇出游。左丞相斯从，右丞相去疾守。少子胡亥爱慕请从，上许之。十一月，行至云梦，望祀虞舜于九疑山。浮江下，观籍柯，渡海渚。过丹阳，至钱唐。临浙江，水波恶，乃西百二十里从狭中渡。上会稽，祭大禹，望于南海，而立石刻颂秦德。③

传说的产生通常有其来源。根据《史记·高祖本纪》记载：

秦始皇帝常曰"东南有天子气"，于是因东游以厌之。高祖即自疑，亡匿，隐于芒、砀山泽岩石之闲。吕后与人俱求，常得之。高祖怪问之。吕后曰："季所居上常有云气，故从往常得季。"

---

① （汉）班固撰：《汉书》卷二八上《地理志上》"丹扬郡"条，北京：中华书局，1962年，第1592页。
② （南朝宋）范晔撰：《后汉书》卷三十二《郡国四》，北京：中华书局，1965年，第3490页。
③ （汉）司马迁撰：《史记》卷六《秦始皇本纪》，北京：中华书局，1959年，第260页。

高祖心喜。沛中子弟或闻之，多欲附者矣。①

此处显然是由于汉高祖自东南起事，故作谶语加以附会。

秦始皇改金陵为秣陵以压制金陵王气的说法，最早见于《三国志·吴书》中《张纮传》一篇注引的《江表传》，引用内容是孙吴谋士张纮劝说孙权建都时所述：

纮谓权曰："秣陵，楚武王所置，名为金陵。地势冈阜连石头，访问故老，云昔秦始皇东巡会稽经此县，望气者云金陵地形有王者都邑之气，故掘断连冈，改名秣陵。今处所具存，地有其气，天之所命，宜为都邑。"②

《江表传》是西晋虞溥所著的关于三国时期史事的作品，对吴的记述尤为详细，但这部作品原书已佚，其可信度无从查证。

依照考古学常识，秦汉秣陵县延续四百余年，治所周围应当有居址墓葬等相关遗迹留存。根据考古发现情况，南京城区的汉墓主要集中于三个区域：一是城东大光路一带，二是城北鼓楼一带，三是城南长干里一带。依照汉代习俗，墓葬应位于城外，因此，根据墓葬情况可以推测，当时的生活区域应当在这三个墓葬区之间的地带。

贺云翱教授在其著作《六朝瓦当与六朝都城》中曾结合考古资料推测六朝时期扬州治所西州城位于今张府园一带，并提及张府园以西一带"地下八九米深处，曾出土秦至汉代的遗物，有陶网坠、石斧、石锛、印纹硬陶片等"③，贺云翱教授由此推断，这一地区"是南京开发时代较早的地方之一，它们为后来六朝时

---

① （汉）司马迁撰：《史记》卷八《高祖本纪》，北京：中华书局，1959年，第348页。
② （晋）陈寿撰，（南朝宋）裴松之注：《三国志》卷五三《吴书·张纮传》注引《江表传》，北京：中华书局，1959年，第1246页。
③ 贺云翱：《六朝瓦当与六朝都城》，北京：文物出版社，2005年，第193页。

代扬州治建城于此奠立了深厚的文化基础"[1]。这些发现虽不能直接证实秦汉秣陵县治的所在,但无疑为寻找秦汉秣陵县提供了重要的线索。

事实上,早在历史时期,一些学者就已推测秦汉秣陵县位于西州城故址。如《太平寰宇记》卷九十《江南东道二·昇州》记载:

> 汉因秦制,至武帝初为扬州理于此。元封二年始置十三州刺史,领天下诸郡,此即为扬州。扬州本在西州桥、冶城之间,是其理处。后汉如之。刘繇为扬州刺史,始移理曲阿。[2]

认为秦汉扬州治所与六朝西州一脉相承,即位于今南京。《金陵古今图考》也认为:

> 汉(扬州)无定治,或治寿春,或治曲阿,或治历阳;建邺为多,亦在淮水之南,去丹阳城东南二里。[3]

这样的观点与目前的考古发现情况较为接近。

总体上看,秦汉文献中既无关于"金陵"的记载,也没有金陵改名为秣陵的明确证据,无论是"金陵"与"秣陵"之关系,还是秦汉秣陵县的具体位置,都只能暂且存疑。根据现有考古发现,大致能推测秦代秣陵县大致位于今南京城区,且在文化上具有一定的延续性,关于金陵、秣陵的谜团,还有待随着考古工作的开展进一步揭晓。

---

[1] 贺云翱:《六朝瓦当与六朝都城》,北京:文物出版社,2005年,第193页。
[2] (宋)乐史撰,王文楚等点校:《太平寰宇记》卷九〇《昇州》引《丹阳图说》,北京:中华书局,2007年,第1772页。
[3] (明)陈沂撰,欧阳摩一点校:《金陵古今图考》"汉丹阳郡图考",南京:南京出版社,2006年,第72页。

三、六朝都城的"定海神针"

依靠夹江带淮和高耸突兀的地理优势，雄踞江岸的石头山成为孙吴政权修建都城的首选之地，开启了南京六朝古都的第一篇章。依附石头城而生的石头津，作为六朝时期重要的水运交通枢纽，也成为南京放眼世界的重要窗口。自东吴始建石头城，定都建康（建业）的南方政权多依江自守。石头城作为重要的江防堡垒和都城防御的核心要塞，在六朝时代的诸多战役中起到了决定性的军事作用，石头城无异于六朝都城的"定海神针"。

（一）孙吴筑石头城

东汉建安十六年（211年），孙权从京口（今江苏镇江）徙治秣陵，次年筑石头城，改秣陵县为建业县。

石头城建在古石头山上，是长江江岸的一个制高点，西边靠近长江，城下的江河和石头津渡口是孙吴水军的基地，周围还设有储存武器和粮食的地方，并有烽火台通报军情，是一个军事重镇。尽管石头城的军事意义大于政治意义，但它的建设拉开了孙吴政权和后来的东晋、南朝建都南京的序幕。

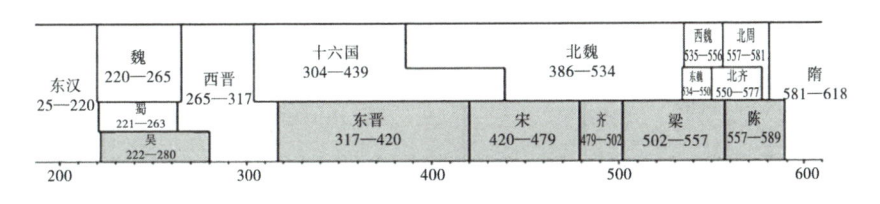

六朝年代简图

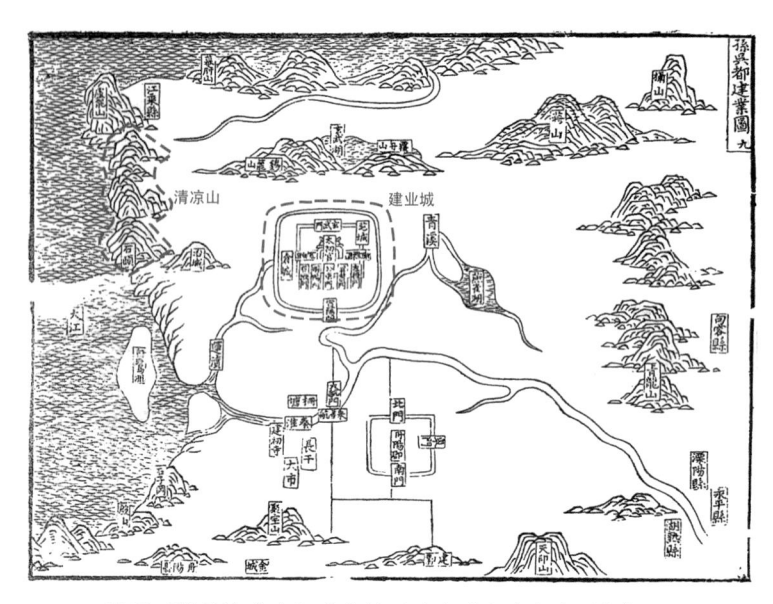

孙吴时期的清凉山与建业城（改自《金陵古今图考》）

  孙权石头城"缘大江，南抵秦淮口"[①]。其城基，一部分利用了原有的石头峭壁，而另外的人工修筑部分"吴时悉土坞"[②]。其地势"因山以为城，因江以为池，地形险固，尤有奇势"[③]。石头城的地势选择，正应和了"因山为垒，缘江为境"的筑城特点，这一点也可以从东吴政权兴建的其他城址窥见一斑。始建于东吴立国前的京口铁瓮城，利用北固山南峰山势，并加筑夯土，形成了与山一体的巍峨城垣。与铁瓮城相似，石头城也有依山临江的特点，南扼秦淮河口，军事地位突出。与铁瓮城不同的是，石头城是六朝都城郭城之外的独立城池。当时，孙权已选南京作为政

---

① （宋）周应合纂：《景定建康志》卷一七《山川志一·山阜》"石头山"条引《舆地志》，南京：南京出版社，2009年，第398页。
② （宋）周应合纂：《景定建康志》卷一七《山川志一·山阜》"石头山"条引《丹阳记》，南京：南京出版社，2009年，第399页。
③ （宋）周应合纂：《景定建康志》卷一七《山川志一·山阜》"石头山"条引《丹阳记》，南京：南京出版社，2009年，第399页。

治中心，因此除了军事意义，石头城的修建也可以说是孙权划定势力范围的举措，为后期南京城的全面开发奠定基础。

《读史方舆纪要》引《图经》云石头城"南开二门，东开一门，其南门之西者曰西门"[1]。石头城最初是开设了三座城门，东面开有一门，南面开有两门，南门中偏西的称为西门。另据《陈书》中记载平定侯景之乱的战事中，有"卢辉略开石头北门来降"[2]，说明石头城还有一座北门，可能是东晋重修石头城时所新辟。

石头城内的核心建筑是其东北地势较高处的仓城，或称石头库，用于储军粮和兵械。左思《吴都赋》云："戎车盈于石城，戈船掩乎江湖。"《文选》李善注曰："其中有库，藏军储。"[3] 石头仓规模较大，《晋书》卷七十三《庾翼传》载，曾有豪将之辈"偷石头仓米一百万斛"[4]，可为其证。仓设仓丞和督监，旧时曾见有特制仓砖。清人顾云撰《盋山志》卷一引《续志》云："六朝仓砖约九寸，博半之，隶书阳文，多记仓官姓名，颓垣废圃中往往遇之。"[5] 而《南齐书》卷五十七《魏虏传》载，齐武帝准备伐魏，曾"于石头造露车三千乘，欲步道取彭城"[6]。说明石头城不仅贮存军粮器械，也是制造军用器械之地。

后人为纪念孙权，曾在石头山上的清凉寺西侧建吴大帝庙。宋代文人王遂有《吴大帝庙》诗："曾是东南第一王，眼看此地

---

[1] （清）顾祖禹撰，贺次君、施和金点校：《读史方舆纪要》卷二十《南直二·应天府》"石头城"条引《图经》，北京：中华书局，2005年，第925页。
[2] （唐）姚思廉撰：《陈书》卷一《高祖本纪》，北京：中华书局，1972年，第6页。
[3] （晋）左思：《吴都赋》，转引自（清）严可均校辑：《全上古三代秦汉三国六朝文·全晋文》卷七四，北京：中华书局，1958年，第1885页。
[4] （唐）房玄龄等撰：《晋书》卷七十三《庾亮传附庾翼传》，北京：中华书局，1974年，第1932页。
[5] （清）顾云撰，张增泰点校：《盋山志》卷一引《续志》，南京：南京出版社，2009年，第4页。
[6] （南朝梁）萧子显撰：《南齐书》卷五十七《魏虏传》，北京：中华书局，1972年，第991页。

1958年清凉山吴甘露元年（265年）
墓出土青瓷熊灯
（中国国家博物馆藏）

1958年清凉山吴甘露元年（265年）
墓出土青瓷羊尊
（南京市博物馆藏）

六兴亡。东缘有酒登京口，西为无鱼忆武昌。非复虎臣陪殿上，空余猩鬼泣祠旁。何年并建琅琊庙，共对淮山草木长。"南宋建炎年间，吴大帝庙毁于兵火，后于景定五年（1264年）重建于清凉山东麓。

（二）孙吴开启南京建都的第一页

孙吴政权自"孤微发迹"到割据江东，其政治中心在吴县、京口、武昌、建业辗转，先后振兴，又渐次放弃。唯有建业，终成一国之都。依靠夹江带淮和高耸突兀的地理优势，雄踞江岸的石头山成为孙吴政权修建都城的首选之地，为后期南京城的全面开发奠定基础。

东汉末年，孙坚利用镇压黄巾起义的机会组建武装力量，在军阀混战中依附袁术，但没有占据固定地盘。孙坚战死后，孙策继承父亲旧部，先后攻占江东六郡，奠定了孙吴立国的基础。孙策被刺杀后，孙权继兄统事，以吴地为中心，逐步扩大势力范围，割据江东。

孙吴疆土东抵东海，南及南海兼有交趾，北自江北与曹魏为界，西沿三峡及今湖南、贵州、云南、广西边界与蜀汉为邻。以今地论，包括浙江、上海、福建、江西、广东、湖南等省市的全部，湖北、安徽、江苏、广西、贵州等省区的一部及越南的中北部、四川的一隅。[1]

兴平二年（195年），孙策东渡长江，先后攻占丹阳、吴郡、会稽、豫章、庐江、庐陵六郡（今江苏、安徽、江西大部、浙江北部地区），确立了孙吴政权的基本势力范围。其中在建安三年（198年），孙策受封吴侯，孙吴政权得到了中央政府的官方确认，正式建立。建安五年（200年），孙策英年早逝，孙权承业，继封吴侯。这一阶段的孙吴以吴郡治所吴县（今江苏苏州）作为统治中心。

建安十三年（208年）九月，为应曹操伐吴，孙权镇于京口，称"京城"（后改名为京口，今江苏镇江），并修筑铁瓮城。铁瓮城为"吴大帝孙权所筑，周回六百三十步，开南、西二门，内外皆固以砖壁"[2]。为时不久，赤壁之战爆发，直接促进了三国鼎立格局的初步形成。此时孙权虽未正式称王，更未登临帝位，但京口铁瓮城的规划建设俨然已经具备了王城格局，彰显了其作为孙吴政权早期短期政治中心的地位。

建安十六年（211年），张纮言于孙权："秣陵，楚武王所置，名为金陵……昔秦始皇……望气者云金陵地形有王者都邑之气，故掘断连冈，改名秣陵。"[3]孙权曰："秣陵有小江百余里，

---

[1] 胡阿祥：《六朝疆域与政区述论》，南京理工大学学报（社会科学版），第16卷第1期，2003年2月，第11页。
[2] （元）俞希鲁纂：《至顺镇江志》卷二《地理·城池》"丹徒县"条引《舆地志》，南京：江苏古籍出版社，1999年，第9页。
[3] （晋）陈寿撰，（南朝宋）裴松之注：《三国志》卷五三《吴书·张纮传》，北京：中华书局，1959年，第1246页。

可以安大船。吾方理水军，当移据之。"[1]"权徙治秣陵。明年，城石头，改秣陵为建业"[2]，可以看出，由于南京的军事优势，孙吴的政治中心，逐步向南京转移。

建安二十四年（219年），孙权迁治公安，征关羽，定荆州。但他没有放弃对建业的经营，派吕范守卫建业，《吕范传》记载"权讨关羽，过范馆，谓曰：'昔早从卿言，无此劳也。今当上取之，卿为我守建业。'"[3]

黄初二年（221年），"权自公安都鄂，改名武昌"[4]，孙权将政治中心移至鄂（湖北鄂州），改名武昌，开始修筑武昌城，俗称"吴王城"。黄龙元年（229年），吴王孙权在武昌登基称帝，定国号为吴。因此后人又称武昌城为"吴大帝城"，该城为东吴建国后的第一个都城。吴王城"有五门，各以所向为名，西角一门，谓之流津，北临大江"[5]。

同年九月，孙权移都建业，留太子孙登镇守武昌城。孙吴政治中心由武昌再迁回建业。孙权将都城迁回建业后，便开始大规模修建新城，甚至拆武昌宫材瓦以修缮建业宫，"徙武昌宫材瓦，更缮治之"[6]。建业已远远超越了单纯依托石头城而存在的军事要塞的角色，比起原有规模有限的石头城，孙权把国都从武昌迁回建业后的修建措施，赋予了建业气势恢宏的都城气象与王者

---

[1] （晋）陈寿撰，（南朝宋）裴松之注：《三国志》卷五三《吴书·张纮传》注引《献帝春秋》，北京：中华书局，1959年，第1246页。
[2] （晋）陈寿撰，（南朝宋）裴松之注：《三国志》卷四七《吴书·吴主孙权传》，北京：中华书局，1959年，第1118页。
[3] （晋）陈寿撰，（南朝宋）裴松之注：《三国志》卷五六《吴书·吕范传》，北京：中华书局，1959年，第1310页。
[4] （晋）陈寿撰，（南朝宋）裴松之注：《三国志》卷四七《吴书·吴主孙权传》，北京：中华书局，1959年，第1121页。
[5] （宋）乐史撰，王文楚等点校：《太平寰宇记》卷一一二《江南西道十·鄂州》，北京：中华书局，2007年，第2276页。
[6] （晋）陈寿撰，（南朝宋）裴松之注：《三国志》卷四七《吴书·吴主孙权传》注引《江表传》，北京：中华书局，1959年，第1145页。

风范。

孙权去世后,孙皓继位,"(甘露元年)(265年)九月,从西陵督步阐表,徙都武昌。御史大夫丁固,右将军诸葛靓镇建业。陟、璆至洛,遇晋文帝崩,十一月,乃遣还。皓至武昌"①。孙皓这次迁都仅仅持续了一年多,宝鼎元年(266年)"十二月,皓还都建业,卫将军滕牧留镇武昌"②。

总结以上孙吴政治中心的变迁:孙吴正式建国之前,早期孙吴政权的政治中心曾在吴县(今江苏苏州)、京口(今江苏镇江)和秣陵(今江苏南京)辗转。黄武元年(222年),孙权称吴王,建立吴国。黄龙元年(229年),孙权称帝。太康元年(280年),吴国被西晋灭亡。孙吴从正式建国到灭亡这一期间,其政治中心基本稳定在建业(今江苏南京),也曾短暂迁都武昌(今湖北鄂州),不过很快又迁回建业。

孙吴主要政治中心变迁表

政治中心	地理位置	起止时间
吴县	江苏苏州	约东汉建安三年至东汉建安十三年(约198—208年)
京口	江苏镇江	东汉建安十三年至东汉建安十六年(208—211年)
建业	江苏南京	东汉建安十六年至东汉建安二十四年(211—219年) 吴黄龙元年至吴甘露元年(229—265年) 吴宝鼎元年至吴天纪四年(266—280年)

---

① (晋)陈寿撰,(南朝宋)裴松之注:《三国志》卷四八《吴书·三嗣主孙皓传》,北京:中华书局,1959年,第1164页。
② (晋)陈寿撰,(南朝宋)裴松之注:《三国志》卷四八《吴书·三嗣主孙皓传》,北京:中华书局,1959年,第1164页。

（续表）

政治中心	地理位置	起止时间
公安	湖北公安	东汉建安二十四年至魏黄初二年（219—221年）
武昌	湖北鄂州	魏黄初二年至吴黄龙元年（221—229年） 吴甘露元年至吴宝鼎元年（265—266年）

历代南京城的位置及范围示意图

孙吴的政治中心经历了东—西—东的转移过程，始终以长江为轴。先后选择吴县、京口、公安和武昌，又渐次放弃。只有建业最终成为稳定的一国之都，成为中国历史上第一个南方的皇权政治中心。

东吴定都南京之后，才使南京这块土地正式开始了城市化的进程。东吴之后，东晋，南朝的宋、齐、梁、陈也都相继定都于南京，六朝烟云过后，南唐、明朝以及最近的民国政权同样选择以南京为都，就此奠定了南京作为中国著名历史古都的历史地位。

（三）石头津与孙吴的航海活动

石头津依托石头城而生，是六朝时期重要的水运交通枢纽。当时的长江从石头山前流过，淮水"西经府城（建康）中至石头城注大江"[①]，造就了石头津既是淮水码头又是长江码头的战略区位。这种控江扼淮的特殊地理位置，无怪乎石头津渡成为都城西北的天然门户，南宋诗人陆游在《入蜀记》中发出"凡舟皆由此下至建康"[②]之慨叹。加之孙权在石头城中建有粮仓和军械库，城下的石头津也是漕粮和军事物资的装卸之处，又因为商船进出京师也必经石头津，石头津也就成了六朝时期为数不多的漕运、军用和商用一体的综合性码头。

结合史料记载、地形调查与现有的考古发现，推测石头津的具体位置为现在的乌龙潭、龙蟠里、原南京市第四中学校园一带。当时的石头津北边紧临石头城菠萝山下，东南有蛇山、龟山屏障，东北是小仓山南岭、北岭之间峡谷中隆起的高地。这一片三面环山，能避风浪，西南通长江，港内地势开阔，水域面积宽广，水深流缓，适宜船只停泊靠岸，正是天然的良港。后随着长江水道的逐渐西移，水文环境的巨大改变导致石头津这一沿江良港彻底消失于历史长河中。

乌龙潭在六朝时被称为"石头水"，表明其与石头山、石头

[①] （清）顾祖禹撰，贺次君、施和金点校：《读史方舆纪要》卷二十《南直二·应天府》"秦淮水"条引《建康实录》，北京：中华书局，2005年，第951页。
[②] （宋）陆游著，蒋方校注：《入蜀记校注》第二卷，武汉：湖北人民出版社，2004年，第57页。

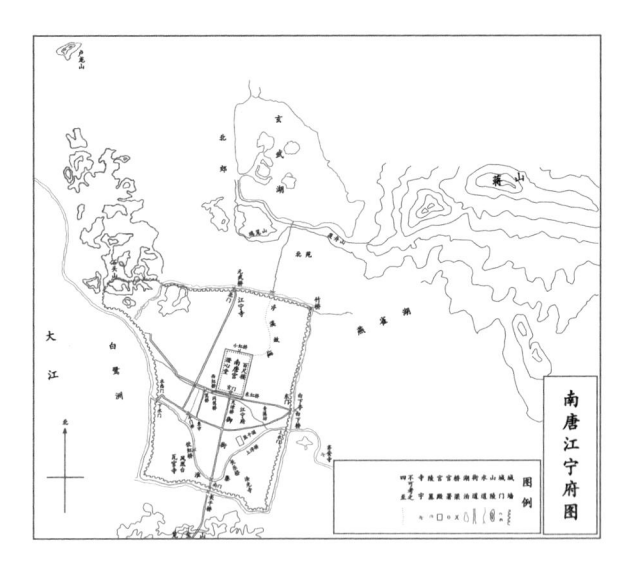

南唐江宁府与杨吴城壕（绿色为杨吴城壕）

城毗邻的密切区位。晋葛洪在《抱朴子》中记载，"昔石头水有大鼋，常在一深潭中，人因名此潭为鼋潭"，且记载鼋"径长丈余"。[①] 鼋是淡水龟鳖类中体型最大的一种，古人以"鼋"统称看到的巨型龟鳖。巨大的鼋在水中游动被神化为黑龙出没，这与史料中乌龙潭得名的记载也正相吻合。乌龙潭当时尚通长江水，水面宽阔。杨吴时期正是利用这一片形状狭长的水面连接起其护城水道系统的北段与西段。

石头津是六朝建康城的水运交通要道。建康城码头林立，在《建康实录》中记载有：

> 吴时夹淮立栅，自石头南上十里至查浦，查浦南上十里至新亭，新亭南上二十里至孙林，孙林南上二十里至板桥，板桥上三十里至烈洲。[②]

---

① （晋）葛洪撰：《抱朴子》卷十七《内篇·登涉》，转引自《诸子集成》（第八卷），北京：中华书局，1954年，第89页。
② （唐）许嵩撰，张忱石点校：《建康实录》卷三引《宫城记》，北京：中华书局，1986年，第98页。

单就石头津一处来说，南朝梁诗人何逊的《登石头城诗》中有"连樯入回浦"句，史书中的"贡使商旅，方舟万计"①，都描述了进出石头津的船舶数量之多，虽略有夸张，但也可由此窥见石头津当年繁荣景象的一角。

石头津还设有税关。《隋书·食货志》中在记述东晋时期的关津时，有载：

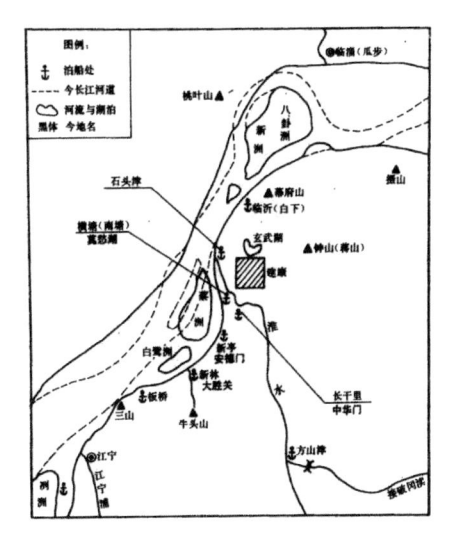

六朝建康主要码头分布图
（图源：《南京港史》）

> 又都西有石头津，东有方山津，各置津主一人，贼曹一人，直水五人，以检察禁物及亡叛者。其获炭鱼薪之类过津者，并十分税一以入官。其东路无禁货，故方山津检察甚简。②

说明至少在东晋时期，即在石头津处设有关卡，用于检验禁物和收缴货税，这也是中国较早设立的水上征税机构。且比起方山津的检查简略，石头津作为综合性口岸，过往船只更为复杂，检查也就更为严密。

出于政治、经济等多重方面的需要，东吴的航海活动十分活跃，有"以舟楫为舆马，以巨海为夷庚"③的美誉。石头津通江达海，从这里启航的东吴船队，纵横于长江之上，周游沿海诸岛，南至海南岛和南洋诸国，北至辽东半岛和朝鲜半岛，成为南京放眼世界的重要窗口。

---

① （南朝梁）沈约撰：《宋书》卷三十三《五行志四》，北京：中华书局，1974年，第306页。
② （唐）魏徵等撰：《隋书》卷二四《食货志》，北京：中华书局，1973年，第689页。
③ （宋）李昉等编纂：《太平御览》卷七六八《舟部一·叙舟上》，北京：中华书局，1960年，第3407页。

黄龙二年（230年），孙权"遣将军卫温、诸葛直将甲士万人浮海求夷洲及亶洲……但得夷洲数千人还"①。这是史书上记载的最早与台湾建立联系的大陆船队。赤乌年间，东吴还"遣中郎康泰、宣化从事朱应，使于寻国"②，抵达扶南、林邑及南洋群岛诸国，这是中国第一次派专使到东南亚各国，是海上丝绸之路发展史中的里程碑事件。朱应、康泰二人返国后，还分别著有《扶南异物志》和《吴时外国传》（均已散佚），记录了自己的出使见闻。

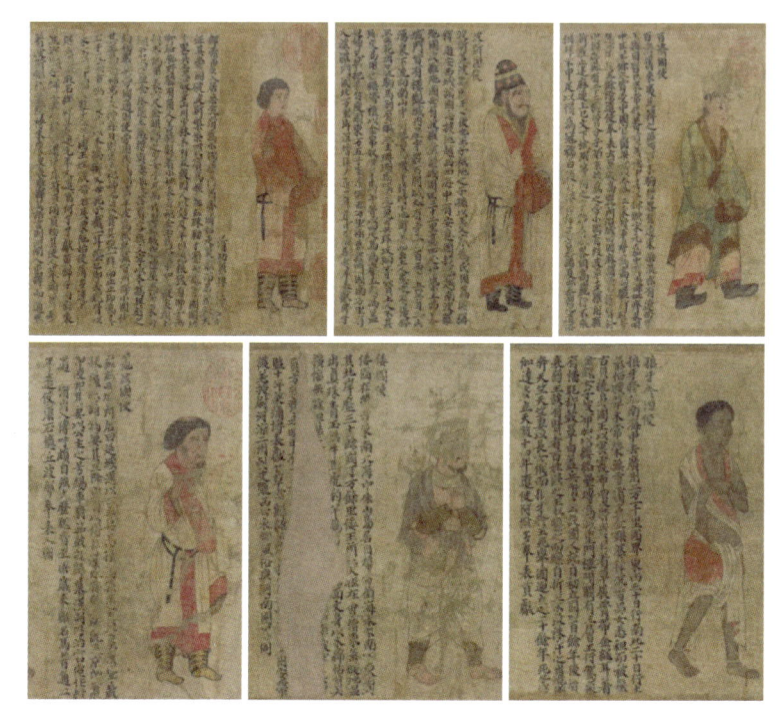

《职贡图》节选③

---

① （晋）陈寿撰，（南朝宋）裴松之注：《三国志》卷四七《吴书·吴主孙权传》，北京：中华书局，1959年，第1136页。
② （唐）李延寿撰：《南史》卷七十八《夷貊上·海南诸国》，北京：中华书局，1975年，第1947页。
③ 《职贡图》原本绘有25国使者，现存12位使者形象，依次为滑国、波斯、百济、龟兹、倭国、狼牙修、邓至、周古柯、呵跋檀、胡密丹、白题、末国的使者。右图左右，画面右边为使臣形象，左边以小楷记述这些使臣的国家方位、山川、风土以及历来朝贡情况。

据史料记载，六朝时有20多个国家和地区的100多批诸国使者与东吴建交并来到都城建康。作为进入建康都城的必经关卡，石头津也因此接待了为数不少的海外使节。南梁萧绎所画的《职贡图》中有众多外国使臣形象，正是六朝政权对外交流的一个缩影。

与此同时，海外的珍贵宝石、香料以及珍禽异兽等也以朝贡和贸易的形式从石头津辗转、流传。如史书中记载，占据交州（今广西南部、越南大部）的士燮政权委派使者朝贡孙权，

> 杂香细葛，辄以千数。明珠、大贝、流离、翡翠、瑇瑁、犀象之珍，奇物异果，蕉、邪、龙眼之属，无岁不至[①]。

由此可见石头津也见证了海上丝绸之路的繁华景象。

（四）据江而守的军事堡垒

关于石头城面江守淮的地理形势和"龙盘虎踞"的风水形胜，前文已有分析，此处不再赘述。可以明确的是，正是鉴于石头城险要的地理位置与特殊的政治意象，石头城才成为孙吴政权在建业（今江苏南京）政治中心确立的开端，而后东晋和南朝宋、齐、梁、陈相继定都建康（即建业），石头城的军事地位并未发生太大变化，它在整个六朝时期都是各方争夺的战略要地。

孙子有云，"夫地形者，兵之助也"[②]，地形对于战争的成败往往有着重要的决定性作用。在三国鼎立的局势下，东吴自认为兵力不足北上争夺中原，转而采取"限江自保"的基本国策，凭借地理上的长江天险，与北方曹魏以及后来的西晋政权隔江相

[①] （晋）陈寿撰，（南朝宋）裴松之注：《三国志》卷四九《吴书·士燮传》，北京：中华书局，1959年，第1192页。
[②] （春秋）孙武著：《孙子兵法》第十《地形篇》，北京：中华书局，2011年，第183页。

持，开创了中国历史上划江而治的时代。南宋史学家李焘在《六朝通鉴博议》中评述：

> 秣陵之地，因山为垒，缘江为境，山川形胜，气象雄伟。……孙权从张纮之请，定建康之都，内以固江，外以援淮，而江南之根本不可拔矣。①

在这一国策的指导下，长江防线对东吴而言至关重要，清代谢钟英在《三国疆域表》中对东吴在长江上的军事要塞作出了总体概括：

> 其固国江外，则以广陵、涂中、东兴、皖、寻阳、邾、夏口、江陵、西陵、建平为重镇，江东则以京口、建业、牛堵、柴桑、半洲、武昌、沙羡、陆口、巴丘、乐乡、公安、夷道、荆门为重镇，夹江置守。上游要害，尤重建平。②

东吴江防部署图

---

① （南宋）李焘撰：《六朝通鉴博议》，南京：南京出版社，2007年，第163页。
② （清）谢钟英著：《三国疆域表》，选自《二十五史补编·三国志补编》，北京：北京图书馆出版社，2005年，第410页。

可以看出，东吴的长江防线有着战线长、据点多、防卫体系完备等特点。江陵、武昌、建业三地是东吴的战略核心。江陵系吴蜀之间的咽喉要地，武昌则是与中原对峙的前沿阵地，而建业，即后来的都城石头城，既是扼江守淮的要塞，也是屏卫江海的最后一道闸门。吴国以三地为支点，利用长江水路与水军之便，构建起一道环环相扣的江上屏障。

为传递军情，最大限度地利用水师的灵活性，东吴还在沿江山头修筑烽火台：

烽火以炬置孤山头，皆缘江相望，或百里，或五十、三十里，寇至则举以相告，一夕可行万里。孙权时合暮举火于西陵，鼓三竟达吴郡南沙。①

石头城的烽火台未留有明确遗迹，一说在石头城左（东），一说在石头城山最高处，当时"自建康至西陵五千七百里，有警，半日而达"②。后东晋义熙八年（412年），"于石头东城内起入汉楼"③，有学者分析入汉楼与烽火台相似，有眺望敌情之用。

但长江虽为天堑，其带状的线性防御形势也有致命性的弱点，即容易顾此失彼。后来的晋灭吴之战就是全线作战，以一两地破局，截断了上下游的互相支援，诱发了孙吴长江战线的全线溃败。

建业（建康）作为东吴都城，地处吴会、荆楚及江北淮河流域几大地域单元的中间地带，上下游之争及来自北方政权的威胁一直贯穿六朝始终，据江而守的攻守形势便自东吴起一直为后世的南方政权所继承。《景定建康志》中对此评价：

---

① （晋）陈寿撰，（南朝宋）裴松之注：《三国志》卷四七《吴书·吴主孙权传》注引《扬都赋》，北京：中华书局，1959年，第1148页。
② （宋）张敦颐撰：《六朝事迹编类》卷四《楼台门》"烽火楼"条引《图经》，南京：南京出版社，2007年，第56页。
③ （宋）张敦颐撰：《六朝事迹编类》卷四《楼台门》"入汉楼"条引《晋书》，南京：南京出版社，2007年，第56页。

自吴以来，立国江南者，莫不恃江以为固，江又恃人以为固。人善谋而武事修，则江为我之江，否则与敌共耳。[①]

具体形势下，这些王朝或守淮（东晋、宋、齐、梁），或守江（陈），以保国祚，今日的南京也因此而屹为六朝之都。清人郑燮有《六朝》诗："一国兴来一国亡，六朝兴废太匆忙。南人爱说长江水，此水从来不得长"，也是六朝政权与长江江防安全密切相关的诗意表达。

（五）建康都城的防御命脉

石头城在空间地理上相对独立于建康城区之外，同时作为都城军事守备的重要补充，是建康城防御体系的核心环节。

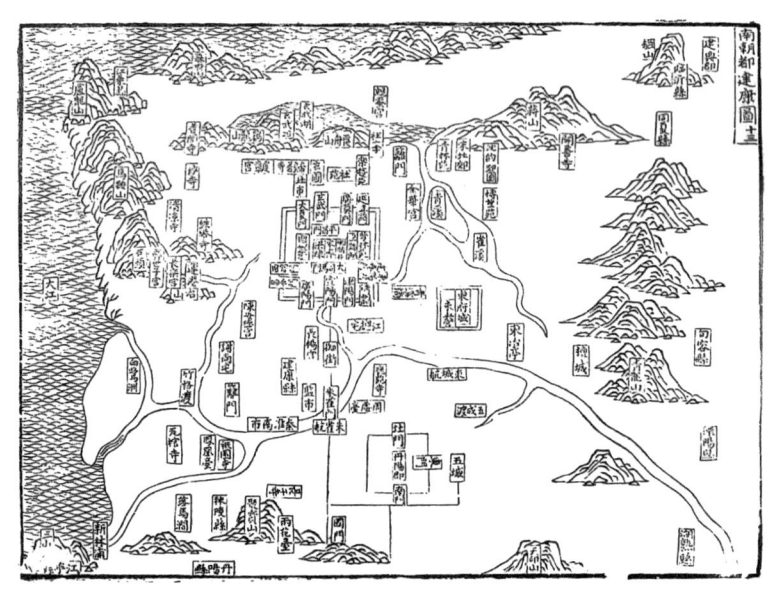

南朝都建康图（图源：《金陵古今图考》）

---

① （宋）周应合纂：《景定建康志》卷三十八《武卫志》，南京：南京出版社，2009年，第967页。

六朝时代的建康城实际上是由众多城垒构成的庞大空间体，主要有三重城圈。最内重是以宫室建筑为主体的周八里的台城（宫城），台城的外围有周二十里十九步的都城，都城之外有横跨秦淮河南北两岸的外郭。其四周则有星罗棋布的卫星城，如石头城在台城之西九里，其北有白下城，南有越城、新亭城，西南有西州城，东南有东府城、丹阳郡城，共同承担着拱卫京师的重任。石头城、东府城、西州城、白石垒、冶城、丹阳郡城、太子东宫等一系列"子城"，它们不仅构成了建康城市的空间格局，更是以台城为核心的建康都城外围相对完整的一套军事防御体系，对都城和宫城的防御起着至关重要的拱卫作用。

六朝时期建康城的防御，内线主要靠具有多重牢固城墙的台

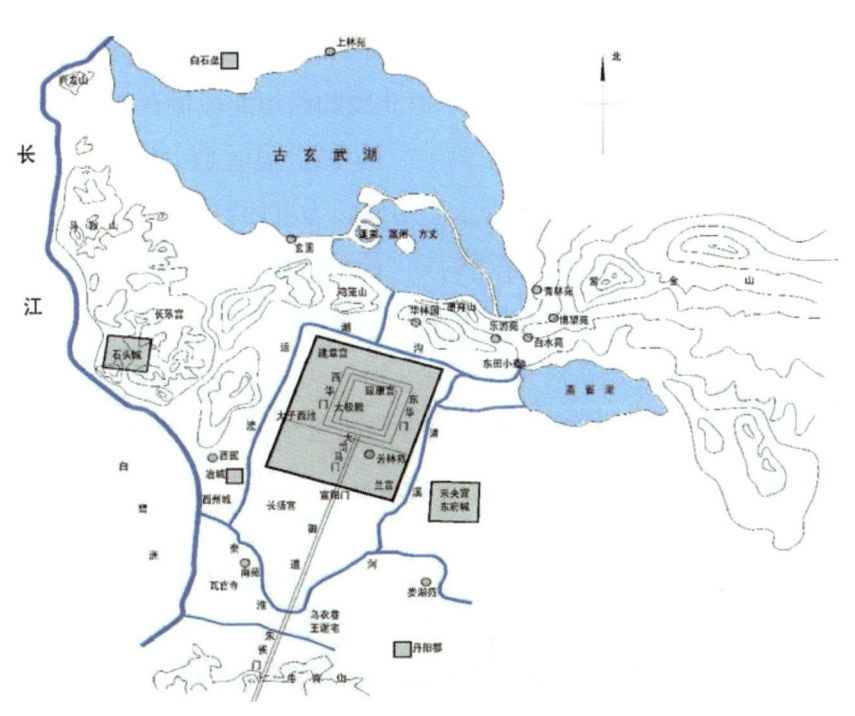

南朝时期建康城市与自然地形关系图
（图源：《长江下游变迁与南京古城景观的形成》）

城,外围即以控江扼淮、宛有"天生城壁"[①]的石头城为主要屏障。石头城与台城二者互为东西掎角之势。

南宋岳珂在其著作《桯史》中评价:

六朝建国江左,台城为天阙,复筑石头城于右,宿师以守,盖如古人连营之。[②]

战事起时,进攻方往往会先攻取石头城立足,再进而夺取台城,而防守方也必须先据石头城以捍御,失去了石头城,台城便成了进退失据的孤城,难以固守。

"魏晋南北朝所筑的城有一个共同的特性,即以防御性为主,有很多城是为了战争而兴筑,或为了应付战事而将原来的城郭增固、城壕加深。"[③] 石头城是建康周围为数不多的有城墙的城垒之一。考古调查中发现,在清凉山山体基岩上部有明显隆起的用纯净黄土堆筑的土垣遗迹,即为六朝时期的石头城城垣。土垣顺山脊走势连绵不断,其中北垣、东垣北段和西垣北段保存较为完好。

根据《景定建康志》记载:"石头城,吴时悉土坞。"[④] 即东吴时期修筑的石头城城墙为土质结构。为巩固城池,石头城在此后又经多次大规模重修,东晋时期"始加砖累甓"[⑤],即开始在土墙外用砖包裹。石头城的重修记录第一次是在东晋成帝时期,王导辅政,派遣大将温峤修筑石头城。第二次是在东晋安帝义熙六年(410年),大将刘裕发动军民用砖修筑石头城池。第三次是在南朝陈宣帝太建二年(570年),陈宣帝派人修筑加固石头城,并

---

① (清)顾祖禹撰,贺次君、施和金点校:《读史方舆纪要》卷二十《南直二·应天府》,北京:中华书局,2005年,第934页。
② (宋)岳珂撰,吴企明点校:《桯史》卷一《石城堡寨》,北京:中华书局,1981年,第4页。
③ 刘淑芬:《六朝的城市与社会》,台北:学生书局,1992年,第373页。
④ (宋)周应合纂:《景定建康志》卷一七《山川志一·山阜》"石头山"条引《丹阳记》,南京:南京出版社,2009年,第399页。
⑤ (宋)周应合纂:《景定建康志》卷一七《山川志一·山阜》"石头山"条引《丹阳记》,南京:南京出版社,2009年,第399页。

在城中贮藏军粮。

石头城遗址的考古发现证明，史书所说东晋时"加砖累甓"的城池修筑是真实可信的。根据考古发掘的地层堆积及伴出遗物判断，石头城遗址北垣大部墙体始修于孙吴，后经东晋、南朝及隋唐多次补筑。尤其重要的是，在部分砌筑墙体的铭文砖上发现有"永和五年（349年）""永和六年"字样，这就把石头城修建砖墙的历史从文献记载的东晋义熙初年向前推进到永和年间。

石头城遗址出土"永和六年"铭文砖拓片（王志高提供）

战争期间，石头城周围还有多处临时起建的小型城栅堡垒。黄武三年（224年）九月，魏欲渡江大举伐吴，为迷惑魏军，孙吴曾以木苇等物沿江搭建一座疑城。《三国志》记载：

> 魏文帝之在广陵，吴人大骇，乃临江为疑城，自石头至于江乘，车以木桢，衣以苇席，加采饰焉，一夕而成。魏人自江西望，甚惮之，遂退军。[1]

另有载永安六年（263年）冬十月：

> 建业石头小城火，烧西南百八十丈。[2]

此城西南一角即达180丈，可见其规模不小，又遭火焚，说明其为木苇类修筑的临时城栅。

梁末侯景之乱时，侯景占据石头城后观望形势，用木船作笼

---

[1] （晋）陈寿撰，（南朝宋）裴松之注：《三国志》卷四七《吴书·孙权传》，北京：中华书局，1959年，第1130页。
[2] （晋）陈寿撰，（南朝宋）裴松之注：《三国志》卷四七《吴书·孙权传》，北京：中华书局，1959年，第1161页。

装上石头沉入秦淮河堵住河口,并沿河岸做临时城栅防御。据《陈书》记载,侯景:

> 乃以艨艟贮石沉塞淮口,缘淮作城,自石头迄青溪十余里中,楼雉相接。①

梁军对抗的办法亦是横陇筑栅,堵塞城西通道,逼迫侯景出城对战,可见,这些战时所用的临时加筑物及所使用的栅、垒,也是石头城防御系统不可或缺的组成部分,在石头城的众多攻防战中发挥了重要的作用。

(六)诸多战役的决胜之地

作为军事要地与国之命脉,石头城在六朝政权的动荡更迭中,必然会处在风暴的中心。六朝时期,大大小小的战争往往围绕石头城展开,战役的胜负也多取决于石头城的得失。

历数六朝时期围绕石头城发生的战事,不难发现,石头城在这一时期通常是攻守双方共同争取的目标。晋太康元年(280年),晋军南下截断东吴的拦江铁锁,王濬率军直抵石头城下,吴主孙皓举国投降;东晋永昌元年(322年),王敦作乱时率先抢占石头城,进而进攻台城、对抗朝廷,逼令晋元帝屈服求和;咸和年间(326—334年)苏峻叛乱时,率军长驱直入攻占建康,并凭借石头城与前来平叛的陶侃军对峙;刘宋升明元年(477年),司徒袁粲镇守石头城,与图谋篡宋的齐王萧道成周旋;梁太清三年(549年),侯景起兵叛梁,先占领石头城,而后攻入建康宫城,梁武帝也在此间饿死台城;承圣元年(552年),王僧辩等军奉

---

① (唐)姚思廉撰:《陈书》卷一《高祖本纪》,北京:中华书局,1972年,第5页。

即位的梁元帝令沿江东下，进军石头城与侯景决战，得胜后驻守石头城；绍泰元年（555年），陈霸先突袭攻入石头城，杀王氏父子，又击退占据石头城的北齐军，独掌朝政，建立陈朝。

正是鉴于石头城在战役中决定性的军事作用，所以"自六朝以来，皆守石头以为固，以王公大臣领戍军为镇"[①]，石头城多由王朝统治者的心腹进行驻守。

在孙权奠定东吴基业，远见卓识地构建起坚固的石头城作为战略要地之后，历经两个世纪的沧桑变迁，时间推进至晋朝末年，那是一个政权更迭频繁、英雄辈出的时代。此时，刘裕以其非凡的军事才能和政治手腕逐渐崭露头角，最终掌握了朝廷大权，开启了刘宋王朝的前奏。在这一时期，为了进一步强化对京师及周边地区的防御，特别是针对长江天堑的利用与保护，一个全新的官职——"领石头戍（军）事"应运而生。

这一官职的设立，标志着石头城不再仅仅是一座军事要塞，而是成为国家防务体系中的核心环节。领石头戍（军）事，顾名思义，便是专门负责石头城及其周边地区的军事防务，包括统领精锐的水军力量，以应对来自江面的威胁，同时兼顾京师内部的安全稳定，确保政权的心脏地带不受侵扰。此职位的重要性不言而喻，因此，其人选多为朝廷中的重臣或出身尊贵的宗室诸王。

刘裕开创的这一制度，不仅在当时有效地巩固了政权，也为后世的宋、齐、梁三朝所继承和发展。在这三个朝代中，领石头戍（军）事一职始终受到统治者的高度重视，被视为维护国家安全、稳定政权的重要基石。统治者们不断根据时局变化调整该职

---

① （宋）周应合纂：《景定建康志》卷一七《山川志一·山阜》"石头山"条引《舆地志》，南京：南京出版社，2009年，第399页。

位的职责范围与权力结构，以确保其能够适应不同时期的防御需求。

"领石头戍（军）事"一职最早出现于晋宋之际刘裕与卢循争夺石头城之时。史载孟怀玉"转辅国将军，领丹阳府兵戍石头，卢循逼京邑，怀玉于石头岸连战有功"①。刘裕为了有效地控制以建康为中心的京师地区，占据政治上的优势，故而加强对军事要冲石头城的防守，先以其亲信镇戍石头。刘宋一朝建立以后，领石头戍（军）事一职也沿袭下来。

《宋书·檀道济传》载：

高祖受命，转护军，加散骑常侍，领石头戍事。听直入殿省。以佐命功，改封永修县公，食邑二千户。徙为丹阳尹，护军如故。高祖不豫，给班剑二十人。②

这是文献中所见刘宋王朝"领石头戍（军）事"一职最早的官方记载。檀道济是刘宋政权建立的重要功臣，而后的领石头戍（军）事全由宗室诸王担任，非重臣即宗亲的职位选择，可见石头城戍守职责之重。而石头城防务在刘宋一朝的重要地位，还可从元嘉二十七年（450年）因北魏太武帝南侵而引发的政治危机的处理中得窥一斑，因为当时所采取的应对措施之一便是命"皇太子出戍石头城"③。

南齐王朝在制度上承继了刘宋的旧制，特别设立了"领石头戍（军）事"一职，此职位的担任者全数出自皇室宗亲，整个南齐时期，未见有非宗室成员担任此要职的情况。这一安排凸显了宗室成员，尤其是亲王，在担任领石头戍（军）事方面的专属性

---

① （南朝梁）沈约撰：《宋书》卷四十七《孟怀玉传》，北京：中华书局，1974年，第1407页。
② （南朝梁）沈约撰：《宋书》卷四十三《檀道济传》，北京：中华书局，1974年，第1343页。
③ （南朝梁）沈约撰：《宋书》卷九十五《索虏》，北京：中华书局，1974年，第2352页。

与重要性。领石头戍（军）事一职的宗室专属性质，进一步表明了该职位在南齐政治体系中的核心地位与关键作用，它不仅是军事防御的重要一环，也是皇室巩固权力、确保政权稳定的关键举措之一。

而后的梁朝又继续沿袭了南齐的制度，同样设立了负责石头戍防的官职，相关记载在历史文献中屡见不鲜。然而，在梁代，这一官职的称谓有所演变，主要以"领石头戍军事"的官称出现，到了梁武帝统治的后期，该官职又更多地被称为"知石头戍军事"，偶尔也有"兼石头戍军事"的称谓。梁代可考据的石头戍防官职人员中，也基本由皇室宗亲担任。这一现象再次印证了晋、刘宋之际至齐梁时期的历代统治者对于石头戍防的高度重视和严格把控。

第二章
大一统时代的功能转变与文化重塑

从隋唐到明清，在"大一统"的趋势下，石头城与石头山的政治、军事功能逐渐弱化，取而代之的是作为具有象征意义的文化符号深入人心，并随着时代的发展，在明清时期形成了古代都市中的一处代表士大夫文化的文化场域。"石头山"这一带有军事色彩的旧称，在人们口中逐渐转变为"清凉山"这一带有佛教色彩与山水园林风情的新地名，可以看出这一时期石头山在人们心中定位的变化。

隋唐时期，随着分裂割据局面的结束，大一统的帝国又一次崛起于中华大地。统一的国家内部不需要"划江而治"的政治中心与军事要塞，加之隋、唐中央政府的有意贬抑，南京在隋唐时期的行政归属频频变换，由六朝都城一度沉降为县级区。但政治上的刻意贬抑不能左右经济发展的规律，甚至在这种刻意忽视下，宵禁等一些在政治中心实行的城市管理制度，在南京并未严格执行，这在一定程度上解放了城市的经济活力，反而使南京获得了更为自由的发展空间，特别是商业、服务业、娱乐业等行业增长迅速，集市、商铺、酒家等集中在秦淮河畔，城市商业空前活跃。

唐末五代时期，杨吴、南唐在南京建立起割据政权，南京的政治地位有了一定的回升。但杨吴与南唐并不具备逐鹿中原的野心与实力，对外奉行与邻友好的政策，对内注重休养生息，恢复生产并大兴文教，并在曾经的天然堡垒石头山上开设"清凉大道场",将石头山作为礼佛、避暑的行宫。

历经六朝风流、隋唐政治贬抑、五代战乱与杨吴南唐的文化建设，经济、文化重心南移是大势所趋，在这样的背景下，南京的军事影响力逐渐让位于文化影响力，其文化中心的地位日益凸显。宋代石头山更名为清凉山，虽然更名起因是统治者力图削减南唐文化在长江下游地区的影响力，但这一名称得以深入人心，也可反映出宋代人们对石头城的印象逐渐从军事要塞转变为消夏纳凉、寄情山水的风景名胜。

明清时期，随着城市范围的扩大，清凉山与南京城的相对位置关系发生了根本性转变。朱元璋建设南京四重城垣时，借用了一部分自然地形，诸如山体、湖泊、河道等，其中京城城墙沿清凉山西麓建造，并筑城门——清凉门。经过这次筑城活动，原本位于城外的清凉山第一次被包围进城内，由曾经的城外屏障彻底转变为城内清凉的一角，并受到文人士大夫的青睐，成为文人园林活动的绝佳场所。

隋唐至明清时期，石头城虽然不再有着往昔辉煌的军事地位，但它作为东南王朝兴衰、时代风流的见证，逐渐被视为一种象征着家国兴亡、世事沧桑等宏大情感的载体。脱离了权力的刀光剑影，石头城逐渐升华为一种审美意象与符号，在文学与艺术的世界中焕发了新的生机。

一、隋代蒋州治和唐初扬州大都督府

隋平陈后，为了维护帝国的统一，隋朝在陈朝旧境推行了一系列政治、经济、文化等改革，希望能把陈朝的版图彻底融入隋帝国。唐代短暂设立扬州大都督府，后迁址江都（今江苏扬州）。

6—14世纪间，石头城行政级别变化频繁，不再具有重要的政治军事地位，一度成为当地的经济文化中心，无数文人墨客在此往来聚散，借景抒怀，借古喻今，留下了无数怀古名篇。石头城也开始由具有军事实用功能的城池，逐渐升华为具有一定象征意义的文化符号。

（一）隋代蒋州治、扬州大总管府的设立与南京政治地位的沉降

经历了三百余年的动荡与分裂，隋开皇九年（589年），隋文帝率军渡过长江天险，荡平建康城邑，摧毁六朝宫苑，陈这一割据政权随之灭亡。平陈后，为尽快将陈国领土纳入版图，隋在江南地区推行隋朝的政区建置，"于石头城置蒋州"[①]，并在广陵（今江苏扬州）设置扬州大总管府管理江南的政治军事，并任命秦王杨俊为大总管。隋统一后在全国共设四个大总管府，其中三个由亲王担任大总管，可见其设立的目的正是为了加大中央对地方的统治力度，这样的措施使得南京作为六朝政治中心的地位受到了一定的压制。

事实证明，对于新生的统一王朝来说，这样的措施是很有必要的，隋建立后，原属陈朝境内发生了多起针对隋朝的反抗运动。因此，隋文帝进一步下令，由对江南地区更为了解的晋王杨广代替秦王杨俊担任大总管，长期驻守扬州，加强对陈国故地的控制。隋炀帝登基后，恢复了秦汉郡县旧制，蒋州改称丹阳郡，治所仍设在石头城，并下诏修建大运河，沟通了扬州与京师、太湖地区，

---

① （唐）魏徵等撰：《隋书》卷三十一《地理志下》，北京：中华书局，1973年，第876页。

同时废除了秦淮河与太湖之间的水道破冈渎等，切断了南京与太湖平原之间的联系。

隋炀帝坐镇扬州以及登基后的一系列政策，对南京以及江南地区产生了深远影响。江南地区的实际统治者坐镇扬州，使得江南的政治重心逐步从南京向扬州倾斜，石头城由一个政权的都城降为管领江宁、溧水、当涂三县的地方治所。而运河交通的嬗变，进一步增强了扬州在沟通京师与江南经济大区之间的纽带作用，进一步提升了扬州在控制江南局势中的战略地位。南京建置的变革与扬州大总管府的建立，体现出在隋政府有意抑制的前提下，南京的政治、军事等方面的影响力逐步下降，其中心地位逐步为扬州所取代。

隋唐之际，江南地区政局一度混乱，受地理、历史等因素影响，南京也数次成为割据势力的大本营。隋大业九年至十一年（613—615年），杜伏威、辅公祏、李子通等人所率领的江淮军逐渐壮大，成为反隋的主力之一，隋军几次围剿均以失败告终，杜伏威等人在江南的统治日渐稳固。唐朝建立后，唐高祖武德二年（619年），杜伏威上表归顺唐朝并获得册封。然而事实上，当时唐王朝正忙于与地理上邻近的窦建德、王世充势力交锋，对远居江南的杜伏威一方并无实质上的控制力，杜伏威仍有着高度的自治权。武德四年，杜伏威从李子通手中夺取丹阳（今江苏南京），唐王朝即废除丹阳郡，改置扬州。次年，杜伏威为避免猜忌，请求前往长安以身为质，被软禁在长安。被封为扬州刺史的辅公祏担心自己也落得同样下场，在武德六年（623年）谋反，唐军久攻石头城不下，用计将辅公祏诱出石头城，暗设伏兵，方才平定叛乱。

这一事件使统治者越发确信，石头城作为天然的军事要塞，极易成为地方割据势力的基地，因此不宜给予石头城过高的政治地位。武德八年（625年），唐高祖将原杜伏威设在南京的扬州大都督府移往江都（今江苏扬州），甚至连居民也一并迁走。可见，唐代在沿袭隋代对金陵的监控与贬抑政策的基础上，进一步采取相关手段压制金陵的政治、军事中心地位。

隋唐时期，虽然石头城遭受了一定的政治贬抑，但政治的统一、社会的安定，为南京的经济与社会发展创造了安稳的条件。除武则天时期徐敬业在扬州发动叛乱外，直到安史之乱前，南京几乎未曾被卷入政治纷争。一定程度上的政治忽视，反而使得南京的经济文化复苏，得到了喘息的空间与机会。

武则天光宅元年（684年），徐敬业起兵占领扬州大都督府，意在反对武则天，恢复李唐政权。徐敬业幕僚骆宾王起草了《代徐敬业讨武氏檄》，号召对武氏不满的各路兵马反对武氏政权。此后徐敬业退守金陵，意欲借金陵之险与唐王朝对峙。然而，此次叛乱并未对唐王朝造成实质上的影响，在扬州叛乱的消息传入朝廷前，徐敬业的叔叔、润州（今江苏镇江）刺史李思文就已将反叛之事密报武后，徐敬业还未在金陵站稳脚跟，叛乱便不讨自平，因此这次动乱并未真正影响金陵的政治与经济，对当地的社会生产影响也不大，金陵乃至江南地区的社会经济依旧平稳发展，直至成为唐朝中后期的经济重心。

唐乾元二年（759年），大书法家颜真卿担任昇州（今江苏南京）刺史。其时安史之乱已经爆发，江淮也刚刚经历了永王李璘的叛乱，虽然这场叛乱仅持续了几个月时间，但其对江南经济不免造成一定的破坏。颜真卿到任后，时刻以职责为重，缮修甲兵，抚循将士，观察要害，以备不虞。在任期间，颜真卿上奏请求在全国建造八十一座放生池，并为此先后撰写《天下放生池碑铭》与《乞御书天下放生池碑额表》。颜真卿的奏请获得了唐肃

颜鲁公祠

宗的批准，而南京乌龙潭就是当时所建的最大的一处放生池。唐元和年间，乌龙潭放生池旁边建造了放生庵，并且设立了颜真卿的神位，来纪念颜真卿。到了清代同治年间，放生庵根据颜真卿的世称改为"颜鲁公祠"，又称"放生祠"。

　　颜真卿在南京并未久留。时处乱世，颜真卿在任期间特别注重备战军需，当时驻守在河南商丘的刘展反状已萌，并策反驻守扬州的持节都统、宗室大臣李峘的部下。但是，李峘却认为颜真卿如此备战是滋生事端，扰乱人心，于是密奏朝廷，次年正月颜真卿便被召回京师。不久，刘展果然叛乱，横行江淮。这次叛乱对江淮经济造成了极大的破坏，朝廷付出了巨大代价才得以平定，李峘也因此被贬江西袁州。

　　安史之乱平息后，检校吏部尚书兼御史大夫、润州刺史、镇海采石军兼江淮转运使韩滉镇守石头城。在此期间，韩滉对石头城进行了修缮扩建，使之成为同气相连的五座城池，史称"韩滉五城""石头五城"。在修筑城池的同时,韩滉还建造了官舍宅第,以便迎接皇帝偏安江南。韩滉的工程使得石头城一度恢复了过去政治军事重镇的风貌,但唐德宗最终没有移驻江南,韩滉的计划最终未能实现,不久石头城再次被废弃,此后直至唐朝灭亡,石头城再未重现政治与军事上的辉煌。

(二)唐代石头城经济的发展与文化意象的诞生

隋唐两代,南京不再具有都城的地位。在大一统的国度里,也不再需要石头城这样的军事要塞,然而,石头城却一度成为地方经济与社会生活中心。石头城与石头山紧邻长江岸,是水上交通要隘与往来必经之地,这使得南京地区仍然是东南驿道和漕粮转运的重要枢纽之一。隋唐时期,石头城处设置了石头驿,南京的来往商人均在此地起航或靠岸。文人墨客在此往返逗留,触景生情,写下了大量指点六朝形胜、咏古抒怀的诗篇。

作为金陵怀古不可或缺的命题之一,唐代石头城的意义,渐渐从"兵家必争之地",转化为类似于"不到长城非好汉"的文化象征,李白、卢纶、韩翃、罗隐等俱有诗作流传,尤以刘禹锡的《西塞山怀古》脍炙人口。

李白(701—762年)《玩月金陵城西孙楚酒楼,达曙歌吹,日晚乘醉,著紫绮裘、乌纱巾,与酒客数人棹歌秦淮,往石头访崔四侍御》:

昨玩西城月,青天垂玉钩。

朝沽金陵酒,歌吹孙楚楼。

忽忆绣衣人,乘船往石头。

草裹乌纱巾,倒被紫绮裘。

两岸拍手笑,疑是王子猷。
酒客十数公,崩腾醉中流。
谑浪棹海客,喧呼傲阳侯。
半道逢吴姬,卷帘出揶揄。
我忆君到此,不知狂与羞。
一月一见君,三杯便回桡。
舍舟共连袂,行上南渡桥。
兴发歌绿水,秦客为之摇。
鸡鸣复相招,清宴逸云霄。
赠我数百字,字字凌风飙。
系之衣裘上,相忆每长谣。
以及《金陵歌送别范宣》诗:
石头巉岩如虎踞,凌波欲过沧江去。
钟山龙盘走势来,秀色横分历阳树。
四十余帝三百秋,功名事迹随东流。
白马小儿谁家子,泰清之岁来关囚。
金陵昔时何壮哉!席卷英豪天下来。
冠盖散为烟雾尽,金舆玉座成寒灰。
扣剑悲吟空咄嗟,梁陈白骨乱如麻。
天子龙沉景阳井,谁歌玉树后庭花。
此地伤心不能道,目下离离长春草。
送尔长江万里心,他年来访南山老。
这两首诗除了有对石头城过往的感怀外,也抒发了对未来的期许。
岑参(715—770年)《送许拾遗恩归江宁拜亲》:
诏书下青琐,驷马还吴洲。
束帛仍赐衣,恩波涨沧流。

微禄将及亲，向家非远游。
看君五斗米，不谢万户侯。
知出西掖垣，如到南徐州。
归心望海日，乡梦登江楼。
大江盘金陵，诸山横石头。
枫树隐茅屋，橘林系渔舟。
种药疏故畦，钓鱼垂旧钩。
对月京口夕，观涛海门秋。
天子怜谏官，论事不可休。
早来丹墀下，高驾无淹留。

韩翃（生卒年不详）《送客之江宁》：
春流送客不应赊，南入徐州见柳花。
朱雀桥边看淮水，乌衣巷里问王家。
千闾万井无多事，辟户开门向山翠。
楚云朝下石头城，江燕双飞瓦棺寺。
吴士风流甚可亲，相逢嘉赏日应新。
从来此地夸羊酪，自有莼羹定却人。

包佶（？—792年）《再过金陵》：
玉树歌终王气收，雁行高送石城秋。
江山不管兴亡事，一任斜阳伴客愁。

《再过金陵》是包佶诗歌的代表作之一。秋风瑟瑟，大雁南飞，诗人再过金陵，面对六朝残破的景象，诗人涌起江山故国之思。诗人面对石头城，追忆六朝时，一曲《玉树后庭花》，断送江山帝王业。如今，下落的斜阳仿佛象征着江河日下的唐王朝。山川、江河依旧，它们并不管六朝兴亡更替，谁主沉浮，也不管过往凭吊之客人发出的感叹与悲愁，依然任凭斜阳西照。诗人目睹安史之乱后江山依旧，政事日非的现实，以古鉴今，发出深深的感慨，语调凄凉，心事沉重。

唐王朝斜光照临，日薄西山，处于社会动荡或家业不幸中的人们，更易产生江山已尽、家国衰败的情怀，正如诗人面对斜阳下的前朝江山，空怀一腔热血，深感悲情万千。

唐代与石头城相关的怀古诗中，以刘禹锡（772—842年）的两首最为著名。

其一《金陵五题·石头城》：
山围故国周遭在，潮打空城寂寞回。
淮水东边旧时月，夜深还过女墙来。

其二《西塞山怀古》：
王濬楼船下益州，金陵王气黯然收。
千寻铁锁沉江底，一片降幡出石头。
人世几回伤往事，山形依旧枕寒流。
今逢四海为家日，故垒萧萧芦荻秋。

素朴的文字中，深寓无穷的况味。前四句说东吴史事，而"人世几回伤往事"，一句带过东晋南朝，尤其是灭吴之晋，灭陈之隋，一统天下，弹指间亦归溃灭，"山形依旧"，终不免"故垒萧萧"。对于唐王朝不无警示意义。古今兴亡的苍茫史事，石头城既附丽着诗意的辉光，成为一种特殊的空间具象，也成为一种精神上的象征，时时刻刻召唤着后人。

贾岛（779—843年）《送朱可久归越中》：
石头城下泊，北固暝钟初。
汀鹭潮冲起，船窗月过虚。
吴山侵越众，隋柳入唐疏。
日欲躬调膳，辟来何府书。

沈亚之（生卒年不详）《五月六日，发石头城，步望前船，示舍弟兼寄侯郎》：

客子去淮阳，逶迤别梦长。

水关开夜锁，雾棹起晨凉。

烟月期同赏，风波勿异行。

隐山曾撼橹，转濑指遥樯。

蒲叶吴刀绿，筠筒楚粽香。

因书报惠远，为我忆檀郎。

张祜（792—854年）《石头城寺》：

山势抱烟光，重门突兀傍。

连檐金像阁，半壁石龛廊。

碧树丛高顶，清池占下方。

徒悲宦游意，尽日老僧房。

以及《过石头城》：

累累墟墓葬西原，六代同归蔓草根。

唯是岁华流尽处，石头城下水千痕。

李群玉（808—862年）《石头城》：

伯业随流水，寒芜上古城。

长空横海色，断岸落潮声。

八极悲扶拄，五湖来止倾。

东南天子气，扫地入函京。

李商隐（813—858年）《咏史》：

北湖南埭水漫漫，一片降旗百尺竿。

三百年间同晓梦，钟山何处有龙盘。

罗邺（825—？年）《春望梁石头城》：

柳碧桑黄破国春，残阳微雨望归人。

江山不改兴亡地,冠盖自为前后尘。
帆势挂风轻若翅,浪声吹岸叠如鳞。
六朝无限悲愁事,欲下荒城回首频。

唐彦谦(？—893年)《游清凉寺》:
白云红树路纡萦,古殿长廊次第行。
南望水连桃叶渡,北来山枕石头城。
一尘不到心源净,万有俱空眼界清。
竹院逢僧旧曾识,旋披禅衲为相迎。

曹松(828—903年)《石头怀古》:
日月出又没,台城空白云。
虽宽百姓土,渐缺六朝坟。
禾黍是亡国,山河归圣君。
松声骤雨足,几寺晚钟闻。

罗隐(833—909年)《春日登上元石头故城》:
万里伤心极目春,东南王气只逡巡。
野花相笑落满地,山鸟自惊啼傍人。
谩道城池须险阻,可知豪杰亦埃尘。
太平寺主惟轻薄,却把三公与贼臣。

李山甫(生卒年不详)《上元怀古二首》:
南朝天子爱风流,尽守江山不到头。
总是战争收拾得,却因歌舞破除休。
尧行道德终无敌,秦把金汤可自由。
试问繁华何处有,雨苔烟草石城秋。
争帝图王德尽衰,骤兴驰霸亦何为。
君臣都是一场笑,家国共成千载悲。
排岸远樯森似槊,落波残照赫如旗。

今朝城上难回首,不见楼船索战时。

胡曾(840—?年)《咏史诗·东晋》:

石头城下浪崔嵬,风起声疑出地雷。

何事符坚太相小,欲投鞭策过江来。

韩偓(844—923年)《金陵(杂言)》:

风雨萧萧,石头城下木兰桡。

烟月迢迢,金陵渡口去来潮。

自古风流皆暗销,才魂妖魂谁与招?

彩笺丽句今已矣,罗袜金莲何寂寥。

  人们通常是在世道几经扭转之后,才逐渐对历史感兴趣起来。唐人"金陵怀古"之幽情也不是一开始就有,初唐、盛唐期间的诗歌中怀古、咏史篇目较少,与石头城相关的诗歌中,怀古伤今的基调尚不明显。到中唐以后,这个题材渐渐流行起来。现代学者统计,有唐一代怀古咏史诗一共1424首,其中晚唐1014首,咏史诗这一种类中,写作于中晚唐的占到70%以上。[1] 而且所有写怀古诗的人,几乎都忘不了金陵,都要感叹六朝兴亡,而石头城作为六朝都城的代表,成为唐人怀古诗中代指六朝的重要意象。人们借石头城及其相关意象,道出了对历史趋势不可阻挡的万千感慨。

  值得一提的是,虽然以"石头城"为题的咏史诗在晚唐时期数量激增,但石头城这一名号与代称早在其建立时期就已出现,并不断出现在六朝时期的诗词歌赋等文学作品中。如谢灵运(385—433年)《初发石首城》:

白珪尚可磨,斯言易为缁。

---

[1] 王红:《试论晚唐咏史诗的悲剧审美特征》,《陕西师大学报(哲学社会科学版)》,1989年第3期。

虽抱中孚爻，犹劳贝锦诗。
寸心若不亮，微命察如丝。
日月垂光景，成贷遂兼兹。
出宿薄京畿，晨装抟曾飔。
重经平生别，再与朋知辞。
故山日已远，风波岂还时。
苕苕万里帆，茫茫终何之。
游当罗浮行，息必庐霍期。
越海凌三山，游湘历九嶷。
钦圣若旦暮，怀贤亦凄其。
皎皎明发心，不为岁寒欺。

鲍照（？—466年）《还都至三山望石头城诗》：
泉源安首流，川末澄远波。
晨光被水族，晓气歇林阿。
两江皎平迥，三山郁骈罗。
南帆望越峤，北榜指齐河。
关扃绕天邑，襟带抱尊华。
长城非壑崄，峻岨似荆芽。
攒楼贯白日，擿堞隐丹霞。
征夫喜观国，游子迟见家。
流连入京引，踯躅望乡歌。
弥前叹景促，逾近勤路多。
偕萃犹如兹，弘易将谓何。

谢朓（464—499年）《将发石头上烽火楼》：
徘徊恋京邑，踯躅躔曾阿。
陵高墀阙近，眺迥风云多。

荆吴阻山岫，江海含澜波。

归飞无羽翼，其如别离何。

萧衍（464—549年）《直石头》：

率土皆王士，安知全高尚。

东垄弃黍稷，西游入卿相。

属逢利建始，投分参末将。

尺寸功未施，河山赏已谅。

摄官因时暇，曳裾聊起望。

郁盘地势远，参差百雉壮。

翠壁绛霄际，丹楼青霞上。

夕池出濠渚，朝云生叠嶂。

笼鸟易为恩，屠羊无饰让。

泰阶端且平，海水本无浪。

小臣何日归，顿辔从闲放。

萧纲（503—551年）《登烽火楼》：

笋楼排树出，却堞带江清。

陟峰试远望，郁郁尽郊京。

万邑王畿旷，三条绮陌平。

亘原横地险，孤屿派流生。

悠悠归棹入，渺渺去帆惊。

水烟浮岸起，遥禽逐雾征。

何逊（？—519年）《登石头城诗》：

关城乃形势，地险差非一。

马岭逐纡回，犬牙傍隆窣。

百雉极襟带，亿庾兼量出。

至理归无为，善守竟何恤。

眺听穷耳目，远近备幽悉。

扰扰见行人，晖晖视落日。

连樯入回浦，飞盖交长术。

天暮远山青，潮去遥沙出。

薄宦恋师表，属辞惭愈疾。

愿乘觳觫牛，还隐蒙笼室。

六朝时期石头城咏叹中伴生情感，已包含了远行的离思愁绪，且作者多会运用几种固定的经典意象进行烘托，进一步渲染了石头城的意境，这种有关石头城的情境联想，使得晚唐诗人运用石头城慨叹六朝之兴废、世事之沧桑显得顺理成章。此后，石头城这一形象所暗含的凄楚情绪得以保留并固定下来，并屡屡出现在文学作品中。如周邦彦（1056—1121 年）《西河·金陵怀古》：

佳丽地，南朝盛事谁记？山围故国绕清江，髻鬟对起。怒涛寂寞打孤城，风樯遥度天际。

断崖树，犹倒倚。莫愁艇子曾系。空余旧迹郁苍苍，雾沉半垒。夜深月过女墙来，伤心东望淮水。

酒旗戏鼓甚处市？想依稀，王谢邻里。燕子不知何世，向寻常巷陌人家，相对如说兴亡，斜阳里。

李纲（1083—1140 年）《阻风泊慈湖夹，焚香默祷。有长鱼跃波面，江豚出没，舟人大惊。抵暮风便，因命解舟，乘月泛禁江，一夕至金陵，盖数百里，作二绝以纪其事》：

江豚出没白波中，十丈神鱼跃晚空。

知是阳侯怜我拙，故教来助一帆风。

露气漫漫欲结霜，扁舟夜下秣陵江。

烟波如席月如昼，快意倒尽黄金缸。

马之纯（约 1144—1201 年）《石头城》：

几年闻说石头城，初谓坚牢似削成。
只是一拳如卓望，初非四面有楼棚。
依山最好防车骑，举眼何妨瞰贼营。
为问区区徒自守，何如席卷向宸京。

任希夷（1156—？年）《石头城》：

石城只解著王苏，漫说夷吾计亦疏。
尽使西风能举扇，可堪重见伯仁书。

杨万里（1127—1206年）《陪留守余处恭、总领钱进思、提刑傅景仁游清凉寺》：

山自新亭走下来，化为一虎首重回。
平吞雪浪三江水，卧对雨花千丈台。
点检故城遗址在，凄凉浩叹宿云开。
六朝踪迹登临遍，底事兹游独壮哉。
万里长江天上来，石头却欲打江回。
青山外面周如削，紫府中间划洞开。
苏峻战场今草树，仲谋庙貌古尘埃。
多情白鹭洲前水，月落潮生声自哀。
已守台城更石城，不知并力或分营？
六师只遣环天阙，一垒真成借寇兵。
问者王苏俱解此？冤哉隗协可怜生。
若言虎踞浑堪倚，万岁千秋无战争。

程必（1164—1242年）《满江红·登石头城》：

颇恨登临，浪自作，骚人愁语。石城上，何须苦说，死袁生褚。当日卧龙商略处，秦淮王气真何许。与君来。萧瑟北风寒，黄云暮。

枕钟阜，湖玄武。生此虎，真蹲踞。看四山环合，休临江渚。可笑唐人无意度，却言此虎凌波去。君且住，明月为人来，潮生浦。

汪元量（1241—1317年）《石头城》：
石头城上小徘徊，世换僧残寺已灰。
地接汴淮山北去，江吞吴越水东来。
健鱼奋鬣随蛟舞，快鹘翻身猎雁回。
一片降旗千古泪，前人留与后人哀。

曾极（生卒年不详）《龙洞》：
江流远引背烟岚，平陆何年重举帆。
断岸插天危欲坠，六朝龙去只空岩。

《清凉寺》：
秋月春花迹未陈，衮龙曾绕梦中身。
夷门金鼓从天落，惊起床头鼻鼾人。

《清凉广惠禅寺》：
鸣鞘响断苑墙平，敲戛惟闻风玉声。
三百年间陵谷变，寒潮不到石头城。

萨都剌（1272—1355年）《念奴娇·登石头城次东坡韵》：

石头城上，望天低吴楚，眼空无物。指点六朝形胜地，唯有青山如壁。蔽日旌旗，连云樯橹，白骨纷如雪。一江南北，消磨多少豪杰。

寂寞避暑离宫，东风辇路，芳草年年发。落日无人松径里，鬼火高低明灭。歌舞尊前，繁华镜里，暗换青青发。伤心千古，秦淮一片明月。

徐渭（1521—1593年）《清凉寺云是梁武台城》：
萧梁台殿一灰飞，荠麦清明雉兔肥。
坏榜几更金刹字，饥魂应烂铁城围。
东来镜折龙潭水，北去芦长燕子矶。
千古兴亡真一梦，隔江闲数暮鸦归。

孔尚任（1648—1718年）《桃花扇》传奇，也提到过石头城。第三十六出《逃难》，演史可法扬州失守，弘光皇帝从南京出逃。马士英《前腔》唱道：

报长江锁开，报长江锁开，石头将坏，高官贱卖没人买。

郑燮（1693—1765年）《念奴娇·石头城》，金陵怀古十二首之一：

悬岩千尺，借欧刀吴斧，削成城郭。千里金城回不尽，万里洪涛喷薄。王浚楼船，旌麾直指，风利何曾泊。船头列炬，等闲烧断铁索。

而今春去秋来，一江烟雨，万点征鸿掠。叫尽六朝兴废事，叫断孝陵殿阁。山色苍凉，江流悍急，潮打空城脚。数声渔笛，芦花风起作作。

石头城（图源：《金陵古迹名胜影集》）

蒋士铨（1725—1785年）《扫叶楼》：

落叶扫不尽，几年存此楼。

天空群木老，寺古一山秋。

壁垒移江渚，功名指石头。

输他尘外客，缚带坐林陬。

姚鼐（1732—1815年）《埽叶楼》：

碧云垂下大江流，坐倚江城古石头。

丹嶂欲平犹作巚，青枫未落已成秋。

三山夕照新林渚，万里西风埽叶楼。

虎踞地形犹在眼，清凉深院发鸣虬。

综上不难看出，"石头城"作为意象，首先是通过六朝诗人作为抒写别情的背景，与一种凄楚的情绪相关联，并逐渐作为晚唐诗人借以感慨历史兴替与家国情怀的常见主题，最终作为六朝历史风流的指代对象相对固定下来，并被后世士大夫阶级所造访与推崇，由此留下了诸多怀古诗词与书画等相关作品。历经世事，石头城在褪去军事功能后，逐渐以人文意象的形式，为清凉山增添了更深厚的人文意蕴，逐渐成为南京城西的风景人文胜地。

二、五代文化中心的崛起与法眼宗的创立

唐代中后期，经济重心南移基本完成，江南也成为中央政府财赋收入的主要来源地，随着中央政府控制力的下降，唐末五代江淮又成为军阀林立的主战场，杨吴、南唐先后围绕着南京建立并巩固了政权。杨吴、南唐掌控江淮时，统治者奉行与邻和睦、与民休息的政策，这为江淮地区换来了稳定发展的空间，南京能够在这一时期崛起为江淮地区的文化中心，与政治的稳定和经济的繁荣是分不开的。在此基础上，杨吴、南唐统治者对文化发展的重视，特别是南唐先主李昪的一系列崇文重教、招揽人才的举

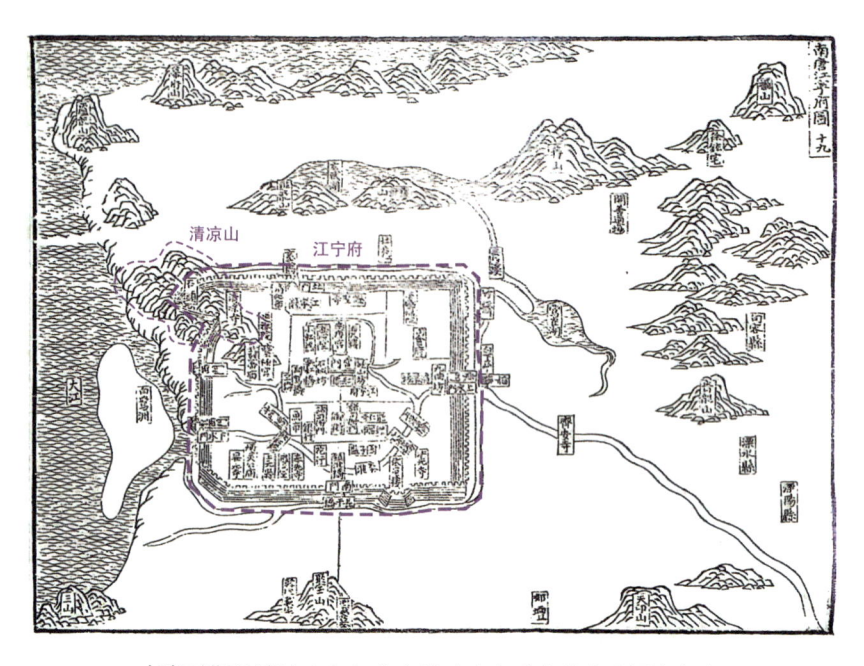

南唐时期的清凉山与江宁府城（改自《金陵古今图考》）

措，使得当时南京的文化氛围空前活跃。而随着清凉大道场的开设、法眼宗的创立，石头山也逐渐从一座天然的军事要塞成为当时南京的一处文化高地。

（一）五代杨吴、南唐的经济文化建设

石头山的得名来自一个有趣的传说。相传有人自江北来，一路上看到的山皆不见石头，过江到此才见有石之山，故称此地为石头山。东汉献帝建安十七年（212年），占有江东一隅的吴主孙权"城楚金陵邑地，号石头"[1]，意为孙权在石头山楚国金陵邑城故址上修筑城池，取名石头城。此名可谓一语双关，一方面

---

[1] （唐）许嵩撰，张忱石点校：《建康实录》卷一，北京：中华书局，1986年，第14页。

因山为名；另一方面是表示这座城池如石头山一般坚如磐石，固若金汤。从此南京有了一个响亮的别称——"石头城"。公元229年，孙权定都南京，依托石头城、秦淮河作为屏障建立起一座既有都城规模又具备军事防御强度的新城池，奠定了后世南京城作为军事重镇发展的基石。

传说故事虽不能等同于历史事实，但这样的故事能够流传开来，无疑可以证明，石头山与石头城作为六朝时期的军事屏障，"军事重地"的印象深入人心。自孙吴迁都至隋朝灭陈，不到四百年的时间里，由于石头城险要的地理位置与特殊的政治、军事地位，孙吴、东晋和南朝宋、齐、梁、陈六个政权相继在此建都，可见在统一国家建立前，石头城作为地方中心，是各方争夺的要地。在当时，能够占领石头城是一个政权在东南崛起的标志。一方面，能够在石头城站稳脚跟，意味着该政权控制了长江下游的区域中心，在地缘政治上具备了优势；另一方面，能够攻克并控制石头城，本身也是该政权具备了一定政治、军事实力的证明。

石头城军事地位的衰落始于隋朝。隋朝结束了长达四百年的分裂局面，开创了一个新的时代。唐朝是中国历史上与汉朝并称的统一盛世，但是隋唐时期的南京却因政治贬抑，地位再次沉降。隋唐时期南京政区变化复杂，先后经历蒋州、丹阳郡、扬州、润州等多次归属变动，甚至一度降为县级政区，这种政治贬抑直到唐末五代群雄割据时才有所缓解。

但政治上的贬抑并未影响此时南京的经济和文化繁荣，尤其是唐代后期，在中原和江淮不断残破之时，这里却蒸蒸日上，最终在十国时期成为杨吴、南唐都城，迎来了南京历史上第二个辉煌时期。杨吴与南唐君主无心北上争夺中原，相反，杨吴政权的开创者杨行密和后来的杨吴权臣徐温都秉持"扬文抑武"的原则，注重选贤任能、发展经济、修好邻国，在国境内维持着相对和平稳定的局面，根据《资治通鉴·唐纪七十五》记载：

未及数年，公私富庶，几复承平之旧。[①]

而南唐先主李昇"专吴政"，从杨吴手中接管政权，成为一方真正的最高统治者后，不仅延续了杨行密、徐温的国策，更是进一步采取了一系列利国利民的政治举措，对内与民休息，轻徭薄赋，发展经济；对己克勤克俭，礼贤下士；治国讲求法度，举贤任能，对当时及后世的南京城产生了重大的影响。

918年，李昇执吴政后，首先免除百姓916年以前的全部欠税，对917年的欠税暂时也不征，待丰收之年百姓宽裕之后再征，接着又改革了税制，据《资治通鉴》卷二七〇记载：

先是，吴有丁口钱，又计亩输钱，钱重物轻，民甚苦之。齐丘说知诰，以为"钱非耕桑所得，今使民输钱，是教民弃本逐末也。请蠲丁口钱；自余税悉输穀帛、绸绢，匹直千钱者，当税三千"[②]。

起初杨吴对百姓收取人头税，人民负担很重，大臣宋齐丘认为这样会荒废农业，舍本逐末，向李昇建议取消人头税。李昇接受了宋齐丘的建议并贯彻执行。据《资治通鉴》记载，此后：

江、淮间旷土尽辟，桑柘满野，国以富强。[③]

宋代记录南唐至宋初江南史事的《江南野史》卷一记载李昇：

自登位之后，遣官大定检校民田高下肥硗，皆获允当。[④]

宋代郑文宝编撰的笔记小说《南唐近事》中有这样一则故事：

[①] （宋）司马光编著：《资治通鉴》卷二五九《唐纪七十五·昭宗景福元年》，北京：中华书局，1956年，第8435页。
[②] （宋）司马光编著：《资治通鉴》卷二七〇《后梁纪五·均王贞明四年》，北京：中华书局，1956年，第8832页。
[③] （宋）司马光编著：《资治通鉴》卷二七〇《后梁纪五·均王贞明四年》，北京：中华书局，1956年，第8832页。
[④] （宋）龙衮撰：《江南野史》卷一《先主》，转引自金锋主编：《中华孤本》第4卷《元代孤本》，呼和浩特：内蒙古人民出版社，2001年，第3049页。

金陵建国之初，军储未实，关市之利，敛率尤繁，农商苦之而莫达于上。时属近甸，亢旱日久，祈祷无应。上他日举觞苑中，宣示宰臣曰："近京三十五里，皆报雨足，独京城不雨，何耶？得非狱市之间冤枉未伸乎？"诸相未及对，申渐高历阶而进曰："雨惧抽税，不敢入京。"上因是悟之，翌日下诏停一切额外税。信宿之间，膏泽告足。①

故事中的离奇情节不能当作史实，但从故事中依旧可以看出，南唐先主关心民生、体恤民情的形象，在当时深入人心。

在改革赋税的同时，李昇也免除了人民的徭役，据陆游《南唐书》记载：

昇元四年春正月，诏罢营造力役，毋妨农事。②

在此基础上，李昇又采取了一系列鼓励农桑、兴修水利的措施。根据《南唐书》记载，李昇发布诏书：

民三年艺桑及三千本者，赐帛五十匹；每丁垦田及八十亩者，赐钱二万；皆五年勿收租税。③

李昇采取的以上政策和措施，大大促进了南唐经济的发展，为南唐国家社会的稳定奠定了物质基础。据《钓矶立谈》记载：

德昌宫凡积兵器缯帛七百余万。④

在内政建设的同时，李昇沿袭了徐温不兴兵戈、与邻友好的国策。《资治通鉴》卷二七〇记载，在诸将建议徐温南下歼灭吴越时，徐温劝说诸将：

---

① （宋）郑文宝撰：《南唐近事》，转引自傅璇琮、徐海荣、徐吉军主编：《五代史书汇编》第9册《丙编·十国史》，杭州：杭州出版社，2004年，第5068页。
② （南宋）马令、陆游撰：《南唐书（两种）》卷一《烈祖本纪》，南京：南京出版社，2010年，第219页。
③ （南宋）马令、陆游撰：《南唐书（两种）》卷一《烈祖本纪》，南京：南京出版社，2010年，第219页。
④ （宋）史温撰：《钓矶立谈》，转引自傅璇琮、徐海荣、徐吉军主编：《五代史书汇编》第9册《丙编·十国史》，杭州：杭州出版社，2004年，第5007页。

> 天下离乱久矣，民困已甚，钱公亦未易可轻；若连兵不解，方为诸君之忧。今战胜以惧之，戢兵以怀之，使两地之民各安其业，君臣高枕，岂不乐哉！多杀何为！①

徐温的对外政策确实为杨吴争取到了发展空间，《资治通鉴》卷二七〇记载：

> 自是吴国休兵息民，三十余州民乐业者，二十余年。②

其时李昪也在徐温阵中，他聆听了徐温的劝解，并亲眼见到杨吴的发展成果。从李昪后世的对外政策看，徐温的思想对他的影响很大，他一生都在贯彻执行徐温这种立国安民、与民休息的对外政策。李昪即位后，国家富足，兵力强盛，这时朝中便兴起了北上的呼声，根据《资治通鉴》卷二八二记载：

> 及唐主即位，江淮比年丰稔，兵食有余，群臣争言：陛下中兴，今北方多难，宜出兵恢复旧疆。唐主曰：吾少长军旅，见兵之为民害深矣，不忍复言。使彼民安，则吾民亦安矣，又何求焉！③

可以看出，李昪在境内一切向好的繁荣景象中，难能可贵地保持了清醒的自知之明，他清楚地认识到，偏居一隅的南唐并不具备北上争雄的实力，在乱世中韬光养晦、保全国本才是最现实的选择。宋代史温在其评述南唐史的笔记《钓矶立谈》中这样评价李昪的选择：

> 叟尝笑诸葛孔明，号称王佐才，然不知地小人单，穷兵不休，两川之人坐是不聊生。忠则忠矣，安所事智？今江南壤毛瘠薄，土泉不深，其人轻佼（狡）剽悍，不能耐久，非中国之敌也。自

---

① （宋）司马光编著：《资治通鉴》卷二七〇《后梁纪五·均王贞明五年》，北京：中华书局，1956年，第8846页。
② （宋）司马光编著：《资治通鉴》卷二七〇《后梁纪五·均王贞明五年》，北京：中华书局，1956年，第8849页。
③ （宋）司马光编著：《资治通鉴》卷二八二《后晋纪三·高祖天福六年》，北京：中华书局，1956年，第9222页。

有宇宙以来，未有偏据而动可以成大功者。稽考永陵之心，夫岂不欲以并包席卷为事耶，顾其所处势有未便故也。由是言之，江表五十年间，父不哭子，兄不丧弟，四封之内安恬舒嬉；虽流离侨寓之人，亦获案堵，弗夭弗横，以得及真人之期。吁！烈祖为有大造于斯土也，明矣！①

可见后世史家在综合分析南唐的自然条件、经济条件以及当时的政治环境后，也认为当时李昪放弃北上争霸是极其明智的选择。

李昪在处理与邻国吴越以及其他周边小国的关系时，也同样尽力保持相对友好的中立态度。升元六年（942 年），吴越遭受火灾，大臣们纷纷建议李昪趁机出兵吞并吴越，李昪不仅不肯，还对吴越施以援手，派使者给予物资助其救灾。根据马令撰《南唐书》卷一记载：

吴越灾，宫室府库甲兵殆尽，群臣复请乘其弊。帝曰：今大敌在北。北方平，则诸国可尺书召之，何以兵为？轻举者，兵之大忌；宜畜财养锐以俟时焉。使使唁越于武林，厚币以赒其阙。②

政局的稳定、经济的繁荣为南唐的文化发展创造了必要条件，同时南唐君臣也极为重视文化，从其自身的文化艺术修养便可窥一二。中主李璟、后主李煜均多才多艺，在学术、艺术领域颇有造诣，并沉迷一些雅致、高尚的精神文化活动。陆游在《南唐书·元宗本纪》中称李璟：

多才艺，好读书，便骑善射。③

---

① （宋）史温撰：《钓矶立谈》，转引自傅璇琮、徐海荣、徐吉军主编：《五代史书汇编》第 9 册《丙编·十国史》，杭州：杭州出版社，2004 年，第 5007 页。
② （南宋）马令、陆游撰：《南唐书（两种）》卷一《烈祖本纪》，南京：南京出版社，2010 年，第 23 页。
③ （南宋）马令、陆游撰：《南唐书（两种）》卷二《元宗本纪》，南京：南京出版社，2010 年，第 233 页。

清《佩文斋书画谱》评价李璟书法：

钟陵清凉寺有元宗八分题名、（李）萧远草书、董羽画海水为三绝。①

宋代《钓矶立谈》评价李璟文采：

时时作为歌诗，皆出入风骚。②

后主李煜更是博通众艺，在文化艺术上的造诣尤高，特别是在词学成就上。王国维在《人间词话》中对李后主词给予了极高的评价：

词至李后主而眼界始大，感慨遂深，遂变伶工之词而为士大夫之词。③

他认为从教坊之地转变为书写个人身世经历，以寄托感慨、忧国伤时的文人士大夫之词，自李后主始。李煜以诗入词，在词中直接书写真性情，这一转变扩大了词的题材，提升了词的格调，使词从花前月下的儿女情思走向广阔的社会人生，李煜的词抒发了亡国之痛、故国之思，反映了他对家国情怀与个人命运的思索，表达了一份士大夫悲天悯人的普世情怀，这一转变对词的发展起到了巨大的推动作用，成为连接晚唐五代与北宋词坛的桥梁。

李煜在词的语言上也开创了新的风气，语句朴素、自然、明净优美，摆脱了花间词人的雕琢习气，毫无矫揉造作之感，这提高了词的内容表现力，使得词这种文学题材摆脱了传统的狎妓宴乐、曼声吟唱的局限，进而成为言怀述志的新诗体，提高了词表现生活和抒发感情的能力，对宋代词人如柳永、李清照等产生了

---

① （清）王原祁等纂辑：《佩文斋书画谱》卷三十一《南唐李萧远传》，北京：中国书店，1984年，第787页。
② （宋）史温撰：《钓矶立谈》，转引自傅璇琮、徐海荣、徐吉军主编：《五代史书汇编》第9册《丙编·十史》，杭州：杭州出版社，2004年，第5013页。
③ 王国维著：《人间词话》，转引自施议对译注：《人间词话译注》，长沙：岳麓书社，2003年，第29页。

很大的影响。因此，不少学者认为，李煜是宋词实际上的开山始祖，故李煜也有"词中之帝""词圣"的美称。

除了在词学上的宗师地位，李煜还精通书法、绘画、音律并有着极高的审美素养。

书法方面，李煜著有关于书法的论著《书述》一篇，详细阐述了书法风格与人的年龄之间的密切关系，指出年轻气盛时笔力雄健，年老历世则凝重雄浑。同时，书中也深入探讨了执笔法与运笔法的技巧。此外，《书述》中还提到了书法的七字法，即"拨镫"法，李煜称这套技法得自卫夫人及钟、王等书法家，有聚针钉、金错刀、撮襟诸体。这一体系后经欧、颜、褚、陆等人传承，流传至当时。在这部著作中，李煜不仅表达了自己对书法的深刻理解，也展示了其深厚的艺术造诣和独到的审美观念。而李煜本人的书法作品，宋代书法家黄庭坚在《跋李后主书》中称：

观江南李主手改草表，笔力不减柳诚悬，乃知今世石刻，曾不能得其仿佛。余尝见李主与徐铉书数纸，自论其文章笔法政如此，但步骤太露，精神不及。此数字笔意深稳。盖刻意与率尔为之，工拙便相悬也。[1]

北宋官方主持编撰的《宣和画谱》评价李煜的书法：

南唐伪主李煜金错书，有一笔三过之法，虽若甚瘦而风神有余。[2]

李后主在绘画上也有很高的成就，沈括《梦溪笔谈·补笔谈》卷二称：

后主善画，尤工翎毛。[3]

---

[1] （宋）黄庭坚撰：《豫章黄先生文集》卷二八，转引自（宋）黄庭坚著，白石校注：《山谷题跋》，杭州：浙江人民美术出版社，2016年，第70页。
[2] 《宣和画谱》卷一七，上海：上海人民美术出版社，1963年，第213页。
[3] （宋）沈括撰：《梦溪笔谈》卷二《艺文》，转引自胡道静校证：《梦溪笔谈校证 下》，上海：上海古籍出版社，1987年，第957页。

宋代郭若虚在其编撰的画史著作《图画见闻志》中这样评价后主：

江南后主李煜，才识清赡，书画兼精。尝观所画林石、飞鸟，远过常流，高出意外。①

明代都穆在记述其所观书画真迹的随笔《寓意编》中称后主：

墨竹清爽不凡。②

此外，后主对音乐也颇为精通。李煜死后，北宋文学家徐铉奉宋太宗赵光义之命为李煜写作墓志，徐铉在李煜的墓志中记述李煜：

洞晓音律，精别雅郑；穷先王制作之意，审风俗淳薄之原，为文论之，以续《乐记》。③

围绕李煜流传的许多轶事也与音乐有关，如宋代邵思《雁门野说》中记载了这样一则小故事：

南唐后主精于音律，凡度曲莫非奇绝。开宝中，国将除，自撰《念家山》一曲，既而广为《念家山破》，其谶可知也。宫中民间日夜奏之，未及两月，传满江南。④

这则故事称李煜将旧曲《念家山》在结尾处做了修改，演变为《念家山破》。古人对音乐中蕴含的阴阳五行等宇宙观与哲学思想颇为重视，强调音乐曲调的和谐，尤其是结尾，特别讲究中正平稳，是为国之正音。但后主将原曲结尾修改成比较急促的调子，曲名又加"破"字，十分不祥，最终家山果真如谶语一般破

---

① （宋）郭若虚撰，黄苗子点校：《图画见闻志》卷三，北京：人民美术出版社，1963年，第60页。
② （明）都穆撰：《寓意编·题后主墨竹》，转引自吴熊和著：《唐宋词通论》，上海：上海古籍出版社，2022年，第221页。
③ （宋）徐铉撰：《骑省集》卷二九《大宋左千牛卫上将军追封吴王陇西公墓志铭》，转引自李振中校注：《徐铉集校注》，北京：中华书局，2016年，第793页。
④ （宋）邵思：《雁门野说》，转引自詹幼馨著：《南唐二主词研究》，武汉：武汉出版社，1992年，第159页。

败了。①

李煜在审美鉴赏方面也是眼光独到，他收藏诸多图画并亲自题跋，尤其欣赏钟隐的画作，《梦溪笔谈·补笔谈》卷二载：

> 诸书画中，时有李后主题跋，然未尝题书画人姓名；唯钟隐画，皆后主亲笔题"钟隐笔"三字。②

李煜可以说是南唐朝廷文化艺术氛围的缩影，与北方政权相比，南唐虽然在政治、军事上处于劣势，但其在文化艺术上的辉煌却是无可比拟的。在这样一种政权的熏陶下，南京的流水和空气中处处充满着诗情与画意，在那个动荡的年代登上了中国文学艺术上的又一座巅峰，由坚如磐石的军事重镇转为独领风骚的文化中心。

（二）从"石头山"到"清凉山"

由"石头山"到"清凉山"的名称转变，也可以看出清凉山由军事防御功能向文化功能转变的过程。

据明万历《上元县志》中记载：

> 自江北以来，山皆无石，至此山始有石，故名。③

可见，石头山这一名称虽然朴素，但十分贴切地体现出了山岭在大江之南拔地而起、凭江而立的情景。这样一座控江扼淮的天然堡垒，自然会受到兵家关注。早在春秋战国时期，吴、楚、越等国就围绕着石头山与长江天险进行过大大小小的战斗，并相

---

① "破"是曲中的变音，曲调通常较为急促琐碎。
② （宋）沈括撰：《梦溪笔谈》卷二《艺文》，转引自胡道静校证：《梦溪笔谈校证下》，上海：上海古籍出版社，1987年，第957页。
③ （明）程嗣功修，（明）王一化纂：《万历应天府志》卷一五《山川志》引《江乘地记》，南京：南京出版社，2011年，第325页。

继建城作为军事前哨。东汉末年孙刘联合抗曹期间,相传军事家诸葛亮曾在石头山察看山川形势,并感慨"钟山龙盘,石头虎踞",对石头山的军事作用给予了高度的肯定。传说或有后世附会之嫌,但孙权依凭石头山建设石头城作为"贮军粮器械"的要塞与基地,石头城也因突出的军事地位上升为吴政权的政治中心,被选作都城,却是不争的史实。自东吴起至隋,在各个大小政权纷乱割据、相互兼并的形势下,石头山始终是确保东南政权屹立不倒的"定海神针",在六朝政权的争夺与更迭中,石头城的得失往往决定着战事的走向。

隋唐时期,随着大一统国家的建立与国内政治的稳定,石头城的军事功能不复往昔,政治地位也受到了一定的贬抑。唐朝末年,南京先后成为杨吴与南唐的都城。杨吴与南唐受国力限制无意北上竞逐,以长江为屏障偏安一隅,相比军事更注重经济与文化建设。南唐几代君主尤其笃信佛教,在当时的石头山开设"石城清凉大道场",高僧云集,在当时颇具影响力,这也是后世石头山易名清凉山的渊源。

北宋建立后,宋太宗将原在幕府山的清凉广惠禅寺迁移到石头山,以取代南唐的清凉大道场。此举有着消除南唐影响力的政治目的,因此朝廷对新建道场非常重视,北宋几代皇帝曾赐御书藏于寺中,寺院一度香火旺盛,此后石头山也逐渐改称清凉山。名称的变更,一定程度上反映了当时人们对清凉山认识的变迁,清凉山由曾经坚如磐石的军事堡垒,逐渐成为人们览胜避暑的天然园林。

北宋文学家王安石对清凉山情有独钟。王安石在南京期间,年年都要游清凉山,还曾寄宿清凉广惠禅寺,他的诗中也多见对清凉山的溢美之辞。王安石在《与天骘宿清凉广惠僧舍》诗中写道：

故人不惜马龀职责赎，许我年年一度来。

野馆萧条无准拟，与君封植浪山梅。

在送别友人黄吉甫入京后，王安石在清凉寺驻足并于寺壁上题诗抒怀：

断芦洲渚荠花繁，看上征鞍立寺门。

投老难堪与公别，倚冈从此望回辕。

王安石的《清凉寺白云庵》中还提到当时乌龙潭中有"洲渚"：

庵云作顶峭无邻，衣月为衿静称身。

木落岗峦因自献，水归洲渚得横陈。

可见当时乌龙潭水面尚且宽阔，水中甚至存在洲渚。

北宋文学家苏轼也曾造访清凉山清凉寺。苏轼之妻王闰之生前曾发愿死后将遗物布施，绘制阿弥陀像供奉到清凉寺，苏轼此番前来便是为完成妻子遗愿。住持和长老热情接待了苏轼，两人一见如故，相见恨晚。苏轼在与和长老说佛谈禅中，有感而发，作《赠清凉寺和长老》《次旧韵赠清凉长老》。他在《赠清凉寺和长老》中写道：

代北初辞没马尘，江南来见卧云人。

问禅不契前三语，施佛空留丈六身。

老去山林徒梦想，雨余钟鼓更清新。

会须一洗黄茅瘴，未用深藏白氎巾。

不久又作《次旧韵赠清凉长老》：

过淮入洛地多尘，举扇西风欲污人。

但怪云山不改色，岂知江月解分身。

安心有道年颜好，遇物无情句法新。

送我长芦舟一叶，笑看雪浪满衣巾。

苏轼对佛理颇为精通，诗中最后一句引用达摩祖师"一苇渡江"的典故并借此作喻，希望清凉长老也能送他一片苇叶作舟，助他渡往彼岸，并浪漫地想象了他踏苇过江时身上溅满雪白浪花的画面。

与苏轼同时代的诗人杨杰有《题清凉广惠禅寺》诗：

君勿爱清凉，清凉如火如沸汤。

君勿恶炎热，炎热如冰如积雪。

勿爱亦可恶，未是逍遥处。

君不见，海会山前一条路，一车来，一车去，今古转辘何日住？

落花时节雨初晴，黄莺枝上分明语。

南宋时期，陆游《入蜀记》卷二记载：

出西门，游清凉广慧（惠）寺。寺距城里余，据石头城，下临大江，南直牛头山，气象甚雄。

南宋诗人刘克庄在《清凉寺》一诗中写道：

塔庙当年甲一方，千层金碧万缁郎。

开山佛已成胡鬼，住院僧犹说李王。

遗像有尘龛坏壁，断碑无首立斜阳。

惟应驻马坡头月，曾见金舆夜纳凉。

诗中详细叙述了南唐时期高僧云集、金碧辉煌的清凉大道场，以及南唐国主在清凉山避暑纳凉的轶事。

南宋马之纯曾在《不受暑亭》一诗中讲述在清凉山中的避暑经历：

驱车曾向暑中来，望见尘襟已豁开。

袅袅羊肠知几折，亭亭凤翅与俱回。

渭川沮洳何如此，佛国清凉亦快哉！

久坐不禁清雾湿，却须酒力唤春回。

诗人乘车前往清凉山避暑，感慨山中有如清凉佛国的同时，久居山中竟觉凉意太重，甚至要以酒驱寒。这虽然是诗家的夸张之辞，但也可以反映出清凉山因其独特的自然环境与清幽的风光，已成为当时人们眼中夏日出游的一处胜地。

佛教从东汉传入中国，在魏晋南北朝时期有了很大发展。佛教经典被大量翻译，印度各派佛教已基本上介绍到中国来，并形成了许多学派。到隋唐时期，佛教进一步发扬光大，一方面形成了包括禅宗在内的许多宗派，每个宗派有自己尊奉的经典和独特的教义，有自己的寺院。各寺院作为讲说某部或几部佛经的中心，有自己的势力范围和传法的体系。

唐末五代，随着佛教的发展与统治者对佛教的支持，清凉山逐渐成为杨吴和南唐城西的佛教圣地，佛教文化成为清凉山文化的重要组成部分之一。唐宋是历史文化的转型时期，这期间，禅宗也在新的历史条件下不断地整合发展，并步入禅宗历史发展的新阶段。唐末禅宗的发展，获得了南方区域性政治势力的有效支持，这为禅师的涌现、传法与创宗营造了良好的社会文化氛围。唐末五代石头城也是这一时期文化转型的重要阵地之一，法眼宗正是在这样的历史背景下，在石头城清凉山形成并逐步发展为禅宗的一个重要宗派，尽管它在历史上存在的时间不长，入宋之后法脉不详，但其形成和发展仍具有时代性的意义，在中国禅宗发展史上占有重要的地位，也对清凉山的文化产生过深远的宗教影响。

五代十国，金陵成为南唐国都。南唐石头城较六朝石头城南移，位于都城内西北角，其东即石头城清凉大道场，兼为避暑行宫。南唐前后三代帝王对于佛教都足够的虔诚，住持高僧文益禅师开宗立派，门徒众多，人称"清凉文益"，去世后被李璟谥为大法眼禅师，他创立的宗派称法眼宗，成为佛教禅宗五家之一。

所以后世说到南唐石头城，往往很少注意其军事地位，津津乐道的是李王佞佛和法眼开宗。这些都为石头山增加了新的文化资源。

（三）清凉山法眼宗的形成

法眼宗在清凉山的形成与发展，一方面得益于江南的佛教基础与南唐统治者的支持，另一方面与文益禅师及其门徒的传法弘道活动分不开。从法眼宗形成的历史进程来看，它既是社会历史条件和时代思想潮流影响下禅宗自身发展的必然性产物，也是文益禅师宗教实践的客观结果。

禅宗是佛教的宗门之一，于东汉桓帝建和二年（148年）由安息国（今伊朗）僧人安世高引入中国。东晋时，道安、慧远、僧叡、僧肇、支遁、竺道生等一批名僧义解佛教经典，进一步推进了中国佛教与禅学的发展，但这一时期的禅学多指禅师自身的修持实践，并没有形成有影响的教团组织或宗派，因此其传承、传播十分有限。达摩来华是江南乃至中国禅宗发展史上的一次重大事件。达摩，南印度僧人，约南北朝时期来华，自称佛传禅宗第二十八祖，主要宣扬二入四行禅法，对中国佛教禅宗乃至中华文化产生了很大的影响，因此被誉为中国禅宗的始祖，故中国的禅宗又称达摩宗。达摩来华后，中土禅学传播与发展出现了新变化，有学者认为，禅宗"是在菩提达摩西来以后才作为一个宗派独立出来的"[①]。达摩之后，中国禅宗进入了宗派创立的新阶段，到了唐代，经过慧能的思想创建和教学革新，达摩一系的禅学思想和禅学方法得到了进一步的发展，加之其门徒四处进行的弘法

---

① 〔日〕村上专精著：《日本佛教史纲》，北京：商务印书馆，1992年，第186页。

利生活动极有宗教、社会影响，慧能一系的法脉不断得以延续和传承，由区域性佛教宗派传播到了大江南北，一跃成为唐代最具有时代气象的宗派，继而出现了"五家七宗"的繁荣景象。五代时期，面对新的历史契机和时代要求，法眼宗作为禅宗"五家"之一脱颖而出，并获得了新的发展。

唐与五代是禅宗隆盛时期，江南禅宗的发展尤为迅猛，"五家七宗"中就有四家诞生于江南，这充分说明了禅宗与江南区域思想文化相协调发展的一面。然而，过于迅猛的发展势头使得禅宗内部产生了诸多乱象。禅宗在初期宣扬的"直指人心，见性成佛"宗旨，随着发展衍生出了诃佛骂祖等狂妄自大、荒诞不经的极端行为，宗门流弊日甚，流派间常常互相攻讦，在这样的环境下，文益禅师创立了法眼宗，直指禅宗发展中的诸多弊病。

文益（清版画）

公元885年，文益禅师出生于杭州一鲁姓人家。其时唐王朝大半州郡陷入战乱，但得益于杨吴、南唐政府不兴兵戈、与民休息的国策，江浙一带局势相对比较安定，这使得文益能够在一个政治稳定、文化繁荣的环境中成长、修学。892年，文益跟随新定智通院全伟禅师落发出家成为沙弥，二十岁时，文益在越州开元寺受具足戒成为比丘。梁开平三年（909年）前后，文益进入福州西院随慧稜禅师（即长庆禅师）学禅，修习了大约十几年的时间，但始终未能开悟，于是文益决定出岭南游学，途中，文益禅师得到桂琛禅师的指点而开悟。文益禅师得道后，游历江南丛林，他受临川州牧之请，而住崇寿院开坛说法。文益的传法活动引起了江南地区统治者的注意，不久就被南唐国主李昪迎请直金陵，住报恩禅院开堂传法，赐号净慧禅师，后又住金陵清凉院，故又称清凉文益禅师。

　　文益禅师能够在金陵传法并创立法眼宗，与南唐国主的佛教活动密不可分。927年，杨吴权臣徐温死后，他的养子徐知诰掌握了实权，937年徐知诰称帝，建都金陵（南京），更名为李昪。徐知诰在未登基时就邀请文益入金陵传法，除了贯彻杨吴举贤任能、广纳人才的政策外，还有着借文益禅师声名为自己造势，以稳固统治基础的目的。李昪虽开崇佛风气，但其对佛教的信仰并不热烈，李昪对佛教的认识似乎仅限于感应、祈福之类，他推广佛教，主要是看中了佛教的社会教化功能，对教理、禅法方面的兴趣不大，但他的后继者中主李璟与后主李煜，却对佛教十分虔诚，佛教活动愈演愈烈，由皇室出资兴建的寺院有十几座，仅金陵城便有一万多僧人，全部由国家出钱供养。与李昪相比，中主李璟不仅重视佛教的社会教化功能，而且能体悟禅理，常与僧侣交往。李璟在即位前便和文益禅师的师兄休复悟空禅师交情甚

悟空禅师塔墓（龚巨平提供）

深，悟空禅师去世后，李璟犹然不忘，令韩熙载撰写《南唐清凉寺悟空禅师碑》，并亲赴清凉寺祭奠悟空禅师。

近年来，在南京市考古研究院对清凉寺遗址的发掘中，发现了南唐悟空禅师的塔墓。悟

悟空禅师墓志（龚巨平提供）

空禅师塔墓位于发掘区西北，法堂基址西侧，被法堂基址叠压，开口于明代地层下。打破生土，南部被现代坑打破。墓内填土为灰褐色土，土质疏松，土内包含大量砖块、瓦片、白灰粒（块）和少许器物陶瓷残片等建筑及生活垃圾。TM1为土坑圆形砖室墓，墓口平面形状为圆形，直径3.70米，墓口距现存地表1.80米。圆形墓坑直壁平底，壁面较光滑。墓内砖室圆形，直径2.40米，砌筑法为一丁三顺，每层顺砖为三排错缝平砌，宽0.42米，最高残留两组0.40米。砖与砖之间用泥土黏合，底部铺底为一层正"人"字形青砖平铺。在墓室底部铺砖之上除塔志铭外，放置三块石板，平面形状呈"品"字形。其中两块正方形，边长0.42米、厚0.08米；一块长方形，长0.95米、宽0.34—0.42米、厚0.05米。墓室底部三块石板具体用途不详。TM1共发现六件随葬品，有塔志铭、铜钱、金戒指、粉盒、铜钵、铜瓶等。据出土墓志可知，志主为南唐高僧悟空禅师。

悟空禅师为南唐著名高僧，于《景德传灯录》及《五灯会元》

中有传，其相关碑刻亦见载于《景定建康志》《入蜀记》《宝刻丛编》等文献中。据文献记载，悟空禅师原为漳州罗汉院桂琛禅师弟子，后继法眼住抚州崇寿禅院，南唐中主李璟创立清凉道场，遂延请居之，终于后晋天福八年（943年）圆寂，仍致祭、荼毗，收舍利建塔于清凉寺。从墓志内容来看，其对悟空禅师的生平描述较传世文献更为详细。据墓志记载，悟空禅师初至兴教寺时"其岁稍旱"，然经其一番做法，竟天降大雨，旱情消解，李璟遂对其大为加赏。此外，悟空禅师还为寺庙主持修建了方丈、厨构、廊庑等主体建筑。

文益禅师来到金陵后，李璟也常与文益禅师往来。相传，李璟邀请文益禅师赴皇宫同赏牡丹花，李璟请文益作偈，文益便作一偈："拥毳对芳丛，由来趣不同。发从今日白，花是去年红。艳冶随朝露，馨香逐晚风。何须待零落，然后始知空"，劝说李璟人生无常，不如及早醒悟，李璟亦由此顿悟。传说故事或存在演绎，但可以推测，文益对李璟的思想有着很大的影响。而文益圆寂后，李璟谥文益为"大法眼禅师"，文益创立的禅宗宗派被称作法眼宗，也是出自李璟所赐的谥号，可见南唐国主的佛教活动不仅推动了法眼宗的形成与传播，甚至影响了法眼宗的名称。

清凉法眼宗能在金陵清凉院形成，一方面有赖于文益禅师个人的禅法思想和南唐国主的崇佛行为，另一方面也得益于清凉院所在的清凉山的自然环境与人文氛围，它是多种因素和合共生的产物。清凉山位处金陵石头城西，唐代末年，杨吴重臣徐知诰（即南唐先主李昪）营建金陵城，金陵城后来成为南唐都城，这座城池将六朝的石头城隔在城外。924年，杨吴在石头城旧址兴建了第一座寺庙——兴教寺，南唐时，改名"石城清凉大道场"，并逐渐成为南唐一处文化中心。此外，清凉山有着得天独厚的自然

《故唐右街石城清凉大道场法灯禅师墓志铭并序》（南京市博物馆藏）

风光，就连南唐国主也将石头山中的佛寺作为避暑行宫，在欣赏美景的同时亲近佛法，这体现出清凉山风景名胜对人们有着很强的吸引力，为佛法传播提供了天然优势。清凉山丰厚的佛教文化历史底蕴，幽美的自然人文环境，儒、释、道三教互动交融的文化格局，浓郁的宗教思想文化氛围，为法眼宗一派的产生提供了必要之条件。故清凉山有利之区域环境与良好之人文基础，乃是法眼宗派形成和发展不可或缺的一大重要助缘。

1949 年，在南京南郊出土故唐右街石城清凉大道场法灯禅师墓志碑，后被市民收藏。1999 年南京市文物研究所征集到此碑。此碑用青石刻成，平面呈方形，边长 49 厘米，厚 6 厘米，志文纵 24 行，满行 24 字，共 413 字。全文楷书，工整而精致，全文为：

故唐右街石城清凉大道场法灯禅师墓志铭并序

兰陵□释省乾撰

粤白云无心，寒松有韵，淡淡闲当於迴汉，青青郁镇於高岩，物以之然，道亦何隔。则我禅师智自天然，性不群比，洞万物以为道，海百川以为怀，出兴利久，筹盈折床，以之於后。禅师讳泰钦，魏府人，周氏，祖、父阀阅。师少蕴生知，不慕荣显，十岁投于佛院大智禅师出家落彩，十七开元寺琉璃坛依神海律师受戒。自迩神识洒落，不习经论（纶），便慕参玄，杖策云山，遍扣诸祖。大和中来游江外，诣临川崇寿，契大智藏导师心要，自后止庐山莲花洞万岁庵，情闲道高，人仰弥远；即南都静安双林禅院，响道请振大音；次居上蓝禅院。主上饮德，远诏归京。始住龙光，终居石城清凉大道场，锡号法灯禅师。开宝七年六月二十四日申时示疾，奄顺世缘，俗寿六十五，僧腊四十八。小师监院文相等一百五十人哀痛无已，众徒弟子仕俗万千泣送，俨全身於江宁县凤台乡小茭里，依教建炭堵波，俾旌懿行。铭曰：

白云无纵，秋潭影中；

我师示迹，道济虚空。

来匪从兮何滞，去无方兮皆通；

出没大悲兮弘至妙，俨炭堵波兮该无究；

门徒弟子兮哀罔极，千古万古兮松清风。

开宝七年岁次甲戌十月丁未朔十五日辛酉记耳。

南京大学文化与自然遗产研究所所长贺云翱曾参与此墓志调查、征集和鉴定工作，并撰写了《唐法灯禅师墓志铭考》，且对其志文进行了考释。志文考释：五代十国时期，今南京为南唐（937—975年）国都，故墓志称"唐"。"右街"疑为与寺、观、僧、尼之管理制度有关，该制度起自唐，《新唐书》卷四十八《百官志三》载：唐贞元四年（788年）"崇玄馆罢大学士，后复置左右街大功德使……会昌二年（842年），以僧、尼隶主客，太清宫置玄元馆，亦有学士，至六年（846年）废，而僧、尼复隶两街功德使"。[1]

---

[1] （宋）欧阳修等撰：《新唐书》卷四十八《百官志三》"崇玄署"条，北京：中华书局，1975年，第1252页。

又《唐会要》卷四十九亦曰："元和二年（807年）二月，诏僧、尼、道士同隶左街、右街功德使，自是祠部、司封不复关奏。"[①] "（会昌）六年（846年）五月制：'僧、尼依前令两街功德使收管，不要更隶主客。'"[②] 据以上资料，墓志中"右街"当指清凉大道场僧众之籍隶都城金陵右街功德使。……墓志为研究这一问题提供了重要线索。

三、明代都城中清净的一角

元朝末年，朱元璋与徐达自石头城下进入南京，开创了大明王朝，也是南京建都史上第一个大一统的王朝。明初兴建新都，并修建当时世界上规模最大的城市城墙——南京城墙，开辟十三个城门，其中紧邻清凉山的，就有清凉门和石城门（今汉西门）。

城墙修好后，清凉山及其余脉全都被包入城内，南唐石头城被拆毁。这是清凉山文化发展过程中的又一重要转折点，它标志着清凉山的军事地位基本成为历史，清凉山的文化意义与文化功能在此后进一步凸显。

（一）南京城墙的建设及其与清凉山的关系

明代是我国古代筑城史上的一个高峰，这是南京城市发展史上的一个重要时期，也是清凉山文化转型的一个关键阶段。明城墙建成后，清凉山及其余脉均被包入南京城内。有了城墙，原本

---

① （宋）王溥撰：《唐会要》卷四十九《僧尼所隶》，北京：中华书局，1955年，第860页。
② （宋）王溥撰：《唐会要》卷四十九《僧尼所隶》，北京：中华书局，1955年，第860页。

作为天然屏障的山体就基本失去防御功能，成为明代都城中的一座"后花园"。

南京城墙始建于1366年，根据《明太祖实录》中的记载：

丙午八月庚戌朔，拓建康城。初建康旧城，西北控大江，东进白下门，外距钟山，既阔远。而旧内在城中，因元南台为宫稍庳隘，上乃命刘基等卜地，定作新宫于钟山之阳，在旧城东白下门之外二里许。故增筑新城，东北尽钟山之趾，延亘周回凡五十余里，规制雄壮，尽据山川之胜焉。[①]

从文献来看，朱元璋建城起因是旧城内旧宫"稍庳隘"，即有些矮小，故颁布筑城令，命令刘基等人依照风水选址建造新宫。

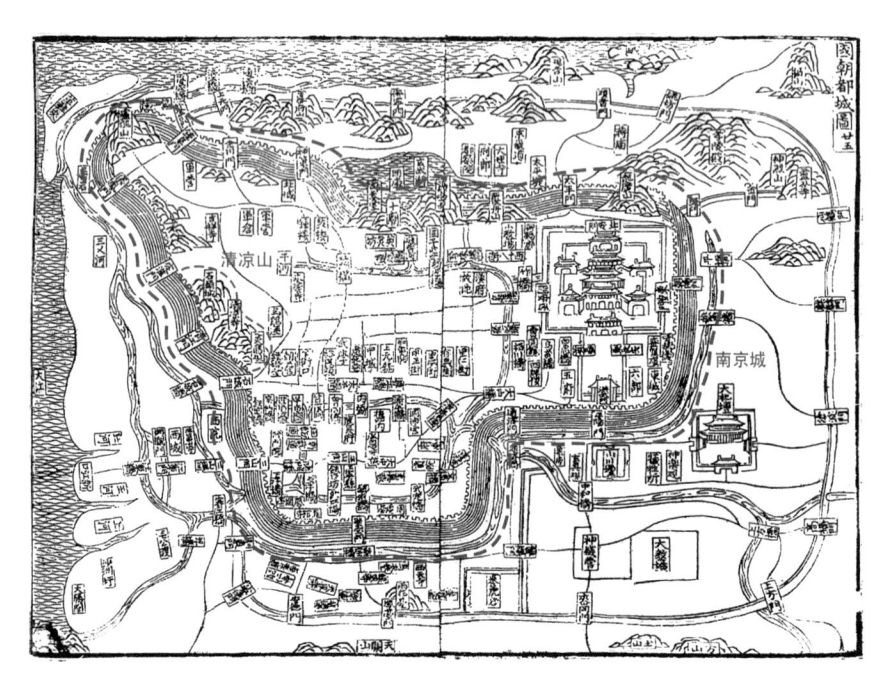

明朝时期的清凉山与南京城（改自《金陵古今图考》）

---

① （明）礼部纂修，台湾中央研究院历史语言研究所校勘：《明太祖实录》卷二十一，台北：台湾中央研究院历史语言研究所，1962年，第295页。

然而，根据后文刘基等人的筹备来看，旧宫库隘恐怕只是托词，朱元璋的真正目的不是修建一座稍优于旧宫的新宫，而是打算修筑一座具有都城规模的新城。

虽然其时朱元璋还未称帝，但事实上，朱元璋的政治意图早在十年前就初见端倪。1356年，朱元璋将根据地南京从集庆路更名为应天府，自然是取"顺应天命"之意。我国古代的天命观中包含着"君权神授"的思想，这次更名，体现了朱元璋意图为取代元朝这一行动树立起宗法观念上的正义性。1357年，朱元璋听取朱升"高筑墙、广积粮、缓称王"的建议，在各地修筑城池。同时，九字方针中"缓称王"的建议也起到了一定的警示作用，朱元璋能够成为元末战争中的赢家，与他坚持韬光养晦的策略密不可分。从筑城令中也可看出，虽然朱元璋早有称帝的野心，但修建都城时却以旧宫"库隘"，空间不足为由，有意隐去政治意图。

公元1368年，朱元璋在应天府称帝，改应天府为南京，年号为洪武，建立大明王朝。明朝定都南京，打破了以往的先例，成为建都南京的第一个统一王朝。定都南京并在南京大规模筑城是朱元璋及其幕僚深思熟虑的结果。据《明史》记载，早在1362年，一个叫叶兑的人曾劝说朱元璋依托应天府以图天下：

愚闻：取天下者，必有一定之规模。韩信初见高祖，画楚、汉成败；孔明卧草庐，与先主论三分形势者是也。今之规模，宜北绝李察罕，南并张九四。抚温、台，取闽、越，定都建康，拓地江、广。进则越两淮以北征，退则画长江而自守。夫金陵，古称龙蟠虎踞帝王之都。藉其兵力资财，以攻则克，以守则固，百察罕能如吾何哉？江之所备，莫急上流。今义师已克江州，足蔽全吴。况自滁、和至广陵，皆吾所有。非直守江，兼可守淮矣。张氏倾覆可坐而待，淮东诸郡亦将来归。北略中原，李氏可并也。

今闻察军妄自尊大，致书明公，如曹操之招孙权。窃以元运将终，人心不属，而察军欲效操所为，事势不侔。宜如鲁肃计，鼎足江东，以观天下之衅，此其大纲也。①

叶兑对局势的分析和谋略很有见地，无疑，朱元璋采纳了叶兑的建议。随后几年，朱元璋平定东南和两广的实际过程与《明史》所载叶兑的建议相差无几。因此可以推测，叶兑关于建都应天府的建议，同样对当时的朱元璋产生了影响。

1363至1366年间，朱元璋先后平定陈友谅势力并吞并张士诚在江北的势力范围，准备对张士诚势力发起最后的总攻。在这样的局势背景下，朱元璋下令大规模在南京建城，可以看出，朱元璋已有意将南京作为政治扩张的依托，并进一步取代元朝统一全国。可以说，早在朱元璋在南京修建都城规模的城池时计划便已酝酿。

1365年，朱元璋设立太史监，专职观天象，并任命刘基为首任太史令。刘基任职一年，即完成了都城南京的建设规划，得到朱元璋的认可。从地理上看，南京位于长江下游，西、北濒临长江，东依钟山，南控秦淮河，北接玄武湖，有"龙蟠虎踞"之称，想要在这样的地理空间内扩大城市面积，建设较大规模的都城，势必比在平原地区困难得多。因此，朱元璋提出"以山为郭，以江为池"的初步构想，依据南京的山川地理形势，因地制宜地建造城墙，从而将不利的地形因素转换为建设都城的有利条件。在这样的情况下，南京城墙不同于以往都城常见的规整形状，城墙平面非方非圆，而是依照周边地形分布，曲折围合而成。

起初，南京城墙的建设工作是由应天府的驻军来承担，明王

---

① （清）张廷玉等撰：《明史》卷一三五《叶兑传》，北京：中华书局，1974年，第3915页。

朝建立后，作为京师象征的南京城墙，在营建中获得来自各方面的充足保障。洪武元年（1368年），朱元璋依照中书省建议征集民夫修建新城新宫。此外，朱元璋对皇城也有建设计划，包括在皇城正南洪武门设置千户所，建造新宫殿宇以及祭祀礼仪建筑等一系列浩大工程，到洪武六年（1373年），新建城垣、护城河与新宫等已初具规模。此时朱元璋的第二次北伐基本告一段落，军事上基本统一了全国，政局日益巩固。因此，朱元璋下诏对新城垣进行二次营建，扩展其规模。根据《明太祖实录》记载：

诏留守卫都指挥使司，修筑京师城周一万七百三十四丈二尺，为步二万一千四百六十八有奇，为里五十有九；内城周二千五百七十一丈九尺，为步五千一百四十三，为里十有四。①

除此之外，朱元璋下诏补建皇城，并新建外郭城。这一时期城墙建设的指导思想由体现都城气度转向以守卫京城为主的军事防御目的。这一时期的筑城方案包括补建皇城城垣，采用城砖和巨型条石加固现有墙体，扩大南京新城墙东北范围、将玄武湖作为东北面城墙的护城河，增加北城军队驻防和屯兵的区域，在部分城门附近建造瓮城，建造南京城墙外郭和护城河、完成南京城四重城池的整体布局等。

到了洪武十年（1377年）底，皇城各项主体工程基本完工，并正式设置皇城各城门的门官，皇城建成时，南有洪武门、承天门、端门三座，承天门外东西分设东长安门与西长安门，城东、西、北三面城垣分别建东安门、西安门、北安门，门内又分别设东上门、东上南门、东上北门、西上门、西上南门、西上北门、北上

---

① （明）礼部纂修，台湾中央研究院历史语言研究所校勘：《明太祖实录》卷八十三，台北：台湾中央研究院历史语言研究所，1962年，第1481页。

119

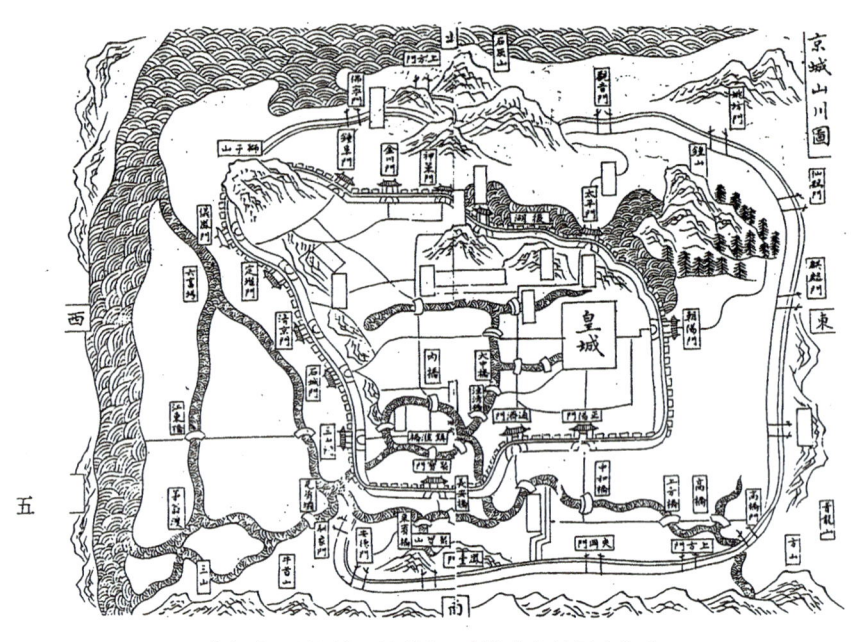

《京城山川图》（图源：《洪武京城图志》）

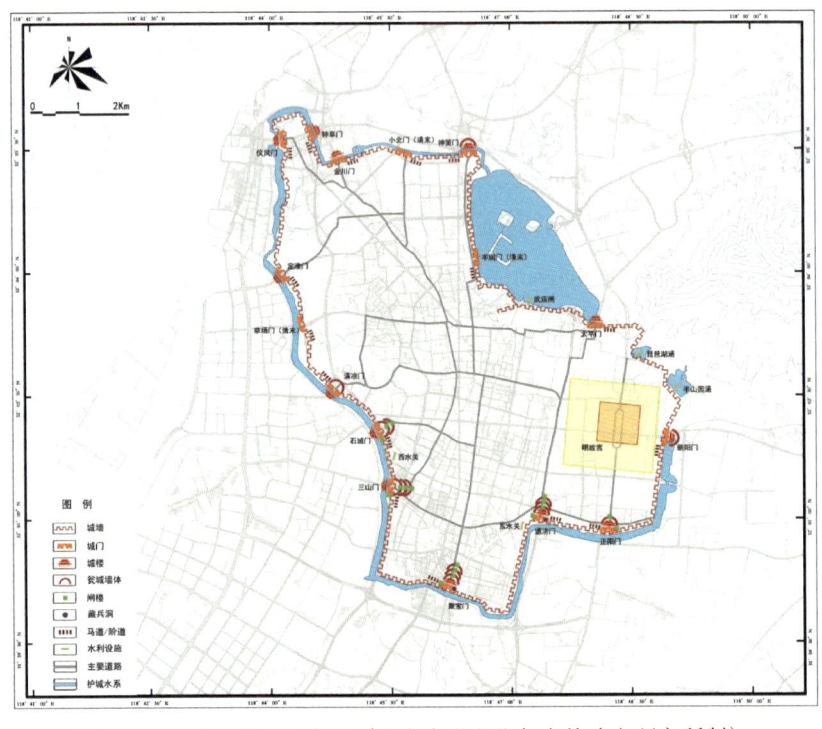

南京城墙护城河体系示意图（南京大学文化与自然遗产研究所制）

门、北上东门、北上西门等内门。

在南京宫城、皇城、京城三重城墙基本完工后,洪武二十三年(1390年)四月,朱元璋下令在京城之外建造外郭。初建城门15座,分别为驯象、安德、凤台、双桥、夹岗、上坊、高桥、沧波、麒麟、仙鹤、姚方、观音、佛宁、上元、(外)金川,次年又增江东门。

据《明太祖实录》记载:

置京师外城门:驯象、安德、凤台、双桥、夹冈(岗)、上方(坊)、高桥、沧波、麒麟、仙鹤、姚坊、观音、佛宁、上元、金川,凡十五门。①

但《洪武京城图志》《永乐大典》《金陵古今图考》《南京都察院志》《客座赘语》《明史》等各类文献中,对于外郭城门数量与名称的记载存在一定的差异,目前关于外郭城门数量的说法存在15座、16座、18座等不同观点,这很可能是由于南京城墙是经过长时间、多时段的修造建成,在建成后又多次修补增建,致使不同时代人们所看到的城门数量不同。

外郭除城门及重要地段使用城砖和条石包筑墙体外,墙体以土墙为主,并注重地形元素和人工墙体的结合,利用了一部分自然山体。外郭建成后,南京城墙四重城垣的都城格局基本形成。

(二)清凉门与清凉山

明太祖朱元璋、建文帝朱允炆、成祖朱棣相继以南京为都,

---

① (明)礼部纂修,台湾中央研究院历史语言研究所校勘:《明太祖实录》卷二〇一,台北:台湾中央研究院历史语言研究所,1962年,第3008页。

历时达 54 年。1421 年明成祖朱棣迁都北京后，南京成为留都，又称南都、南中，其地位仅次于北京。1366 年到 1398 年间，在朱元璋的主持下，南京陆续修建了宫城、皇城、京城、外郭四重城垣，这次修城将清凉山及其余脉全部纳入京师范围内，南唐石头城被拆毁，其旧址就在清凉门（门址仍在）和石城门（今汉西门）之间。

清凉门属于京城城门，在石城门以北，洪武年间始建，因其位于清凉山的西麓而得名。洪武六年（1373 年），设置清凉门兵马司驻守清凉门。洪武十二年（1379 年），因前有清江河，改清凉门为清江门。此门幽僻，明永乐年间后即封闭，门券至今犹存。明朝中期，清江门改回原名清凉门。明朝万历三年（1575 年）的秋天，家住南京洪武街的学者顾起元回忆他十岁时，见到这座城门外建有一座当年朱元璋渡江纪念性"建筑"的桅杆一根，"有司岁祀，给一兵世守之""高仅可丈五六尺，一木栅围之，植地上，后不复见矣"[1]。关于明太祖朱元璋渡江的船，还有另外一说：当年明太祖朱元璋与明初大将军徐达渡江时，船夫一边掌舵，一边大声喊着号子："圣天子六龙护驾，大将军八面威风。"明太祖朱元璋听了大喜，"与达蹑足相庆"。[2] 明太祖朱元璋当了皇帝后，给船夫的侄子做了官，还把当年乘坐的船全涂上红色，称之为满江红。不过，顾起元提到的这座城门名，已由清江门改回了原名——清凉门。[3]

清凉门和石城门两门相距仅 1100 多米，可见这一带的市井兴盛与交通繁忙，城门外都是船舶往来停泊的交通要津。明人歌

---

[1] （明）顾起元撰：《客座赘语》卷六"舟楫"条，南京：南京出版社，2009 年，第 166 页。
[2] 《辞源》（修订本）"满江红"条，北京：商务印书馆，1981 年，第 1873 页。
[3] 杨新华主编：《南京明城墙》，南京：南京大学出版社，2006 年，第 45 页。

《测绘金陵城内地名坐向清查荒基全图》（南京城墙保护管理中心提供）

咏清凉山，同样佳作迭出。曾撰著《金陵名园记》的顾璘，有《登清凉寺后西塞山亭》诗：

晚上高亭对落晖，万山寒翠湿秋衣。江流一道杯中泻，云树千门鸟外微。古寺频来僧尽老，重阳欲近蟹争肥。霜枫恶作萧条色，故弄残红绕客飞。

清凉门（南京城墙保护管理中心提供）

万历年间的进士于若瀛同样喜爱清凉山的秋景，他在《秋日登清凉台》中写道：

市远旷佛宇，霜林绚如绣。孤阜凭风回，突出香台后。危亭冒其顶，面势巧为构。巀嶭钟岫近，睥睨江光透。雄压白门丽，峻掩金川秀。落木响空檐，飘岚润衣袖。薄暮未肯下，远灯乱出宿。

诗人认为清凉山的雄峻甲金陵，近景远观，无不出色。他也写到清凉山的霜林如绣，可见当年南京人秋天看红枫就在清凉山，而不必远赴栖霞山。

（三）明代以来的清凉山与清凉寺

自南朝起，佛教文化就是清凉山文化的重要组成部分。据文献记载，至迟在南朝时期，清凉山上就建有寺院，而有明确史实记载的清凉寺之前身，则可追溯至杨吴时期的兴教寺。顺义四年（924年），杨吴重臣徐知诰在修建金陵城时，在城西修建了兴教寺，这是清凉寺可以确认的最早渊源。升元元年（937年）徐知诰复姓李，改名昪，在金陵称帝，建国唐，史称南唐。随后将兴教寺扩建为石城清凉禅寺，成为南唐的皇家寺院，开启了清凉寺最为辉煌的历史。至南唐元宗李璟时，其又扩建为清凉大道场，并让法眼宗的创立者文益禅师于此住持，清凉寺遂成为禅宗法眼宗祖庭。北宋太平兴国五年（980年），又改称清凉广惠禅寺。

到了明代，随着城墙的修建，清凉山被纳入京城的范围，军事地位和作用消解，演变为一座被各类人文古迹环绕的文化名山与文教场所。洪武三十五年（1402年），周王朱橚重修山寺，成祖朱棣题额"清凉禅寺"。重修之后的清凉寺，成为南京城内文人墨客所青睐的名胜。

如李东阳（1447—1516年）《登清凉寺后台》：

虎踞关高鹫岭尊，四山环绕万家村。

城中一览无余地，象外空传不二门。

人世百年同俯仰，江流今古此乾坤。

南都胜概今如许，归向长安父老论。

黄省曾（1490—1540年）《登清凉山一首》：

古刹石城里，逶迤丹磴攀。

殿悬秋霭树，江吐夕阳山。

法食供游馔，林杯悦旅颜。

无劳支遁马，碧草步人还。

这些诗作描绘了山寺相谐的清幽景境，可见自明代起，清凉山与清凉寺已成为时人寻访美景、探问禅机的去处。

清雍正二年（1724年），清凉寺遭火灾，仅西北隅小屋三四间得存。寺僧中州以重建清凉寺为己任，四处募捐，兴工制作，至乾隆初年，重建的清凉寺规模如前，而焕然一新。乾隆十一年（1746年），方苞作《重修清凉寺记》并刻成石碑。乾隆皇帝南巡时，也曾到过清凉寺，且有诗作留存。太平天国占据南京期间，清凉寺建筑被毁，直到清代光绪年间清凉寺才稍有恢复，但已不复旧日气象。

目前，清凉寺遗址已被列为南京市文物保护单位。为配合清凉山大遗址的保护与开发利用，全面了解该区域古代遗存的分布情况，南京市考古研究院承担了清凉山公园北侧兰苑区

石涛《清凉台图》（南京博物院藏）

清凉寺

域清凉寺古代文化遗存考古发掘任务，分别于2013年、2014年和2017年，对清凉寺遗址进行了三次发掘，发掘面积达1000余平方米。经发掘，明代清凉寺的整体布局已基本摸清，也确定了其周围的地层堆积情况。发掘区的地层堆积主要可分为三层：第一层为近现代建筑垃圾层，第二层为清代建筑废弃层，第三层则为建筑遗迹。发掘中发现的主要遗迹有二，分别为明代清凉寺殿堂基址和南唐僧人塔墓。殿堂基址由大殿F1、法堂F2、伽蓝殿F3、祖师殿F4、排水沟、附属道路等部分组成。

　　大殿基址F1为带月台的台基建筑，平面呈"凸"字形。由主体建筑及附属建筑的月台，月台东、西两侧台阶与台阶外侧道路及排水沟，东侧南北向长廊，东、北两侧排水沟，东、北两侧台地砖石包墙等部分组成。F1主体建筑平面为长方形，为5开间、3进深。大殿的四面围墙均有残存，且可分为两期。南墙墙体与基础均采用明城砖砌筑，此墙为第一期建筑墙体；北墙墙体与基

清凉寺遗址保护范围及发掘区（龚巨平提供）

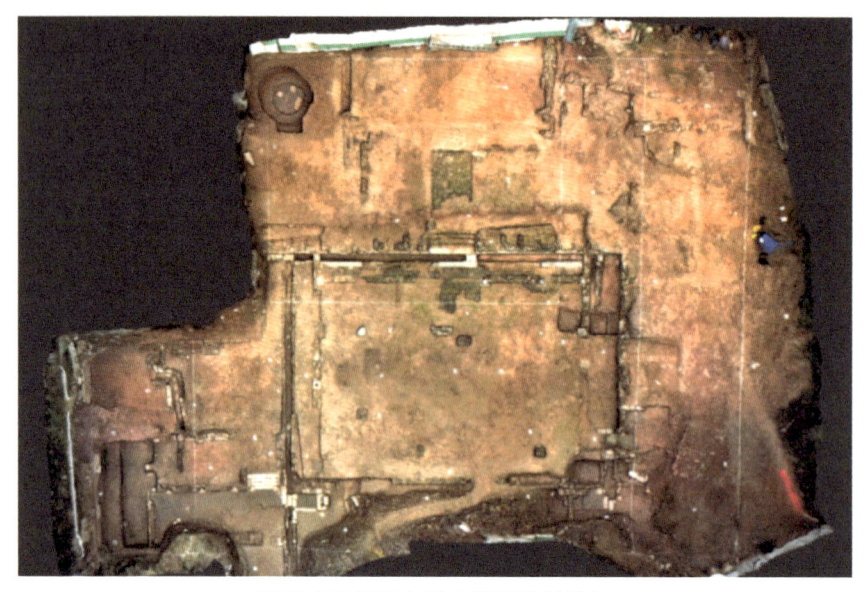

清凉寺发掘区全景（龚巨平提供）

础均用残砖砌筑，保存较好，北墙外与排水沟之间，有用青灰色方砖与长方形砖铺设单层散水；东山墙墙体与基础均用残砖砌筑，此山墙是在第一期建筑墙体的基础上向外扩修建筑的；西山墙无墙体，基础均用残砖砌筑。柱础和磉墩共发现17个，以北墙为北，第一排6个，保留有圆鼓形石柱础及其下垫的青石板；第二排现仅存东1个、西2个（编号为F1：ZC7—F1：ZC9），均保存石板，中部两个是否减柱不详，东第二个位置被晚期破坏不存。第三排保存西3个（编号为F1：ZC10—F1：ZC12），均为砖砌磉墩，东3个位置被晚期破坏不存；第四排保存西3个（编号为F1：ZC13—F1：ZC15），均为砖砌磉墩，东3个位置被晚期破坏不存。此外，F1室内还保有部分铺地砖，为青灰色方砖错缝铺设，现仅在后部残存两处，保存面积较小。

月台在F1主体建筑的南部，平面长方形，其东、西侧发现有砖砌包墙，均为城砖纵横交错砌筑，东侧面砌筑工整，西侧参

F1 大殿（龚巨平提供）

殿内铺地砖、北墙及散水、排水沟（龚巨平提供）

差不齐，与内侧夯筑土相铆接。月台西侧的包砖墙已被破坏不存。月台顶面在 F1 南墙外偏西部位，发现局部遗有青灰城砖纵向铺设路面。包砖墙内筑黄褐色夯筑土，质地较紧，夯筑迹象比较明显，含较多碎砖瓦、石灰以及石块、红烧土等，另出土有明代时期的建筑构件、兽面瓦当以及部分残碎的青花瓷残片。在月台与主体建筑交接部的东西两侧均设有东西向台阶，其中西侧大部分在发掘区外，台阶基础部分均为残砖砌筑，东部2级台阶面部采用青灰砖立砌，以城砖为主。台阶与F1之间用青灰砖砌筑实体平台，实体平台的东端与G2西壁相接。

大殿（F1）月台东侧包墙及台阶（龚巨平提供）

F2法堂主体建筑现有平面为长方形，由于揭示面积小，加之被晚期破坏，中部未发现柱础，现根据东西2礤墩及总长度推测，应为3开间，发掘区内仅见第1进深2.1米，其他不详。现存有南墙、东墙和西山墙，均采用残砖砌筑基础。石柱础共发现2个。保存完好，为圆鼓四方形，均包于墙体中部。与F2有关的道路发现有2条（L1、L2），其中L1分布在F1与F2的中轴线部位，南北向，北端为砖铺路面，南端与F1落差处设有台阶，总长7.55米，其中砖铺路面残存于北端，长4.35米，宽3米。台阶基础以碎砖、石灰、黄土混合夯筑而成，面部铺设石板，但

F2 法堂（龚巨平提供）

大部分已被破坏不存，仅最低 1 级保留石板铺面。台阶石板为一块整体，长 3.55 米，宽 0.4 米，厚 0.2 米。

F3 伽蓝殿开口位于近代层下，距现地表 1.3 米。受建筑红线范围限制，基址南部未能全面揭露。揭露部分仅存北墙、前廊局部及部分铺砖。根据 2017 年度发掘的 F4 形制，两座建筑依中轴线对称分布。伽蓝殿廊庑，平面长条形，发掘区内发现南北 2 进深，发掘区内发现有门道 2 处。其中有 1 处位于廊的北端，东西贯穿，向西进入 F1 区域，向东转向北进入 F2 区域。另 1 处位

伽蓝殿基址 F3（龚巨平提供）

于南一进深的中部，同为东西贯穿，向西连接 F1 的东台阶，向东进入 F3 区域。

祖师殿基址 F4 发掘平面呈长方形，揭露出的部分与大佛殿方向垂直。F4 共暴露六个柱础石，三个磉墩。柱础石大小不一，三磉墩均用青砖砌成，正方形。根据已发现的柱础及磉墩分布位置分析，F4 为带前廊的四进深建筑，目前已揭露出北侧两开间。南北已暴露两开间。

据《金陵梵刹志》卷十八《清凉寺》篇记载，清凉寺殿堂建筑有山门三楹、天王殿三楹、左钟楼一座、佛殿五楹、左伽蓝殿一楹、右祖师殿五楹、毗卢殿三楹、方丈八楹、僧院九房。该卷附图上，建筑由南至北标有金刚殿、天王殿、伽蓝殿、佛殿、法堂、禅堂、方丈等。发掘者推测，发掘清理出的 F1，其位置、建筑尺度与佛殿基本相合，基本可判定 F1 即为佛殿，F2 为图中所标示的法堂，F3 为伽蓝殿、F4 为祖师殿。

祖师殿 F4（龚巨平提供）

清凉寺（图源：《金陵梵刹志》）

清凉寺遗址出土建筑构件（龚巨平提供）

综上所述，经过三个年度的考古发掘工作，基本摸清了发掘区内明代寺院布局。在今清凉寺还阳泉北部区域内，中轴线上主要分布有大佛殿、法堂两座殿宇，大佛殿左前侧为伽蓝殿，右前侧为祖师殿。这些发现对于复原明代寺院的建筑规模、布局具有重要意义。①

四、明清时代文人的园林化活动

明清时期，江南成为文人士大夫群体最为密集的地区。广义的文人士大夫群体可以包含那些出身于各个阶层的、已经出仕或未出仕的读书人，他们代表了当时的精英文化，这些文化既体现在思想、政治或学术等书面层面，也体现在他们的生活空间（城市、园林、山水）与诗酒流连等文化活动层面。清凉山以其深厚的文化底蕴、浓厚的文化氛围、颇受文人阶层青睐的雅致风景，自然而然地成了当时文人"金陵雅游"的首选目的地，清凉山作为一处文化平台，将当时文人的文化生活轨迹联系在一起。

（一）龚贤与扫叶楼

扫叶楼位于清凉山南麓，一般认为扫叶楼是明末清初杰出的爱国画家和诗人龚贤的故居，也是清凉山一处著名的明清园林。扫叶楼始建于1664年，明清式样，砖木结构，覆小瓦，二层，建筑面积约400平方米，占地面积约270平方米，楼前翠竹婆娑，绿树掩映，平台远望，楼后庭院内假山层叠，与善庆寺前石阶结合一体。

龚贤,字半千,号半亩居人,清凉山下人等。龚贤生于1618年，时值明末，王朝统治黑暗，阶级矛盾、民族矛盾空前尖锐。龚贤

---

① 考古材料根据南京市考古研究院龚巨平研究员2021年12月4日题为《清凉问佛——法眼祖庭清凉寺遗址的考古新发现》的讲座整理。

二十一岁时,来到南京参加诗社活动批判当时社会。清军攻占南京后,龚贤悲愤出走,漂泊海安、扬州等地十余载。晚年回归南京购清凉山荒地半亩,建屋四椽,号"半亩园",栽花种竹,深居简出,不事权贵,以卖字画、教学为生,悠闲自得,著有诗集《草香堂集》和《课徒画稿》。清咸丰年间,楼毁于兵火,光绪十五年(1889年)奉敕重建。

龚贤在《半亩园诗》中称:

瓦屋四五间,购之将百金。

余地才半亩,新竹作成阴。

民国时期清凉寺山门和扫叶楼(海达·莫里逊摄)

定居半亩园后，龚贤不事权贵，平日以作画为主，他的画主要描绘南京地区的真山真水。1689年，龚贤重病时遭受当地豪门权贵的迫害，在饥寒交迫中病故，此后，半亩园遂成为清凉山下新的人文胜迹。

龚贤定居清凉山时，与樊圻、高岑、邹喆、吴宏、叶欣、胡慥、谢荪等七位画家常有交往，艺术上也有较多的共同点，被后人誉为"金陵八家"。龚贤的山水画师法五代董源，并广泛吸收米芾、吴镇、沈周等人的风格，由感而觉，由觉而悟，进一步发展了笔丰墨健的画法，画风浑厚苍秀沉郁。同时代的周亮工在《读画录》中这样评价龚贤的画作：

其画扫除蹊径，独出幽异，自谓前无古人后无来者，信不诬也。[1]

清《历代画史汇传》中评价龚贤：

山水得北苑（即董源）法，亦仿梅道人（即吴镇），尝自写照。性孤僻，为人有古风，工诗文，行草雄奇。[2]

民国《清画家诗史》中评价龚贤：

山水从北苑筑基，一变古法，用墨浓厚，自开生面。[3]

龚贤因其高尚气节与卓越的绘画水平，颇受同时代文人学士的推崇，他们常相聚在半亩园吟诗作对，当时的名士如方文、施闰章、杜于皇、吴嘉纪、孙枝蔚、周亮工、纪映钟、卓尔堪等，都有咏龚贤半亩园之诗。1687年，龚贤结识了著名的戏剧家《桃花扇》的作者——孔尚任，他对龚贤在物质和精神上的帮助很大。

---

[1] （清）周亮工撰：《读画录》，转引自朱天曙编校整理：《周亮工全集》，南京：凤凰出版社，2008年，第94页。
[2] （清）彭蕴灿撰：《历朝画史传》（也作《历代画史汇传》《画史汇传》），转引自薛冰著：《清凉山史话》，南京：南京出版社，2009年，第97页。
[3] 李浚之编：《清画家诗史》甲上目，转引自薛冰著：《清凉山史话》，南京：南京出版社，2009年，第97页。

龚贤《清凉环翠》

龚贤故居被称为扫叶楼，源于龚贤的《扫公楼》诗：
扫公楼在石城头，城外江从窗外流。
明日渡江回首处，不知曾见扫公楼。
以及七律《登扫公楼》：
扫公楼上凿西窗，窗外分明见楚江。
高扶风烟一千里，低气鸥鹭两三双。
清秋渔邃浮沙艇，白日山钟撼石幢。
吴王旧时城阙在，片帆从此出迎降。

关于扫公其人，龚贤曾画扫叶僧像，一说扫叶僧为龚贤自写小像，根据这种说法，龚贤即是扫公，这也是扫叶楼被认为是龚贤故居的由来。但另有一说认为，扫叶僧系龚贤好友，清凉寺僧人宗元。宗元号扫叶，人称扫叶上人，今之扫叶楼是僧人宗元的居所。龚贤因与宗元交好，为宗元画扫叶僧形象悬于楼中。

这一说法的佐证是龚贤的好友方文所作的《同龚半千访扫叶上人》诗：
乍睹丰姿山泽臞，徐看雪泳雪霜铺。
不知付拂开堂者，曾道斯人半句无。

以及《寒食日宿扫公房》：
城西有古寺，乃在石头山。
南唐李后主，避暑于其间。
所以名清凉，遗迹犹斑斑。
左右两小阜，高楼出尘寰。
老僧莲乘者，白首栖禅关。
厥徒字扫叶，诗律夙所娴。
世事了不闻，意态长啸闲。
邀我寒食日，策杖来跻攀。
春雨喜初晴，不辞行路艰。
入门见群树，海棠花正殷。
花下一杯茗，顿觉开襟颜。
先是文与龚，坐久寻复还。
我老怯行步，借榻依草菅。
灯下阅君诗，警句谁能删。

从这两首诗的内容可以看出，方文是与龚贤一道拜访扫叶上人的，因此，扫叶上人与龚贤不可能是同一人。此外，龚贤曾请清初"四王"之一的王翚为他画半亩园图，他在《赠王翚》诗中作序为记：

余家草堂之南，余地半亩，稍有花竹，因以名之，不足称园也。清凉山上有台，亦名清凉台，登台而观，大江横于前，钟阜枕于后，左有莫愁，匀水如镜，右有狮岭，撮土若眉。余家即在此台之下。转身东北，引客指视，则柴门吠犬，仿佛见之。

从龚贤这篇诗序中可以看出，半亩园的位置不在清凉山西南麓，与现扫叶楼位置不同。但因龚贤故居半亩园遗址不存，扫叶楼标志明显，龚贤又画过扫叶僧像，后人遂以扫叶楼作为龚贤的纪念地，扫叶楼也成为清凉山园林文化的标志之一，在后世三百年间，登览聚会不断。洪亮吉、姚鼐、蒋士铨、刘春霖、薛时雨、端方、顾云、陈作霖、陈三立、王东培、程先甲、易顺鼎、夏仁虎等文人学者，都曾来此游园题咏。清代乾隆皇帝南巡时，曾登清凉山游玩并为扫叶楼题诗：

> 隔岫谁家扫叶楼，清标占断石城秋。[1]

到了清光绪年间，扫叶楼得到复建，当时关于原楼主是谁就已经众说纷纭。有人甚至误认为此地为昭明太子的读书台。方志学家陈作霖认为扫叶楼是龚贤所筑，又恰好有人得到一幅僧人画像，他便让住持僧人悬挂在扫叶楼上。而陈作霖的弟弟陈作仪有另一番记录：

> 自是以后，游是楼者，酷暑招凉，严寒赏雪，流连风景，或咏或觞，莫不景仰前贤于不忘云。[2]

可见此时扫叶楼已经被认为是龚贤故居了。事实上，作为文化标志的扫叶楼，其是否为龚贤故居，在后世看已不甚重要，它更多地象征着后人对于前贤的景仰与缅怀的情结，扫叶楼作为一种相思、一处寄托，成为南京清凉山园林文化的重要组成部分。

（二）袁枚与随园

随园位于南京清凉山余脉小仓山一带，原为曹雪芹祖上园林，是著名的私家江南园林，清代江南的三大名园之一，现地面主体建筑均已不存，仅存遗址。随园最早可追溯至明末的吴应箕焦园，

---

[1] （清）爱新觉罗·弘历：《遥题扫叶楼》，转引自中共南京市鼓楼区委宣传部、南京市鼓楼区文化局编：《鼓楼风光》，南京：东南大学出版社，2009年，第151页。
[2] 〔清末民国〕陈作仪绘撰，南京市地方志编纂委员办公室编：《风叟八十年经历图记》，南京：南京出版社，2020年，第150页。

清康熙年间则是江宁织造曹寅家族园林的一部分，曹家的姻亲富察明义曾说随园就是《红楼梦》里的大观园。后归于接任江宁织造的隋赫德，故名"隋织造园""隋园"。清乾隆十三年（1748年），袁枚购得此园，名之为"随园"，死后即葬于随园。

袁枚（1716—1798年），字子才，号简斋，晚年自号仓山居士、随园主人、随园老人。浙江钱塘（今浙江杭州）人，祖籍浙江慈溪。清代著名诗人、散文家、文学批评家和美食家。袁枚少有才名，擅长写诗文。乾隆四年（1739年）中进士，授翰林院庶吉士。乾隆七年（1742年），外调江苏，先后于溧水、江宁、江浦、沭阳共任县令七年，为官颇有声望，但仕途不顺，无意吏禄，故于乾隆十四年（1749年）辞官，在南京小仓山购置随园并隐居、吟咏其中，广收诗弟子，女弟子尤众。袁枚去世后葬在南京百步坡，世称"随园先生"。

随园的盛况离不开袁枚的建设，随园的盛名也与袁枚的声望相辅相成。袁枚定居随园后，对随园进行了长期建设。他擅长经营，将田地、山林、池塘等出租给13户人家，供其种植粮食、蔬菜、瓜果、树木，坐收地租。同时，因其在文坛颇具声望，高价请他写传记、墓志者甚多，他在稿费方面也收入颇丰。在出售文稿的同时，他也自己写书、印书、销售，如自刻小仓山房全集出售，他的作品颇为畅销，收入不低。此外，他广收学徒，有着可观的学费收入。这些收入使得袁枚能够持续地对随园投入资金进行建设。

随园的修筑颇能体现袁枚的匠心。袁枚在其遗嘱中称：

随园一片荒地，我平地开池沼，起楼台，一造三改，所费无算。奇峰怪石，重价购来，绿竹万竿，亲手栽植。器用则檀梨文梓、雕漆枪金；玩物则晋帖唐碑，商彝夏鼎；图书则青田黄冻，名手雕镌；端砚则蕉叶青花，兼多古款，为大江南北富贵人家所未有也。①

可见，袁枚将随园从荒地一手打造为文人园林，并搜罗随园配套的器物珍玩，这才使得随园有了前所未有的规模。

随园的景点建设颇为精致，无处不体现着文人士大夫的优雅趣味：

> 过红土桥，即随园。柴扉北向，入扉缘短篱，穿修竹，行绿荫中，曲折通门。入大院，四桐隅立，面东屋三楹，管钥全园。屋西沿篱下坡，为入园径。屋右拾级登回廊，北入内室。顺廊而西，一阁，为登陟楼台胜境之始，内藏当代名贤投赠诗，谓之曰诗世界……北折入藤画廊，秋藤甚古，根居室内，蟠旋出户而上高架，布阴满庭。循廊登小仓山房，陈方丈大镜三，晶莹澄澈，庭中花鸟树石，写影镜中，别有天地。……东偏籁室，以玻璃代纸窗，纳花月而拒风露，两壁置宣炉，冬蒸炭，温如春，不知霜雪为寒。……斋侧穿径绕南出，曰水精域，满窗嵌白玻璃，湛然空明，如游玉宇冰壶也。拓镜屏再南出，曰蔚蓝天，皆蓝玻璃。……上登绿晓阁，朝阳初升，万绿齐晓，翠微（亭）白塔，聚景窗前。下梯东转，曰绿净轩，皆绿玻璃，掩映四山，楼台竹树，秋水长天，一色晕绿。②

单随园窗户的装饰，就采用了当时国内还非常稀少的玻璃，其色彩有蓝、绿、白等多色，营造出绚丽多彩的景观。

袁枚死后，他的子孙继续经营着随园，随园的声名远扬，许多人慕名造访，欣赏随园的景致，因为参观者众多，随园的门槛都被踩坏了，每年都要更换一两次，袁枚的孙子袁祖志在《随园

---

① （清）袁枚著：《小仓山房文集》卷首《随园老人遗嘱》，上海：上海古籍出版社，1988年。
② （清）袁起撰：《随园图记》，转引自（清末民初）陈作霖、〔民国〕陈诒绂撰：《金陵琐志九种》，南京：南京出版社，2008年，第480页。

141

琐记》中记述：

  典试提学以及将军、都统、督、抚、司、道，或初莅任所，或道出白门，必来游玩，地方官即假园中设筵款待。游园之人，以春秋日为多，若逢乡试之年，则秋日来游之人，更不可胜计算。缘应试士子总有一、二万人，而送考者、贸易者，又有数万人，合而计之，数在十万人左右。既来白下，必到随园，故每年园门之槛，必更易一、二次。①

  随园在道光初年开始颓败，这时距袁枚去世不到30年。到了太平天国进驻南京时，随园遭到了较大破坏，园林景观被开垦成粮田。咸丰三年（1853年）随园毁于太平军的战火。然而，即便历史时期的随园建筑今已不存，但袁枚晚年定居随园时，围绕这座园林创造的相关文化，包括《随园诗话》《随园食单》等文化名篇，依旧是清凉山文人园林文化的不朽传奇，是清凉山文化乃至南京文化中宝贵的精神财富。

（三）随园与大观园

  关于《红楼梦》中的"大观园"在何处这个问题，自曹雪芹的《红楼梦》问世后，两百多年来，探求者甚多，概括起来，就是所谓南北之争。主北说者说在北京，主南说者说在南京。主北说有"恭王府说""圆明园说"；主南说则有"随园说"、"织造署说"和"张侯府说"等。②

  主南说中最早最具代表性的是乾隆年间富察明义提出的"随

---

① （清）袁祖志：《随园琐记》，转引自（清）袁枚等著，王英志点校：《随园十种》第一册，杭州：浙江古籍出版社，2019年，第20页。
② 严中：《红楼梦与南京》，《新世纪图书馆》2011年第2期。

《大观园全景》

园说"。随园是乾隆年间金陵的一座规模宏大的私家园林。清顾云所著《盋山志》云，江宁随园是"天下所称名园者也"。[1] 明义，号我斋，满洲镶黄旗人。明义的叔父傅恒是曹家的姻亲，其堂兄明琳是雪芹的好友。他作于乾隆二十六年（1761年，其时雪芹尚在）的《题红楼梦》诗前小序中说：

> 曹子雪芹出所撰《红楼梦》一部，备记风月繁华之盛、盖其先人为江宁织府（造）；其所谓大观园者，即今随园故址。惜其书未传，世鲜知者，余见其钞本焉。

明义还写过《和随园自寿诗韵十首》，其诗有注云："新出《红楼梦》一书，或指随园故址。"明义还在乾隆四十九年（1784年），扈从皇帝南巡到江宁时过访袁枚未遇，后袁枚作诗寄怀此事，诗中称和明义"相知廿载宽"。[2] 从乾隆四十九年逆推，他们两人

---

[1] （清）顾云撰，张增泰点校：《盋山志》卷三《园墅》"随园"条，南京：南京出版社，2009年，第13页。
[2] （清）袁枚：《明我斋参领扈跸南来，见访不值，将园中松竹梅兰分题四诗而去。余归后钦迟不已，寄五言一章》。

应在乾隆二十九年（1764年）前就相知了。因此，明义所说的"其所谓大观园者，即今随园故址"之论应为可靠。另外，与袁枚有过交往的清宗室裕瑞所著《枣窗闲笔·后红楼梦书后》中也说：

闻袁简斋家随园，前属隋家者，隋家前即曹家故址也，约在康熙年间。书中所称大观园，盖假托此园耳。①

这使我们得知，乾隆年间袁枚的随园的前身是隋赫德的隋织造园，而在康熙至雍正五年间是曹雪芹家的曹织造园。

袁枚晚年也自认"随园说"。家居清凉山东南小仓山的随园主人袁枚，是清朝乾（隆）嘉（庆）时期的著名诗人，与赵翼、蒋士铨并称乾隆三大家。在随园生活了50年，存诗4000余首。他力主"性灵说"，代表作有《随园诗话》和《小仓山房集》等。袁枚以其过人的文化贡献，受到当时文化界的厚爱。半个世纪中，过往江南的文人学士，都会到随园一游，专程拜访袁枚。

更值得一说的，是"随园"与《红楼梦》中"大观园"的因缘。先是"明末五秀才"之首的吴应箕，在桃花源般清幽的乌龙潭东筑"吴氏园"。入清以后，历任江宁织造的曹家，自吴氏园向东面小仓山扩展，成为闻名遐迩的"织造府花园"，"水竹花木颇胜，亭馆绰约，布置亦佳"，②吸引了许多游人。雍正年间，曹家获罪被抄，房产家园落到继任江宁织造的隋赫德手中，曹织造园也就成了隋织造园。四年以后隋赫德又被抄家，织造园无人承继，渐渐荒圮，直到三十年后，袁枚买下荒园故址，改"隋"为"随"。所以袁枚在《随园诗话》中言之凿凿地宣称："雪芹撰《红楼梦》

---

① （清）爱新觉罗·裕瑞撰：《枣窗闲笔·后红楼梦书后》，上海：上海古籍出版社，1984年，第175页。
② （清）黄之隽：《游金陵城西北记》。

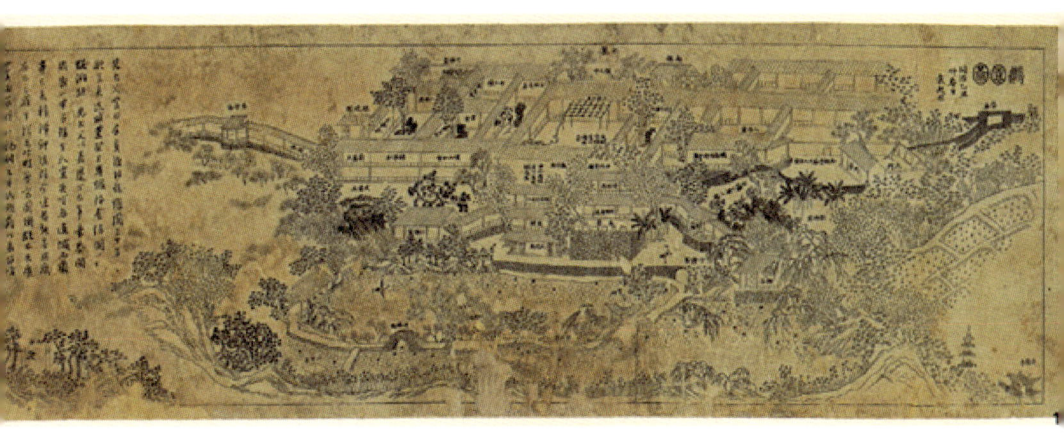

清袁起绘《随园图》

一部,备记风月繁华之盛,中有所谓大观园者,即余之随园也。"[1]

此外,据近年披露的清宫秘档,曹雪芹在十七八岁才离开南京,到北京后贫困潦倒,可推测《红楼梦》中所描绘的大观园生活,主要原型应是出于南京的随园。

当然,也有其他学者认为"随园"为"大观园"不足为证,如顾颉刚先生通过研究其他文献中有关此书的消息以及作者的生平事迹就否定了袁枚在《随园诗话》中关于大观园即他的随园旧址的说法。

(四)明清文人的园林活动

明代初年,太祖朱元璋营建孝陵,紫金山遂成禁区。"钟山多古迹,强半入园陵。"[2] 至清代初年解禁后,明代遗老偏爱凭吊

---

[1] (清)袁枚撰:《随园诗话》,转引自严中著:《红楼梦与南京》,南京:河海大学出版社,2013年,第374页。
[2] 〔明末清初〕黄宗羲:《怀金陵旧游》。

孝陵，骚人墨客则多半只是游一游灵谷寺而已。那时候的"金陵第一名胜"，是城西的莫愁湖，而文化人所欣赏的仍是清凉山一带的"水木清华"。到了清末，清凉山进一步成为文人墨客园林活动的重要地点之一。

大文学家吴敬梓就很欣赏清凉山的秀丽风光。《儒林外史》中有不少关于清凉山的描写。书中作者自况的人物杜少卿，陪初到南京的夫人出外游览，首选清凉山。吴敬梓的好友、《儒林外史》中牛布衣的原型朱草衣，就住在清凉山下龙蟠里，两人死后都葬在清凉山麓。吴敬梓的外孙金和是龙蟠里惜阴书院的高材生，而与金和一起集资刊印《儒林外史》并为其作笺注的，正是长期主持惜阴书院的薛时雨，他的弟子们为他在龙蟠里建有薛庐。由此可见吴敬梓与清凉山的渊源之深。

桐城派散文大家方苞读书的来兹庵，就在清凉山麓乌龙潭畔。晚年的方苞又在龙蟠里修建了家祠——教忠祠。师从方苞的刘大櫆所作《秦淮竹枝词》中有这样一首：

水西门外江水长，清凉山上暮云黄。郎意已随水西去，妾心何日得清凉？

"水西"，既可指南京的西水关、水西门，又可喻沿江西去之意；"清凉"则兼指山之清凉和心之清凉。诗人将南京的实有地名，用作双关语，十分机巧。

扬州八怪之一的郑燮，在游览清凉山后，写下了《念奴娇·石头城》，生动地刻画出清中期的石头城风光：

悬岩千尺，借欧刀吴斧，削成城郭。千里金城回不尽，万里洪涛喷薄。王浚楼船，旌麾直指，风利何曾泊。船头列炬，等闲烧断铁索。而今春去秋来，一江烟雨，万点征鸿掠。叫尽六朝兴废事，叫断孝陵殿阁。山色苍凉，江流悍急，潮打空城脚。数声渔笛，芦花风起作作。

道光年间，南京学者甘熙的《白下琐言》中，也记录下当年清凉山的一些文化遗迹。如虎踞关宫氏园在兴盛之际：

凿洞穿池，金鱼数十尾，游泳其中，令人神怡。上建三层高阁，背山壁立，曲磴盘旋而上，胡晚晴先生题曰四照阁。春日牡丹、罂粟，艳满堂坳；秋则雁来红、秋海棠之属，竞秀争妍，照耀山谷，真有如荼如火之观。①

然而由于轻信江湖术士妄言，

今成废圃矣。宫氏宅与园对，家颇康。其先墓亦在宅旁，墓上松柏葱郁，百余年物也。有术者谓曰："若要发，光邋遢。"悠恿伐去，家遂消败。②

又如同在虎踞关的隐仙庵中，隐居了几代古琴高手，张雪堂及其师吴关津、徒周鸣歧皆曾隐居于此：

琴之一道，学之者罕，盖古调不弹久矣。隐仙庵道士张雪堂，此技绝精；其师吴关津，琴中国手。③

张雪堂的高徒周鸣歧同样技艺高超，他精心钻研三十余年，技臻妙境，一时无人能出其右。

（五）《石头记》、石头山与石头城

中国古典四大名著之首《红楼梦》作为我国传世名著，凭借其独特的文化魅力，在国内乃至海外都享有盛誉，有着极强的影响力。无论从作品名称、作者身世、创作过程还是文本内容来看，

---

① （清）甘熙撰：《白下琐言》卷一，南京：南京出版社，2007年，第13页。
② （清）甘熙撰：《白下琐言》卷一，南京：南京出版社，2007年，第13页。
③ （清）甘熙撰：《白下琐言》卷五，南京：南京出版社，2007年，第84页。

《红楼梦》都与南京地域文明有着千丝万缕的关系,亦与清凉山有着重要的关系。"石头城"蕴含的人文和艺术既是南京"六朝烟水气"的充分释放,也是今天南京建设"文学之都"的重要篇章。

《红楼梦》一书有多种书名,如《石头记》《情僧录》《风月宝鉴》《金陵十二钗》等等。而其中流传最广、最为人所知的,除了今天通行的叫法《红楼梦》之外,便是《石头记》了。《石头记》是《红楼梦》最初的题名,是曹雪芹为它起的名字。为什么称之为"石头记"呢?其中一种重要说法,就是其与南京和清凉山有关。

《红楼梦》第一回中的一段描述:

> 改《石头记》为《情僧录》,至吴玉峰题曰《红楼梦》,东鲁孔梅溪则题曰《风月宝鉴》,后因曹雪芹于悼红轩中披阅十载,增删五次,纂成目录,分出章回,则题曰《金陵十二钗》。①

《红楼梦》第二回中的一段描述:

> 去岁我到金陵地界,因欲游览六朝遗迹,那日进了石头城,从他老宅门前经过。路北,东是宁国府,西是荣国府,二宅相连,竟将大半条街占了。②

"金陵"和"石头城"都是南京的别名古称。南京与《红楼梦》有着特殊的关系,红学家认为《红楼梦》中的故事情节和典型环境主要是以南京即金陵亦即石头城发生的故事情节和地理环境为原型的。③

文学活动同时是一种作者的表现活动,作者作为文学创作的主体,其对具体客体的选择总是会受到社会生活的影响。而曹雪芹早年亦在南京经历过一段富贵荣华,对他的生活影响极深。

---

① （清）曹雪芹、高鹗著:《红楼梦》第一回,北京:人民文学出版社,2000年,第4页。
② （清）曹雪芹、高鹗著:《红楼梦》第二回,北京:人民文学出版社,2000年,第16页。
③ 严中著:《红楼梦与南京》,南京:河海大学出版社,2013年。

据现有史料记载，自曹雪芹太高祖曹世选开始，借与皇家的交好，曹玺、曹寅、曹颙、曹頫先后在南京出任江宁织造。曹氏家族在南京享受了半个世纪的荣华富贵。至清代康雍之际，曹雪芹出生，在江宁织造府内度过了锦衣玉食的少年生活。

作为曹家三代四人的为官所在地和曹雪芹的出生地，南京对《红楼梦》的影响是深刻的。

南京的山川名胜、地名气候、文化风俗在《红楼梦》中处处可见。"红楼梦与南京"这个重要的文化课题，几百年来一直是研究的热点。特别是近几十年来，这一议题更吸引了江苏南京地区众多红学家及红学研究者的关注，其中南京大学文学院吴新雷教授与扬州大学文学院黄进德教授合著的《曹雪芹江南家世丛考》，严中先生编著的《江宁织造与曹家》《红楼梦与南京》等书及众多红学家撰写的文章，均对《红楼梦》一书及其与南京的关系，进行了深入的探讨与论证。以此为背景，就很能理解曹雪芹所定之《石头记》之"石头"与南京有关系并非无稽之谈。

清凉山（图源：《南巡盛典》）

第三章
近现代公众视域下的文化景观与公共空间

19世纪末,在日益紧张的国际竞争局势下,清政府被迫打开国门,来自西方的经济、科技、理念等强烈地冲击着传统的社会结构。随着《天津条约》的签订,南京正式被圈定为通商口岸,在生产力进步、生产组织形式改变、思想观念与生活方式转变、外来文化冲击等方面的多重冲击下,南京城面临着由传统城市向现代城市的转型。中华人民共和国成立后,随着城市化和城市现代化进程的加快,城市规模进一步扩大,城市的结构与功能也日趋多元化。在这样的趋势下,清凉山、石头城也被赋予了现代城市中特有的新职能,作为城市公共服务系统的一个重要组成部分,由专供士绅精英领导阶层寄情山水的传统园林,转变为服务人民群众的历史文化景观与城市公共空间。

传统的城市建设,其目的大多在于军事防御与政治管理,随着近代社会的到来,热武器的使用使得城市的防卫功能逐渐消失,城市的诸如经济、文化、教育、医疗卫生等公共服务功能逐渐成为城市发展的重心。经历洋务运动等一系列建设活动,南京城市基础设施尤其是交通条件得到显著提升,带来人口的增长与城市的扩张,这对城市功能提出了更多的要求。1920至1926年间南京当局先后拟定的《南京北城区发展计划》与《南京市政计划》中,明确地提出关于城市功能区分配与城市建设等的详细手段与必要程序等内容。其中,作为城市"公园计划"的组成部分,利用清凉山、随园等山水景观打造西城公园，是《南京市政计划》中的重要内容之一[1]，可以看出，当时的清凉山已经在一定程度上承担了为城市公众提供休闲娱乐场所的功能。除此之外，公共图书馆、新式学堂、水库等公共设施的建设，也使得清凉山的公众服务功能更加多样化。

中华人民共和国成立后，随着城市人口的增长与城市住宅、商业区等配套建设的开发，清凉山山体周边空间不断遭受挤压，城山边界日渐模糊。因此，这一时期清凉山建设的重点转变为将清凉山作为多元城市生活的平台，作为城市开放的山地空间，面向更广泛的人群服务。清凉山进一步增加了支撑科普教育、人文展览、摄影、娱乐等现代城市生活内容的公共设施，但这些偏重实用性的建设，一定程度上加剧了城市建设与山地自然形态保护之间的矛盾。

改革开放以来，随着城市经济水平的提高与城市建设理念的进步，保护、创建城市的自然生态与历史文化景观，创造更高品质的城市生活成为时代的主题。这一时期的规划建设虽仍以满足实用需求为主，但多建立在塑造城市景观、提升城市形象的前提上，手段也多以恢复、修复清凉山、石头城自然生态与人文建筑为主，调和了城市建设与山体自然环境保护之间的矛盾，打造城山交融的一体化景观。清凉山、石头城也在转型为城市景观与公共空间的过程中，赋予了城市"山水城林"一体的幽雅环境与绵延古今的文脉传承。

---

[1] 赵勇著:《近代中国城市管理法制研究》，郑州：河南人民出版社，2020年，第145–146页。

一、见证"开眼看世界"

1858年,随着南京的开埠,南京城也开始向近代工商业城市转型,在此过程中,许多有识之士意识到学习西方先进思想的重要性。然而,早在1832年,南京城的清凉山下已然孕育出了"开眼看世界"的萌芽,这不得不提起代表了中国近代最早一批"开眼看世界"的中国人和提出"师夷长技以制夷"的清末著名思想家魏源。而位于龙蟠里20号、22号的魏源故居小卷阿则见证了他积极探索救国真理和爱国思想诞生的历史过程。如果说北宋时期,因谏罢官的郑侠最早在清凉寺旁筑室读书是古代士大夫由入世转向遁世的一个标志,那魏源的著书立说则是开启了士大夫"经世致用"的转型之旅。因此,有学者评价清凉山历史文化最辉煌的一页,也是近代南京历史文化最辉煌的一页是在清凉山麓的龙蟠里揭开的。[1]

(一)魏源与清凉山"小卷阿"

魏源(1794—1857年),原名远达,字默深,号良图,出生于湖南邵阳(今属隆回)的一个偏远乡村。少时聪慧好学。20岁被选为湖南优贡生,进北京国子监读书,居京三年,游学交友,有时参加宣南诗社的活动,与陶澍、贺长龄、林则徐、龚自珍等有交往。

魏源像(叶衍兰绘)

---

[1] 薛冰:《清凉山史话》,南京:南京出版社,2009年,第120页。

清道光二年（1822年）中举。道光五年（1825年），魏源应江苏布政使贺长龄之邀请，从北京来到南京担任幕僚，主要工作是替贺长龄编著一部经世致用的书——《皇朝经世文编》。后又协助两江总督陶澍改革江苏漕运水利和两淮盐务。

　　道光十二年（1832年）[①]，魏源在清凉山下乌龙潭畔买宅居住（一说是自建），因位于湖畔，自称"湖干草堂"，后又取名"小卷阿"，即今天龙蟠里20号、22号。龙蟠里的东侧就是小仓山，袁枚的随园就建在小仓山，西北侧是虎踞关，龚贤居住的地方，西面是清凉山，建有扫叶楼。此地历代文化底蕴深厚，"小卷阿"的东侧就是乌龙潭，湖光山色，环境幽静。清朝晚期，清凉山一带环境优雅，香火缭绕，以"石城霁雪""清凉问佛"或"石城桥""清凉寺"之名跻身金陵四十八景之列。魏源居住此地，常常漫步潭边，或与友人潭中泛舟、吟诗作对、畅谈国事、高谈阔论。他曾与时任江苏巡抚的湖南老乡陶澍，在一个金秋之夜泛舟于潭上观月赏景。见月色之下的乌龙潭周边景色秀美，陶公云："乌龙美景，秀色可餐。"魏源即和之曰："有此妙处，何必西湖。"乌龙潭于是还有了"小西湖"之雅誉。[②] 魏源曾作诗《卜居金陵买湖干草堂》三首[③]《乌龙潭夜坐》六首[④]《乌龙潭小泛》一首[⑤]记咏这段时光。

卜居金陵买湖干草堂（三首）

　　巢由原不买山居，敢效知章乞鉴湖。
　　底事草堂钱十倍，只因门外水云租。

---

① 一说1825年，见《清凉山史话》等。
② 黄强著：《文人置业那些事》，广州：暨南大学出版社，2011年，第168页。
③ （清）魏源：《魏源全集》第12册，长沙：岳麓书社，2004年，第708页。
④ （清）魏源：《魏源全集》第12册，长沙：岳麓书社，2004年，第660页。
⑤ （清）魏源：《魏源全集》第12册，长沙：岳麓书社，2004年，第699页。

山村城市少兼全，心远由来地自偏。
断尽红尘闲尽屐，湖光清到卧床前。

春风绿尽一池山，闭户文章败叶删。
不是老僧来送笋，如何倒屣出柴关。

乌龙潭夜坐（六首）

林阴横满地，夜影忽过墙。
忘却月移转，翻疑树易长。
积雨有余气，老荷终自香。
空帘如积水，清夜意难忘。

溪山平远处，何必起楼台。
近水月先到，矮窗山四来。
潭留云影住，巷隔市声回。
此际无言子，微吟伴碧苔。

闲到心无用，始知幽意生。
万竿清竹露，相并成一声。
竟日山当户，浑忘身在城。
关山牛马走，何似草虫清。

镜中看竹树，人地总神仙。
一尘无著处，四面得湖全。
荷暗疑沈黛，山明不受烟。

小亭闲卧处，枕上浪无边。

晨兴寻古寺，径转翠成围。
客病花偏好，家贫草更肥。
鹿蹊群壑静，鱼国万泉归。
著我真图画，不嫌无钓矶。

断云浓不去，青到短篱边。
书枕山为牖，茶烹雨作泉。
谁知修竹外，即是众峰巅。
童报当门涧，冰销水似前。

乌龙潭小泛（二首）

偶载一船山，来游半湖月。
但闻水气香，不见荷花发。

风响一池荷，穿香面面过。
直穷荷尽处，空水受光多。

民国刊行的读书笔记《日涛杂著》①中曾有调查探寻：

予曩年问政旧都，于易公寅村处得《龚定盦文钞》稿本数册，后有魏默深先生跋，且云识于乌龙潭畔者。予虽断其为伪，然已知默深曾在此处作过寓公矣。后南归读《古微堂诗集》十有《卜居金陵买湖干草堂》三首。……由此诗推之，知当日之所谓湖干草堂者，即今小卷阿遗址。且知其有亭有篱，有竹有树，不城不

---

① （民国）李柏荣：《小卷阿》，《日涛杂著》第二集，邵阳日新铅印局。

乡，可歌可钓也。

小卷阿之见于记载者，一见于清顾云《盋山志》，云小卷阿，魏氏墅也。……志又云，魏刺史源道光季年卜筑乌龙潭，今小卷阿其址也。……予则从第二说，断小卷阿为魏子默深之所居，且即湖干草堂之遗址也。前月谒柳公翼谋于国学图书馆，柳公亦告予如此。

外则有乌龙潭畔之广圃，之曲院，青竹老梧，红花碧柳，令人流连。宅左有尼庵，一名普渡，佛堂精洁，风景更佳。据伯和云，此亦默深公遗业。

"小卷阿"是典型的清代江南民居，坐北朝南，砖木结构。据考证原为两路五进。顾云《盋山志》记载：

小卷阿，魏氏墅也。道光时，邵阳魏刺史源购地其间，为池馆弗果。今其子姓筑数椽居之，薄艺群卉，落落有幽致……倚扉小立，得岚影波馨为多。[1]

陈诒绂在《石城山志》中写道：

（乌龙潭）迤细有薛庐……其北隔一牛鸣地，为邵阳魏季子澨小卷阿。门外修竹千竿，亦颇得幽趣也。[2]

魏源在扬州的生意做得风生水起时，曾把乌龙潭旁的房子稍加修缮，也就在这时将"湖干草堂"更名为"小卷阿"。魏源亲手在门楼的砖雕上题写"小卷阿"三个字，后毁于"文革"。

关于"小卷阿"取名的由来，学者考证颇多：一说是南京摄山（栖霞山）有古迹"白下卷阿"。[3] 一说是取自《诗·大雅·卷

---

[1] （清）顾云撰，张增泰点校：《盋山志》卷三《园墅》"小卷阿"条，南京：南京出版社，2009年，第13页。
[2] （民国）陈诒绂撰：《石城山志》，转引自（清末民初）陈作霖、（民国）陈诒绂撰：《金陵琐志九种》，南京：南京出版社，2008年，第399页。
[3] 刘跃清著：《举头望明月》，北京：燕山出版社，2022年，第223页。

《江南省行宫座落并各名胜图》中的清凉山

阿》诗的篇名,用来注解房屋所处的地理环境,"卷"和"阿"是篇名。卷者,曲也;阿者,大陵也。"卷"和"阿"合在一起,再加一个"小"字,点明了南京石城虎踞的地势,和背依盋山、面对乌龙潭水的特定环境,这也体现了魏源用则行、舍则藏的儒家风度。[1]一说是以《诗·大雅·卷阿》这首诗的诗意来明志,意在求德行配乎天地。[2]一说古时"卷阿",位于今陕西省岐山县城西北方之凤凰山南麓,此处背靠凤鸣岗,东、西、北三面环山,唯南边与平地相接,形似簸箕状,龙蟠里与之相仿,故名。[3]见仁见智,今已无可确证。

魏源去世后,其家属先后有80余人在"小卷阿"住过。太平天国失败时,相传天王洪秀全的一位王妃熊氏逃难至魏宅,三年后引渡佛门,法名"觉义",以魏宅的一半设庵堂,取名"普

---

[1] 胡光曙:《魏源遗迹访谈录》,《文史拾遗》1994年第2期。
[2] 刘伟顺:《南京魏源故居"小卷阿"命名管见》,《邵阳学院院报(社会科学版)》2005年第3期。
[3] 刘跃清著:《举头望明月》,北京:燕山出版社,2022年,第223页。

渡庵",又俗称为"皇姑庵"。①魏源的曾孙女魏韬于1992年去世后,因无子嗣,故居变成公房,现已由南京市人民政府列为文物保护单位。

(二)著书立说,经世致用

魏源居清凉山之后,时陶澍任两江总督,林则徐任江苏巡抚,遇有江南大政之兴革,都与其商议,其中最为重要的是盐政问题。当时两淮盐课号称天下之最,积弊尤深,廷臣疆吏屡议改革,均未果行。曾采取所谓"缉私"之法,非但缉不胜缉,更产生种种弊端。魏源对此深为关注,经过实地调查研究,对两淮之盐产量,纲盐诸弊端,了如指掌,洞悉其症结之所在,从而对症下药,提出改革之方案。道光十二年(1832年),魏源参与纂辑的《淮北票盐志略》刊成,由两淮盐运使司海州分司运判童濂总修,计10卷。道光十三年(1833年),代陶澍序《东南七郡水利略》。魏源以为"救弊必先太甚,请裁浮费为减官价地,减官价为杜私贩地"②,其具体方案就是将食盐的包商制改为票盐制,废除垄断的运销制度。"票盐即刘

魏源故居

---

① 中共南京市鼓楼区委宣传部、南京市鼓楼区文化局编:《鼓楼风光》,南京:东南大学出版社,2009年,第23页。
② (清)魏源:《魏源全集》第20册,长沙:岳麓书社,2004年,第667页。

晏收税之法，是其要在于以民贩之易简，变纲商之繁重"，[①]"只论盐课之有无，不问商贾之南北"[②]。由于手续简便，成本低，商贩乐于经营，场盐畅销，私盐不禁自绝，盐课大增。票盐在两淮试行的成功令人鼓舞，其后又推广到湖南湖北。

魏源在清凉山住下后，就在此博览典籍，著书立说。魏源具备非凡的才智和胆识，对中国历史研究有着深厚功底，而对当时现状的观察也能洞察入微。他一生著作宏丰，不下700万字，来到南京做幕僚后，曾辑《皇朝经世文编》，作《筹漕篇》《江苏海运全案》《董子春秋发微》《孙子集注》《城守篇》《答人问西北边域书》《清夜斋文集》《湖南苗防录叙》《复魏制府询海运书》《圣武记》《与胡承珙书》《海运全案序》《道光丙戌海运记》《复蒋中堂论南漕书》《国朝古文类钞叙》《归安姚先生传》《诗古微》《刘礼部遗书序》《淮南盐法轻本敌私议》《东南七郡水利略叙》《南村耦耕图记》《海曙楼铭》《三江口宝带桥记》等，涉及历史、地理、水利、经济、民族及人物传记诸方面。

综观前文所述，当时诸多经济政治问题，魏源不惟皆有极深刻精博之研究，而且其中一部曾见采用而大收实效，余者亦播为舆论，为后人所实行。魏源被视为杰出的改革家是当之无愧的，其著作中影响最大的则是《圣武记》《海国图志》两书。

（三）《海国图志》——开眼看世界的"第一书"

1840年，英国发动第一次鸦片战争，侵犯中国东南沿海，魏源出于爱国主义的激情，到浙江沿海军营担任幕僚，极力倡议

---

① （清）魏源：《魏源全集》第20册，长沙：岳麓书社，2004年，第302页。
② （清）魏源：《魏源全集》第12册，长沙：岳麓书社，2004年，第416页。

抵抗。定海失陷前，当地老百姓俘获一名英国炮兵上尉，送到宁波，魏源闻讯亲自审讯，详细了解到英国的历史、政治、地理、社会及军事武力和侵华意图等情况，随后又寻找其他资料，撰编成《英吉利小记》一书，这是魏源研究外国情况的开始，该书后来被编入《海国图志》一书中。

1841年，鸦片战争失败，林则徐因"禁烟"获罪，被遣戍新疆伊犁。6月，在江苏京口（镇江）魏源与林则徐会晤。林则徐将他在广东为了了解敌情而翻译的《四洲志》及《澳门月报》和《粤东奏稿》等资料交给魏源，希望他能编纂出一部部全面介绍西方世界的图书，以唤醒国人，挽救危亡。魏源就收了嘱托，事后，魏源写下《江口晤林少穆制府》二首记述这次相见：

万感苍茫日，相逢一语无。

风雷憎蠖屈，岁月笑龙屠。

方术三年艾，河山两戒图。

乘槎天上事，商略到鸥凫。

（魏源注：时林公属撰《海国图志》。）

聚散凭今夕，欢愁并一身。

与君宵对榻，三度雨翻蘋。

去国桃千树，忧时突再薪。

不辞京口月，肝胆醉轮囷。①

《四洲志》约9万字，主要内容是林则徐请梁进德从厚达1500多页的 The Encyclopedia of Geography 美国版原著中摘译的资料，简述世界5大洲30多国的地理、历史、政情，是近代中国第一部相对完整、比较系统的世界地理志书。魏源以《四洲

---

① （清）魏源：《魏源全集》第12册，长沙：岳麓书社，2004年，第662页。

志》为基础，广泛搜集中外相关著述，又将之前搜集资料所成的《英吉利小记》收入，按区分国，殚精竭虑，1842年，中英南京条约签订3个月以后，完成《海国图志》50卷，全书达57万字。此后，魏源又陆续增补修订，1847年扩为60卷，1852年又增加到100卷。百卷本共约88万字，并有各种地图和船炮器艺图100多幅。

魏源在《海国图志》中提出了许多抵御外敌侵略的建设性观点。如在《筹海篇》中，提纲挈领地提出对付外夷侵略的具体措施，提出诱敌深入内河，变敌之长为其短的作战法则。体现了其充分了解敌之长，我之短，如何扬长避短的哲学思想。这些建议

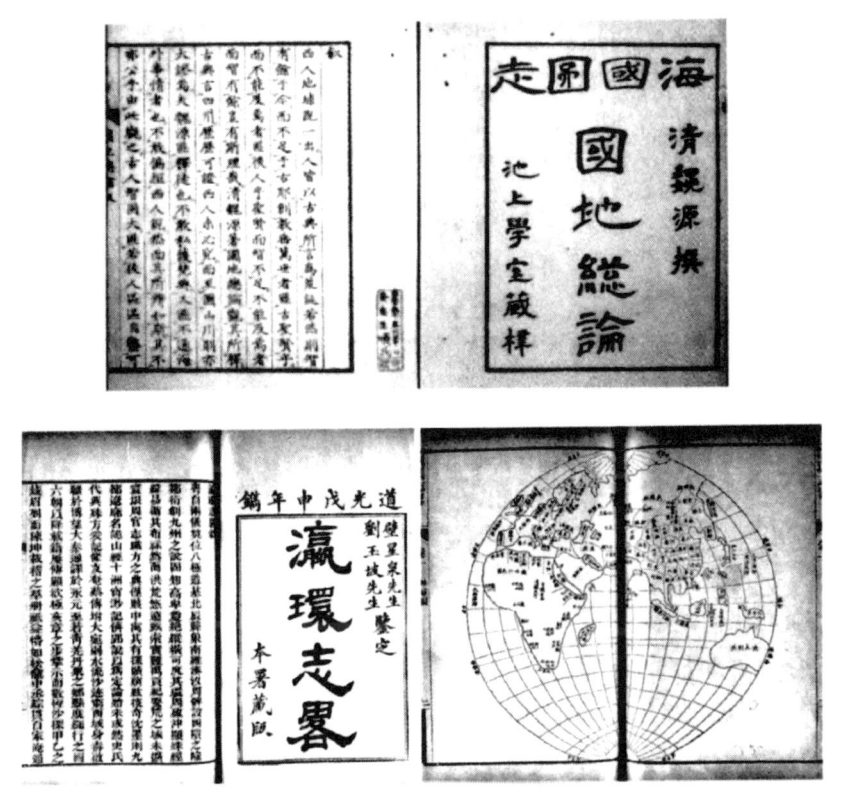

《海国图志》书影

对以后的中国在对付外敌侵略方面都有十分重要的意义。魏源主张用外国人介绍外国的资料来介绍外国,即站在外人的角度来分析、理解外国的知识,书中的资料极为丰富,征引文献和资料近百种,其中有 20 多种是外国人的著述,更具有准确性和真实性,标志着近代史学走向一个新的转折点。同时,《海国图志》系统介绍了世界各国的地理位置、历史沿革、气候物产、交通贸易、文化教育、科学技术、宗教、历法、民情风俗、中外关系等诸方面,并附有作者的议论,补充了中国人对世界的认识。

《海国图志》是一部划时代的著作,宣告我国闭关自守时代的结束和中国觉醒、走向认识世界的历史时代的开始。其"师夷长技以制夷"命题的提出,打破了传统的夷夏之辨的文化价值观,摒弃了九州八荒、天圆地方、天朝中心的史地观念,树立了五大洲、四大洋的新的世界史地知识,传播了近代自然科学知识以及别种文化样式、社会制度、风土人情,拓宽了国人的视野,开辟了近代中国向西方学习的时代新风气。此书的出版大大开阔了中国人的眼界,初步建立起世界观念。如果说林则徐是近代中国"开眼看世界的第一人",那么《海国图志》就是近代中国人开眼看世界的"第一书"。《海国图志》的影响不仅源远流长,甚至远播海外,在成书后的 50 年间,《海国图志》不仅在中国出版了 13 个版本,还在日本翻译出版了 23 个版本,并曾在日本的明治维新中起到一定的作用。

魏源是中国近代"改革开放"的先行者,他是鸦片战争后杰出的思想家和爱国主义者。魏源在《海国图志》中体现了强烈的爱国热忱,他的思想触及了深刻的社会实际,反映出时代的呼声。正因此,魏源在中国近代思想史上占有重要的历史位置:他开拓了中国人的视野,加速了中国近代史的进程。他的哲学、军事、文化教育思想对以后的"洋务运动""戊戌政变"等重大历史事件都有着深远的影响。魏源的"经世致用"及"师夷长技"的思想，即使在中国走向海洋的今天，仍对我们有一定的启迪和鼓舞作用。

清凉山作为魏源故居，见证了《海国图志》等重要著述的孕育过程，很难否认魏源纵横捭阖、放眼世界的意识思维是在这里就已经雏成。正如魏源后人描述称：

> 小卷阿是曾祖默深公（源）于青年离湘来宁时始置之居宅，地临乌龙潭，近傍盋山，爱之，榜题小卷阿。时高祖父母均在堂。至中年，高祖卸世，奉高祖母赴扬州，另置一宅。默深公时往来两宅，著述随之。[①]

二、晚清与民国时期的公共空间与设施建设

晚清以来，随着南京开埠，受到洋务运动、维新变法等政治事件的影响与外来文化的冲击，南京逐渐由传统城市转型为近代城市。在这一过程中，清凉山经由一系列建设，开始承担起服务城市生活与文化活动的职能。随着一系列城市公共设施的建设，清凉山作为曾经的精英文化象征，从专属于文人士大夫的山水园林逐渐转变为属于市民阶层的公共空间。

（一）民国水库建设

中华民国成立以后，随着南京作为民国首都地位的确立，城市规模不断扩大，人口迅速增长，对水资源的需求也日益增加。

---

① 魏韬：《魏源南京故宅的历史变迁》，《求索》1983 年第 2 期。

为了满足城市居民和工商业的用水需求，建设新的自来水厂和水库成为当务之急。民国时期，清凉山地形条件优越，地势较高且有一定起伏，适合建设水库以蓄积雨水和地下水。同时，清凉山周边水系发达，有充足的水源可供利用。更重要的是，这一时期，一方面清凉山已成为南京城的一部分，距离城市较近，便于将水库中的水输送到城市各个区域；另一方面，其与城市密集区仍有一定的距离，便于水库的规划与建设。

清末民初，随着城市的扩张、人口的增加，对南京的城市规划也逐步提上日程，这些规划当中可以看出，官方有意将清凉山作为城市公共服务的一部分进行规划改造，这也为水库的建设埋下了伏笔。1920年《南京市政计划》首次提出将清凉山一带整合成为四城公园；1927年国民政府定都南京后，多次提出开辟清凉山一带为公园的计划；1928年南京市工务局编制并公布的《首都大计划》中，将清凉山在内的城西北一带划定为住宅区，作为旧城的补充，并与城外已相当繁盛的下关地区相接；1929年由国都设计技术专员办事处（国都处）编制的《首都计划》中，将清凉山一带划为公园区与住宅区。可见这一时期，清凉山附近聚居点已日渐密集，因此，将清凉山作为公共服务区域进行规划，并在清凉山上修建水库这样的基础服务设施，符合城市发展扩张的规律与需要。

南京市民在无自来水之前，多从江河、水井中汲取生活用水，既不卫生也不方便。随着城市的发展，兴建自来水厂则被列为"最为切要的公用事业"。1929年起，政府开始筹建"首都水厂"，择址于汉西门外江边的蒲包洲汤家坝滩地（即现北河口水厂老厂区位置），配套使用的蓄水池则选址在清凉山。这样选址一方面是因为，清凉山在地理位置上与水厂、水源等距离较近，铺设水

南京市政府自来水工程处全体职员摄影
（图源：《南京市自来水工程之计划及其进行》）

管的距离较短，可以节省成本；另一方面，清凉山地势较高，在此修建蓄水池方便利用重力势能平均水压，当城内用水量少于抽水机压送的出水量时，多余的出水量会流入清凉山山顶蓄水池，而当城内用水量多于抽水机压送的出水量时，清凉山山顶蓄水池将会辅助出水，以便节省机械动力。

清凉山供水池最初设计长 54 米，宽 41 米，蓄水高度 4.8 米，库容量 1 万立方米，高出地面约 60 米。但当局为了能够减少经费并缩短完工时间，建成的蓄水池长 29 米、宽 21 米、深 5 米。该工程于 1930 年 11 月起凿山，辟筑地基，并于 1932 年 11 月底完工。1933 年 4 月水厂正式出水，但受条件限制，日供水量仅有 1500 立方米，直到 1944 年经扩建完毕后，水库容积方才达到原定设计的 1 万立方米。

由于自来水建设工程是一个庞大而复杂的城建工程，清凉山原有翠微亭等遗迹受到破坏。二十世纪三十年代，朱偰在《金陵古迹图考》中记述了考察清凉寺和小九华寺时的情况：

　　清凉寺旧在幕府山；南唐建清凉道场，始徙石头。明初改今额，以寺故遂易石头为清凉矣。寺本南唐避暑宫，堂榜曰德庆，国主撮襟书也。宋陈无己《清凉寺诗》云："惟应驻马坡头月，曾见金舆纳晚凉。"自注山有后主暑风亭，井阑刻保大三年（945年）字，盖即后之翠微亭也。亭毁于洪、杨之役，乱后重建，数年前遗址尚存，自建自来水池以来，遗迹荡然无存矣。寺在山阳，强半荒落，然就其遗基观之，犹可想见当年之规模。寺后有井，相传为六朝古井，然不可考矣。小九华寺居山半正中，院落二进，正中为大雄宝殿，前为天王殿，右为杰阁二层。登楼而望，江光一线，风帆如画，江北诸山，拱若屏障，昔设有茶肆，驻兵以来，荒废不堪矣。善庆寺在扫叶楼后，却负清凉山，近经修饰，焕然一新。驻马庵系尼寺，亦属近建，在乌龙潭侧，却负蛇山，小院数楹，

1931年，自来水工程处派员在巴黎购买管材，经施压合格后发运
（图源：《北河口水厂 润泽南京八十载》）

无足多述者。①

直到 1997 年清凉山水库停用前，它一直是居民生活用水的保障之一，也是南京近代城市建设迈出的重要一步，水库是清凉山向城市公共服务功能转型的重要见证。

（二）中国历史上首家官立公益图书馆——江南图书馆

20 世纪初，伴随着清朝末年洋务运动，中国城市掀起了创建公共图书馆的热潮。1909 年，官办江南图书馆在南京清凉山附近创建并于次年开放，其选址与清凉山一带的精英文化氛围不可分割。该馆人才济济、实力雄厚、书珍贵丰富，并且面向全社会开放，是中国历史上首家官立公益图书馆，在当时各省图书馆中首屈一指，在我国近代图书馆事业中占有重要的地位。②

江南图书馆位于龙蟠里 9 号，在惜阴书院旧址上筹建，1910 年对外开放。1838 年，时两江总督陶澍为了纪念其远祖、晋代大司马陶侃，并借以倡导"古学"，创建惜阴书舍（光绪初年更名为"惜阴书院"）。据《续纂江宁府志》载："道光十八年总督陶文毅公立惜阴书舍于盋山园。"③所谓"惜阴"，出自《晋书·陶侃传》："大禹圣者，乃惜寸阴"④，意在提醒学子珍惜时间，勤奋读书。太平天国战争时期毁于战火，后曾国藩积极筹措专款抢修包括惜阴在内的江宁（今江苏南京）各书院，同治年间复课，

---

① 朱偰著，南京市地方志编纂委员办公室编：《金陵古迹图考》，南京：南京出版社，2019 年，第 179 页。
② 彭飞：《江南图书馆的创建与发展》，李万健主编：《开放的藏书楼 开放的图书馆 纪念古越藏书楼创建百年论文集》，杭州：浙江人民出版社，2002 年，第 109 页。
③ （清）蒋启勋、赵佑宸、汪士铎等纂：《光绪续纂江宁府志》卷五《学校》，南京：南京出版社，2011 年，第 19 页。
④ （唐）房玄龄等撰：《晋书》卷六六《陶侃传》，北京：中华书局，1974 年，第 1774 页。

李鸿章重修院舍。

惜阴书院规模颇大，聘请当时名儒薛时雨为书院院长，挑选优秀学生入学，"以实学为教"，培养了不少人才，如姚璋、杨大堉、叶庭銮、汪士铎、蔡琳、寿昌、孙文川、金和等。值得一提的是，惜阴书院还培养出一大

惜阴书院旧照

批对南京地方文献的搜集整理与刊行做出卓越贡献的地方史志研究大家。如撰著《金陵待征录》的金鳌，参与分纂《同治上江两县志》和《续纂江宁府志》的刘寿曾，撰著《盋山志》的顾云等。还有参与纂修《上江两县志》，独立辑成《金陵通纪》，编纂《金陵通传》等的近代南京最重要的方志学家陈作霖。

清末废除科举后，惜阴书院于光绪二十九年（1903年）改为上元高等小学堂。柳诒徵认为惜阴书院的良好学风为后来的江南图书馆打下基础，其在《国立中央大学国学图书馆小史》中用较多的文字介绍了惜阴书院，并说："惜阴书院又有劝学官书局，斯实图书馆之先声也。"①

光绪三十一年（1905年），清廷大臣端方等五人赴欧考察，其间了解到国外的图书馆建设。光绪三十二年（1906年），端方奉慈禧太后新令，于10月28日在江宁（今江苏南京）出任两江总督兼南洋大臣。端方在江浙地区大行维新改革举措，包括筹建官立图书馆。② 光绪三十四年（1908年），他在上奏皇帝的《创

---

① 卢子博主编：《南京图书馆志1907—1995》，南京：南京出版社，1996年，第265页。
② 卢子博主编：《南京图书馆志1907—1995》，南京：南京出版社，1996年，第3页。关于江南图书馆的筹建时间，史料中记载不一。有说是1908年，有的记载为1907年，有史料可籍的时间应不晚于光绪三十三年（1907年）。

168

建图书馆折》中阐述了在江宁建造图书馆的计划：

> 窃维强国利民莫先于教育，而图书实为教育之母。近百年来欧美大邦兴学称盛，凡名都巨埠皆有官建图书馆，闳博辉丽，观书者日千百人。所以开益神智，增进文明，意至善也。臣奉使所至，览其藏书之盛，叹为巨观。回华后敬陈各国导民善法四端，奏恳次第举办，而以建筑图书馆为首。
>
> 江浙地方建立文宗、文汇、文澜三阁，尽出四库之藏，以惠东南人士，而扬州、镇江得其二，由是江左学风冠冕全国。江宁为省会重地，自经粤匪之乱，官府以逮缙绅之家，藏书荡然，承学之士将欲研求国粹，扬扢古今，辄苦无所藉手，爰建议于城内创立图书馆。旧时扬、镇两阁恩赐秘籍，久罹兵燹，拟即设法传钞。次则四库未收之书，以及旧椠精钞之本，兼罗并蓄，不厌求详。至于各国图书，义资参考，举凡专门之艺术，哲学之微言，将求转益多师，宜广征书之路。①

端方推荐时任江南高等学堂监督的缪荃孙主持建造，担任总办（馆长），江浦县教谕陈庆年担任坐办（副馆长）、候补同知琦珊为提调，筹建江南图书馆。1908年9月，图书馆开工。建筑风格要求"规制合宜，工程坚实，无取华侈"，次年9月建成两幢2014平方米的具有中国古典建筑风格的两层长形藏书楼，前后两进计24间，共耗银34761两。藏书楼建成以后，端方将图书馆定名为"江南图书馆"，1910年12月19日正式对外开放阅览。

江南图书馆藏书的重要来源为当时抢救收集的一大批珍贵古籍。第一批重要藏书来自当时四大藏书楼中最有名的浙江杭州丁丙"八千卷楼"嘉惠堂。其时恰逢丁丙后人经商失败，欲出售藏

---

① （清）端方：《创建图书馆折》，《端忠敏公奏稿》卷十二，第4546页。影印本总1507－1510页。

书抵债，而日本人垂涎这批古籍，企图将其与已经重金购得的归安陆氏皕宋楼藏书一并运往日本。端方获知该消息后，筹拨专款，缪荃孙与陈庆年立即赶赴杭州，全力斡旋，最终以7.3万银圆将"八千卷楼"所藏60万卷图书、书箱及书架一并全部购回。这批文献是四大藏书楼中唯一在国内完整保存下来的藏书，甚为珍贵，据柳诒徵先生撰《国立中央大学国学图书馆小史》中有关书目统计，有宋版书40部1845卷，元版书98部3981卷，其他还有四库修书底本、名人稿本等。不久，缪荃孙又购回武昌范氏月槎木樨香馆所藏图书4557种，于宣统二年充价调拨入藏；其他还有如桃源宋氏藏书等。此外，1910年，江楚编译官书局改为江苏通志局时，将所藏中外图书移交江南图书馆。这些珍贵古籍的收藏使重要的文献遗产免于散佚，也奠定了江南图书馆丰富藏书的基础。

与同时代其他图书馆有所不同的是，江南图书馆面向全体民众开放，而且对馆内图书可以任意阅看，这即端方在中国首创的全开放的公益图书馆。

江南图书馆随着时代的变迁及隶属关系的变化，多次易名，先后有江南图书局、江苏省立图书馆、江苏省立第二图书馆、江苏省立第一图书馆、第四中山大学国学图书馆、江苏大学图书馆、国立中央大

江南图书馆旧照

学国学图书馆、江苏省立国学图书馆等名称。

1927年7月1日，著名史学家柳诒徵奉江苏省教育厅函聘，任江苏省立第一图书馆馆长。1928年，柳诒徵为了纪念晋代学者陶侃，创办惜阴书舍的清两江总督陶澍，创办江南图书馆的端方、缪荃孙等4位先人，将藏书楼题名为"陶风楼"，并请国民政府主席谭延闿书写"陶风楼"匾额，悬挂在楼前。至今，南京图书馆仍以"陶风"作为其藏书文化的重要品牌。1929年10月，馆更名为江苏省立国学图书馆，直至1952年10月并入南京图书馆。

1937年，抗日战争爆发，江苏省立国学图书馆停止阅览，奉命将3万册古籍运往兴化，后全部被日伪军焚毁。其余珍籍藏于故宫地库，后被日军发现劫移至竺桥地质陈列馆。抗战胜利后，柳诒徵多方查找，亲访接收大员，要求发还国学图书馆藏书和书架等设备，不惜长跪以求，方如所愿。经清点藏书有18万册，整理后图书馆于1946年8月1日恢复开放。

1962年江苏省委领导刘顺元、彭冲等视察"陶风楼"后，认为应保留这一著名的藏书楼，决定由省政府拨款20万元重建，改砖木结构为钢筋水泥、砖木混合结构，但外观保持与原来一样，而且雕花门窗等都利用原楼拆下来的材料。现该楼为南京市文物保护单位——惜阴书院旧址上的主体建筑。[①]

江南图书馆的创建在我国图书馆史上具有里程碑式的意义，具有重要的地位与影响。公共图书馆是人类社会文明发展到一定阶段的产物。19世纪中，英、美等西方国家陆续兴建起近现代意义的公共图书馆。在中国，公共图书馆是20世纪初才开始出现的，是在西学东渐浪潮的推动下而引进的一个外来事物。江南

---

① 徐忆农：《缪荃孙与江南图书馆》，《百年来缪荃孙研究论文选粹》，上海：上海大学出版社，2021年，第107页。

图书馆的创建，顺应了时代的潮流，推动了封建藏书楼向近代图书馆的转变。其脱胎于清凉山麓的惜阴书院，历经上元高等小学堂，再至江南图书馆，从承担教育功能的传统书院，转化为近代公共文化场所，是我国近代文化教育事业发展的一个缩影。江南图书馆筹备时间不晚于1907年，是江苏最早设立的（官办）公共图书馆，是中国现代化进程中最早设立的一批公共图书馆，也是中国历史上首家官立公益图书馆。

江南图书馆由地方政权最高官员和国内一流学者共同创立，其权威性与知名度都非同时代其他馆可比。据统计，清末官办图书馆以创建时间排名依次为浙江藏书楼、湖南图书馆、湖北图书馆、福建图书馆，江南图书馆应名列第五。江南图书馆由两江总督端方亲自筹建，由藏书家缪荃孙主持建立，此外还有陈庆年、柳诒徵等知名学者投入其中，这是同期其他图书馆难以望其项背的。江南图书馆创建之后，全国各地争相仿效。创办者端方被誉为"我国近代图书馆事业的先驱"，第一任馆长缪荃孙被誉为"中国近代图书馆之父"，图书馆的创建地点——清凉山被视为我国近代图书馆的发源地亦不为过。

江南图书馆藏书数量与质量也非常可观，如前所述，江南图书馆收藏了丁氏"八千卷楼"等珍贵藏书以及其他大量宋、元、明、清历代珍贵版本，挽救了一大批珍贵文献，使其免于流失海外，现已成为南京图书馆藏书，客观上起了保存文化遗产、传播文化的作用。在管理方面，缪荃孙由于精通目录学，主持江南图书馆时自然十分重视馆藏书目的编撰。江南图书馆对于入藏图书均做到依次验收、登录并进行编目，馆藏制度比较完善。同时，江南图书馆编印了公共图书馆书目，开创我国近代公共图书馆编善本书目之先河，当时，江南图书馆编印有馆藏书目两种，一为

《江南图书馆善本书目》，全一册，无解题，无出版时间，署江南图书馆编，南京图书馆现存南洋印刷厂代印铅印本及台湾广文书局1970年出版影印本各一册；另一种为《江南图书馆书目》，全八册，无解题，署江南图书馆初编，内页印"阅览室检查书目"，显然是供读者查找公开阅览图书的目录，南京图书馆现存宣统铅印本八册。在图书分类方法上，当时社会上流行四分法，但江南图书馆编目并不拘泥于四分法，而根据所收图书的不同情况制定分类表，如《江南图书馆书目》就是采用经史子集丛志六分法。此外，江南图书馆还注重图书馆领域专业人才的培养，使图书馆事业及学术研究后继有人。

江南图书馆保藏书籍的同时，也以丰富的知识文化滋养了一方民众，其中不乏知名学者。江南图书馆开放后，每日到馆阅书者络绎不绝，金陵城内外许多读者到馆查书，或转托友人，抄录馆书。由于江南图书馆馆藏丰富、服务质量上乘，吸引了许多著名学者与文化界人士来此潜心阅读，鲁迅、顾颉刚、蔡尚思、胡适、蔡元培、黄宾虹、徐悲鸿等都曾住馆阅览。鲁迅先生1912年3月在中华民国临时政府教育部任佥事时，常到江南图书馆借阅古籍，借抄了《沈下贤集》中的《湘中怨》《异梦录》《秦梦记》，后来编入他的《唐宋传奇集》。4月，他又在该处借抄了《谢氏后汉书补逸》，并在抄本上写了题记。朱自清先生在《南京》一文中专门提及江南图书馆："若要看旧书，可以上江苏省立图书馆去。这在汉西门龙蟠里，也是一个角落里。这原是江南图书馆，以丁丙的善本书室藏书为底子；词曲的书特别多。"[①]甚至还有国外学者慕名而来，如法国文学博士伯希和，风闻江南图书馆藏书丰富，曾专程到馆询问宋元版本源流，访谈中西交通故籍。

---

① 朱自清：《朱自清散文》，长沙：岳麓书社，2021年，第137页。

三、新中国成立以来"城山交融"的景观建设

随着中华人民共和国的成立,清凉山逐渐从城市边缘的山水风景地转化为城市居民区内的园林。改革开放以来,区域定位的更新与城市建设观念的改变,进一步使清凉山焕发出不同的面貌。清凉山作为南京的地标之一,逐渐呈现出"城山交融"的自然生态与历史文化景观。

(一)园林景观建设

南京作为六朝古都,其园林文化融古今之韵,贯中西之长,底蕴极为深厚。清凉山山水环绕、树木繁茂、环境优雅,被誉为"城市中的山林",是都市人回归自然的理想之地。自战国以来相继兴建了金陵邑城、石头城、驻马坡、南唐避暑宫、崇正书院、扫叶楼等一批颇有影响的人文古迹,是南京值得踏赏的一处宝地,素为历代帝王、文人墨客、方外之人所垂青。南朝宋武帝在清凉山麓建离宫;五代时杨吴在此建兴教寺;南唐后主李煜在此建避暑宫。明代开始,曾被南唐城墙隔开的乌龙潭南北两岸山地再度合并在一起,但西侧城墙的修筑,使乌龙潭与外秦淮河逐渐断开,潭面日益缩减,成为被誉为"小西湖"的城西名胜,再加上南唐以来在清凉山上的风景建设,以及六朝积淀下来的历史文化,使清凉山南麓与乌龙潭一带成为明清文人聚居游赏的地方,修建有诸多园林。

唐至清末清凉山园林一览[①]

名称	时间	园主	位置
放生池	唐	颜真卿	乌龙潭
郑侠读书堂	宋	郑侠	清凉山上
张氏园	明	张瑄	乌龙潭上
小桃源	明	朱之蕃	谢公墩北
退园	明	范凤翼	乌龙潭上
寤园	明	茅元仪	乌龙潭北
山水园	明	唐时	乌龙潭侧
何太仆园	明	何栋如	乌龙潭侧
祴园	明	卓敬	清凉山下
遯园	清	李赞元	清凉山侧
有叟堂	清	佚名	乌龙潭上
半亩园	清	龚贤	虎踞关
心太平庵	清	丁雄飞	乌龙潭上
宫园	清	佚名	虎踞关侧
朴园/亦园	清	熊赐履/朱澜	清凉山侧
余氏园	清	余大成	乌龙潭上
随园	清	袁枚	小仓山上
寓园	清	袁树	小仓山上
澄园	清	张规	陶谷
汪氏园	清	佚名	乌龙潭侧
青峰草堂	清	钱氏	陶谷
盋山园	清	陶澍	龙蟠里
小卷阿/宛在亭	清	魏源	乌龙潭上
薛庐	清	薛时雨	龙蟠里

---

① 据《金陵园墅志》等资料整理。

20世纪30年代，针对城西缺乏公园，南京市政府考虑到清凉山一带自然风光与人文古迹兼具，计划在清凉山开辟公园住宅区，共计290亩，其中公园在广州路以北，预计占地150亩，园内包含了清凉山扫叶楼、清凉寺、九华胜迹等古迹与警察公墓，120亩为住宅，大部分在广州路以南。1935年，蒋介石"面谕辟建清凉山公园"[①]，并于次年完成了公园住宅区内土地踏勘与征收等工作，但并未真正动工。直到1940年，由于人口增长导致住宅紧张，南京市政府再度将开辟清凉山公园住宅区提上议程，对原有设计重新进行规划。公园区由广州路以北的清凉山置换为以南的盋山，住宅区向东扩展，增加了西康路以东的区域。尽管清凉山公园住宅区计划最终未能实施，但土地征收使清凉山一带原本混乱的地权问题得到一定整顿，并将大部分土地收归政府所有，

清凉山照片（图源：民国时期《金陵杂志》）

---

① 薛冰：《清凉山史话》，南京：南京出版社，2009年，第142页。

为之后清凉山一带与城市统一同步的建设提供了便利。然而，受侵华日军的影响与破坏，清凉山公园的建设被迫停滞。

战后荒芜，亟待整饬，乌龙潭被划归园林管理处，但直到1949年前，清凉山一带始终未被作为公园进行统一管理和相关建设。张恨水于1945年写过《清凉古道》："最让人不胜徘徊的，要算是汉中门到仪凤门去的那条清凉古道。"中华人民共和国成立后，逐渐恢复山林，修缮古建筑，并于1960年正式开放占地73公顷的清凉山公园。"文化大革命"期间公园再度被废弃。

改革开放，百废俱兴，清凉山一带的"六朝胜迹""城市山林"，也逐步走上了复兴之路。最先受到重视的是园林建设。清凉山公园得以复建，并利用丰富的自然与人文资源，陆续辟建了古林公园、乌龙潭公园、国防园、石头城风景区、汉中门市民广场等供市民游观、休憩之处。1976年3月，清凉山公园管理处恢复，开始重建公园。公园南大门为牌坊式三拱门，中门额书"清凉山"

清凉山公园

三大字是龚贤手迹，两边门额分书"六朝""胜迹"四字。

三年后，扫叶楼修缮及绿化配景工程竣工，面积比旧址有所扩大，占地面积一千平方米。进公园大门，沿左侧石阶拾级而上，迎面拱券门，上方"古扫叶楼"四字门额，仍是光绪年间旧物；门侧竹林中，有龚贤石雕像。入门左行，二道门上刻"半亩园"三字门额，楼西墙上是林散之先生所题"龚贤故居"四字。第一进主楼二层，面阔三间，进深八檩；楼下中堂悬扫叶僧画像，作为龚贤纪念馆，陈列书画作品。穿过庭院，缘假山而上的第二进房五间七檩，第三进房三间九檩，即原善庆寺旧址，用于举办各种展览。

此外，崇正书院也由南京市政府拨款六十八万元复建，在建筑大师杨廷宝教授指导下，制定设计方案，历时两年竣工。崇正书院最早建于明嘉靖年间，是明清时期江南的著名学府。其时南京的讲学之风盛行，督学御史耿定向在清凉山建立书院，取名"崇正"。"崇正"二字取自南宋丞相文天祥"天地有正气"之句，含有推崇正统的儒家学说之意。耿定向亲任主讲，学生焦竑管理日常事务。徐光启、汤显祖、方苞等都先后在此讲学。耿定向去世后，万历年间首辅张居正奏毁书院，耿定向的学生们为悼念恩师，改书院为祠堂，题记"耿天台先生讲学处"。万历十一年，祠堂改为"云巢庵"。清乾隆年间，庵堂毁于火灾。至嘉庆初年，僧人展西募资修复，作为佛事活动场所，仍命名"崇正书院"，并筑一新楼，名为"江天一线阁"。咸丰年间，书院毁于战火。同治四年，僧人可曾募资重建，更名"小九华寺"，"文化大革命"期间再次被毁。

崇正书院是清凉山重要的历史文化建筑，复建的崇正书院，占地面积一千六百平方米，建筑面积一千一百多平方米，充分展示了传统江南园林的典雅风貌。游客走进清凉山公园大门，就可以遥望高踞东侧岗阜之上、掩隐松竹之间的书院轮廓。书院整体为仿明式建筑，依山而起，坐北朝南，前后三进，步步高升。门廊内悬"古崇正书院"横匾，辟两扇高大木门，前殿中布置了六朝和明朝南京城市图的仿古浮雕，殿后是宽敞的庭院，绿化植物以山茶为主；居中石阶两侧的平台上，各安放了一座雕刻精致的石灯笼，高达两米以上。庭院两侧有回廊可以转入第二进殿堂，内侧木质栏杆间设有美人靠，可供游人小憩；外侧廊壁花窗以梅、竹、龙、凤等砖雕图案为点缀，壁间嵌砌多方石刻，有清康熙年间绘《金陵名胜图》中的清凉山景观，沙曼翁、徐邦达、萧娴等书法家所书宋王安石《桂枝香·金陵怀古》、元萨都剌《百字令·登石头城》、清姚鼐《游故崇正书院记》及吴白匋撰文并书写的《重建崇正书院记》等。二进殿堂前后都是传统隔扇门，两侧为花格排窗。第二进殿后，是开阔的青石平台，有石砌抄手台阶上下；迎面石台立面上，镌刻杨廷宝大师题写的"清凉胜境"四字。石台之上，西侧为江光一线阁，上下二层，登阁可望天际长江如线。石台东侧一组山水小景，嶙峋怪石假山间有曲径可通山上小亭，转至第三进殿堂，山石下设计三个形状各异的小水潭，自成一方天地。石台尽头是一个长方形大水池，池北石壁间伸出三个张口吐水的石雕龙头。绕池再上石阶，进入第三进殿堂，同样为仿古建筑，而气势更为恢宏，高耸的梁脊上雕出吉祥图案，东、西山墙各绘有两幅高六米、宽三米的巨大壁画，画中有"春牛首""夏钟山""秋栖霞""冬石城"，都是南京应时美景，由当代名家绘制。第二进庭院和第三进后院，各有方便出入的边门。

公园大门正对的南麓山洼间，复建了占地面积四百平方米的清凉寺。寺旁开掘于南唐保大三年（945年）的义井还阳泉，井口直径约一米，深十二米。上覆六角井亭，亭盖间开圆孔，与井口直径相同，使天光可直射井内。井亭北墙有女书法家萧娴书写的"还阳泉"碑。

清凉山公园在虎踞关辟有东门，门内有刘海粟先生所书"驻马坡"刻石，字高1.5米，宽1米，镶在青坡绿茵之中。

古林公园开始筹建于1981年1月，历经数年精心建设，于1984年4月正式开放。公园南接清凉山北支，面积二十二公顷多，水面三千五百平方米，因建在名刹古林寺遗址上而得名。园内山峦起伏，林木苍郁，因历史上曾广植海棠与梅花，所以定位为以四季名花造景为主的花卉专类园。进入虎踞北路的公园正门，迎面即杜鹃坡，每逢阳春三月，各种杜鹃盛开，红如火，黄如金，白如玉，争奇斗艳。南行绕至后山，苍松翠竹间的远香榭，山环水抱，周围种植蜡梅、玉兰、芙蓉、绣球、桂花等灌木，常年花期不断，芳香飘逸。榭南牡丹园，依山凿石而建，中立两米多高的牡丹仙子塑像，园内栽培二百五十多个品种、三千余株牡丹，与芍药相映成趣，花期姹紫嫣红，富贵满园。沿牡丹亭侧曲廊可到天香阁。牡丹园北茶花坞，因山而构，低洼处开掘水塘三面，相互联通，又堆砌土丘三座，组成半岛，岛上遍植茶花。公园东部山脊梅花岭上，植雪松百余株，春梅数百株；沿岭西向，遍植黑松、毛竹、蜡梅，形成立体的"岁寒三友"图卷。公园南门处有月季园和盆景园。公园中心最高处是仿古重檐建筑"四方八景阁"，主体三层，建筑面积近六百平方米，第三层配有外回廊，是游人远眺佳处。

乌龙潭公园，同样承载着南京的历史记忆，自1982年批准筹建以来，连年清淤共达三万多立方米，铺设排污管线一千八百余米，砌墙驳岸，植树铺草，历时七年，于1989年秋正式对外

曹雪芹纪念馆

开放，此后仍陆续修建改造。潭西岸新建仿古妙香阁，阁前有树龄四百年古桂一株，阁上层为展厅，下层为颜真卿书画馆。阁南矗立一尊高五米半、重五吨、形似观音菩萨的奇石，号为"镇潭神石"。在原颜鲁公祠旁建放生庵，庵南堤岸上重建"何必西湖"牌坊，经曲桥可达湖心肥月亭。潭东庇鳞榭，为放生观鳞之处。潭北建锁龙桥，以应晋人见龙的典故。潭东北龟山麓有鹦鹉螺化石亭，亭中收藏两方长达半米的中华震旦角石。龟山西麓建有曹雪芹纪念馆。因传为大观园原型的袁枚随园，在太平天国战乱中被完全毁弃，且已无地重建，所以一批红学家建议在相近的乌龙潭畔留此纪念地。纪念馆为传统重檐歇山顶建筑，上铺黄琉璃瓦，前有照壁、门楼，馆前潭面沁芳桥间有曹雪芹持卷坐像，以花岗岩雕成，高 2.5 米，底座约 1 米。2008 年，按照城市规划"显山露水"的要求，乌龙潭周边商铺全部拆除，以清潭碧水与驻马坡下绿地遥相呼应，并与西侧颜真卿纪念馆融为一体，重现"水木清华"境界。公园北墙也塑造成文化墙，展示历代与乌龙潭相关的文化名人的浮雕与圆雕。

南京国防园位于清凉山西侧，是南京军民联手共建的国防教育公园，1992年7月30日落成开园。园内展馆建筑依山就势、错落别致，既具古典园林风格，又富有现代气息。国防园以国防教育，科学普及和军体娱乐为特色，展馆设有国防教育馆、军兵种馆和世界军事科技兵器馆三个主题展区，并围绕展览馆露天展示各类重型武器装备，如导弹、飞机、坦克和鱼雷快艇等。除展馆外，园内还包含石城霁雪、西峰秀色和山居秋暝三个景区，依山傍水，景色宜人，不仅展现了城市的自然风光，更赋予了国防园独特的历史韵味。

在石头城公园内创建南京国防园是有其特定的历史内涵和现实意义的。石头城曾经是南京历史上的军事要塞和古战场，承载着深厚的历史内涵，身临其境，人们能够领略曾经笼罩在石头城上空的战场烟云与"金陵王气"的历史兴衰，认识、理解中国人民抗击外国侵略、维护国家独立和主权斗争历程的艰辛，进一步深刻体会中华人民共和国成立以来我国国防建设所取得的伟大成就。国防园现为省级爱国主义教育基地，是开展国防教育和爱国主义教育的重要场所。

（二）生态与人文环境建设

新中国成立以来的城市扩张建设中，虽然清凉山的生态环境与一些历史文化遗存遭受了一定程度的破坏，但大体上清凉山的开发是以建设以人为本的自然与人文景观为主要走向的。改革开放以来，建立良好的山水城林空间关系逐步成为清凉山建设的指导思想，清凉山逐步转型为融合古今、自然与人文交汇的城市公共空间。

清凉山在人文生态环境建设理念上的转型不是一蹴而就的，中华人民共和国成立以来，清凉山的建设道路堪称曲折。20世纪50年代，新中国百废待兴，南京城墙在战火侵袭下，内部千疮百孔，屡次发生险情。因此，伴随着当时风行全国的大拆城运动，南京拆城的舆论甚嚣尘上。1955年，南京正式迎来拆城风波，时任江苏省文化局副局长的朱偰向市政领导紧急提议，并号召各界人士发声，阻止并保留了鬼脸城段城墙；"文革"期间，崇正书院、扫叶楼、清凉寺、还阳泉等历史建筑被砸成瓦砾；20世纪70年代，城西干道开辟、广州路西延、虎踞关路拓宽工程等，拆毁沿路城墙，石头城格局被分割。可见，在城市的建设过程中，清凉山多次为城市的扩张让步。

1976年起，清凉山及其相关文化遗迹、文化设施等的修复、重建工作逐步展开，在此期间，清凉山的建设工作注重向科学、生态、人文等方向上靠拢。一方面，在建设中邀请相关专家进行规划设计并把关，保证工作的科学性与生态友好性；另一方面，深入挖掘清凉山的历史文化遗产，在还原文化遗迹的同时，力求将清凉山打造成文化传承、文化交流与文化教育平台，并特别邀请艺术名家题字，进一步为清凉山的历史景观增添了文化氛围与艺术魅力。在多方努力下，清凉山的复兴工作初见成效，1988年1月3日，鬼脸城同其他段的南京明城墙被列为全国重点文物保护单位。

这段曲折的复兴史也是新中国以来，清凉山山城关系变迁乃至城市人文生态建设理念进步的缩影。20世纪末，内外秦淮河丰厚的历史与文化瑰宝几乎湮没在污泥浊水之中。外秦淮河东岸老城区与河西新城区，都有背河发展的趋向，造成南京主城区建设的离心格局。随着对明城墙历史文化价值的重新认识,外秦淮河的景观资源意义也越来越为世人所重视。南京市规划局2002年7月制定的《外秦淮河沿线环境综合整治规划》,明确了以明城墙为主线,结合外秦淮河,依托自然山林,串联人文景观,形成"环城绿带"的整治目标,要让秦淮河重新成为一条流动的河、美丽的河、繁华的河。"显山露水",就是要显青山,露绿水。水质改造,排污管理,水位保持,堤岸美化,沿岸土地功能提升,整体空间形态控制,一系列的难题都要作为一个系统工程来加以解决,以重现南京以山水城林为特色的历史文化名城风貌。这一规划为外秦淮河综合整治理清了思路,提供了可行的实施方案。规划对外秦淮河沿线运粮河水口、中华门瓮城、西水关、石头城、三汊河河口公园五个不同特色的风貌段,分别提出了生态保护、环境优化、景观建设方面的具体要求,旨在建立良好的山水城林空间关系,使环绕古城、连通新城的外秦淮河,成为串联和展示南京自然与人文景观的绿色文化长廊。[①]

为全面实施这一规划,南京市政府投资30亿元人民币,其中,石头城风景区是最初三个试验段之一。有关部门根据城市规划中对石头城风貌段整治开发的具体要求,进行了一系列开发整治工作,具体措施包括修复明城墙坍塌处,清除棚户区,进行秦淮河的综合治理等等。同时,文物部门对沿线的名胜古迹进行了挖掘、保护和修复,使得清凉门、石头城、鬼脸照镜子、烽火台、六朝风采石刻等著名景点重新焕发光彩。2003年5月,经过约一年的整治,"石城虎踞"的英姿重现人间,"鬼脸照镜子"的奇观焕然一新,周边破烂棚户区也被生机盎然的草木所取代,并被整修

---

① 该部分内容主要参考薛冰:《清凉山史话》,南京:南京出版社,2009年。

成为错落有致的新型园林。石城霁雪、西峰秀色、山居秋暝等自然与人文景观，或古朴，或幽静，或清丽，酿造出一派城市山林的自然之趣。半个多世纪以来，人们第一次能够清清爽爽地看到各色古迹的风貌，从此，千古胜迹石头城，从南京人心中的隐痛变成至爱，成为一个令南京人自豪的城市文化地标，也成为国内外游客的必到之处。

同时，外秦淮河水道清障除淤，两岸防洪堤整治绿化，水质改善，四季清冽，成为环绕这颗璀璨明珠的襟带。河上的"画舫游"也已分段开通，从石头城可以上溯武定门，也可以下达三汊河，沿途视野开阔，人文景点都布置了相应的雕塑、壁画，与内秦淮河相比，别有一番风味。

距石头城一箭之地的清凉门，是南京明城墙各城门中最小的内瓮城，仅一道城门与一道瓮城，然而也是南京城仅存的四座明建城门之一。清凉门自清代初年即被封闭，一度成为南京有名的贫民聚居地，内瓮城在"文革"后期被拆除。幸而城门保存完好，20世纪90年代重新打开，在新世纪的整治工作中也得到整修，周边辟建成广场，作为从南边进入石头城风景区的门户。石头城风景区北端有道路通向龙江小区，2006年又新建了通往河西的步行桥。便捷的交通使石头城风景区成为老城区居民与新城区居民共享的一块福地。

应该强调的是，21世纪初，南京城市规划和发展跨出了划时代的一大步，外秦淮河以西、长江以东的河西地块，被作为南京主城的新城区，明确为近阶段的城市建设重点。在这崭新的城市格局中，清凉山的地位发生了重要的变化，从老城区的边缘，变成了新兴主城的中心地带。在中国各大都市中，城区中心竟能有这样一片青山绿水，也只有南京得天独厚。而清凉山自然与人

185

清凉山公园与清凉山

文景观的振兴，对于这座历史文化名城，也就具有了特殊的意义。

2004年12月，中国水彩画之父李剑晨艺术馆建成开放。2005年4月，著名画家魏紫熙艺术馆开放。这两座艺术馆都在清凉山公园及六朝石头城遗址范围内。李剑晨先生是中国水彩画之父、著名艺术大师。李剑晨艺术馆由其女——著名园林建筑设计专家李蕾设计，建筑面积720平方米。采用民国建筑风格，中西结合，古朴大方。正对大门是一个露天水池和一座水波造型的七彩玻璃雕塑。水池、雕塑体现着"水""彩"的光影变幻，体现了李剑晨"光明透彻"的做人准则。该馆展厅内设有李剑晨生平简介，20平方米的展厅展示着李先生不同时期的艺术作品。另设有接待室、教研室及辅助用房。建筑风格朴实大方，古中见新。魏紫熙先生是新金陵画派的创始人。他怀着满腔的热情，创作了一大批歌颂新中国和新社会的人物画，创立了"新金陵画派"。魏紫熙艺术馆由其女——著名建筑设计师魏巍设计。馆名为其子魏镇所书。整个展馆犹如一个即将打开的中国画卷，展品为魏老生前的100幅珍品。

2005年9月，秦淮河画舫开始迎接游客，古老的秦淮河重新焕发出无限光彩。"桨声灯影"再次出现在世人的面前。游客坐在船上，景随船动，两岸名胜古迹浮现眼前；夜晚漫步岸边，天上繁星点点，璀璨无限，河中画舫伴随着古典而美妙的音乐缓缓驶过，秦淮河仿佛在瞬间获得了新生。[①]2005年南京《金陵晚报》又发起评景活动，历经八个多月评出"新金陵四十八景"，中有"石城虎踞"与"清凉山"。

---

① 中共南京市鼓楼区委宣传部、南京市鼓楼区文化局编：《鼓楼风光》，南京：东南大学出版社，2009年，第9页。

下篇

考古学家手铲下"复活"的石头城

第四章
从"鬼脸城"到寻找"石头城"

在清凉门北侧的城墙上,有一块约 6 米长、3 米宽的椭圆形石壁孤悬于墙面,表面斑驳,形似鬼脸,因此民间称这段城墙为"鬼脸城"。鬼脸城下有一个水塘,鬼脸城倒映其中,形成了独特的风景,这一景观被老南京人称为"鬼脸照镜子"。围绕着鬼脸城这一奇景,流传着形形色色的传说故事,其中就包括六朝石头城的相关传闻,有民间说法认为,六朝时期东吴大帝孙权所筑的石头城就位于鬼脸城下。

鬼脸照镜子(南京城墙保护管理中心提供)

诚然，鬼脸城城墙是明代所筑，这一点是毋庸置疑的，但石头城在鬼脸城下的猜测并非毫无根据。关于六朝石头城位置，主流意见认为其在今之清凉山范围内。唐宋时期，秦淮河虽有改徙，但石头城段江水似未完全西移，因此这一时期六朝的石头城的位置变化不大，唐代时甚至一度作为扬州治所。南宋诗人陆游在游记中提到石头城："出西门，游清凉广慧寺，寺距城里余，据石头城，下临大江。"[1]可见，此时的石头城地处南京主城之西的清凉山之上，仍是临江而立。明清时期，石头城段江水已西移，当时的主流观点仍认为古石头山即六朝石头城所在。以明代陈沂的《金陵古今图考》为代表，他在《吴越楚地图考》的跋文中提到石头城：

因山立号，置（金陵邑）于石头，后之石头城据此。今石城门北冈垄削绝，皆城故区。[2]

这一说法也为民国及中华人民共和国成立初期所沿用，以《首都志》《金陵古迹图考》《南京史话》等为代表的南京地方文献，也认为清凉山（古石头山）即石头城原址所在，因此，不难理解人们为何会将今清凉山范围内的鬼脸城与六朝时期的石头城联系起来。

然而，《景定建康志》《六朝事迹编类》等南京古代方志对石头城的记载又存在矛盾之处。如《六朝事迹编类》虽记石头城在"今清凉寺之西是也"[3]，但同时也记有"今石城故基乃杨行

---

[1] （宋）陆游著，蒋方校注：《入蜀记校注》第二卷，武汉：湖北人民出版社，2004年，第62页。
[2] （明）陈沂撰：《金陵古今图考》"吴越楚地图考"，南京：南京出版社，2006年，第68页。
[3] （宋）张敦颐撰：《六朝事迹编类》卷二《形势门》"石城"条引《舆地志》，南京：南京出版社，2007年，第47页。

密稍迁近南，夹淮带江，以尽地利。其形势与长干山连接"[1]。杨行密为唐末杨吴政权建立者，迁石头城稍南，即意指石头城有两座，六朝石头城较杨吴（南唐）石头城略北。又记马鞍山"东与石头城相接"[2]，即石头城在马鞍山之东。记石头城附属建筑入汉楼"义熙八年，于石头城东起入汉楼。在城西门外"[3]。入汉楼在城西门外、石头城东，则石头城应在石头山西。史书繁杂的文字记载是一笔难以究明的糊涂账。故自20世纪90年代以来，关于石头城的具体位置之所在，依旧争议不断，未成定论。

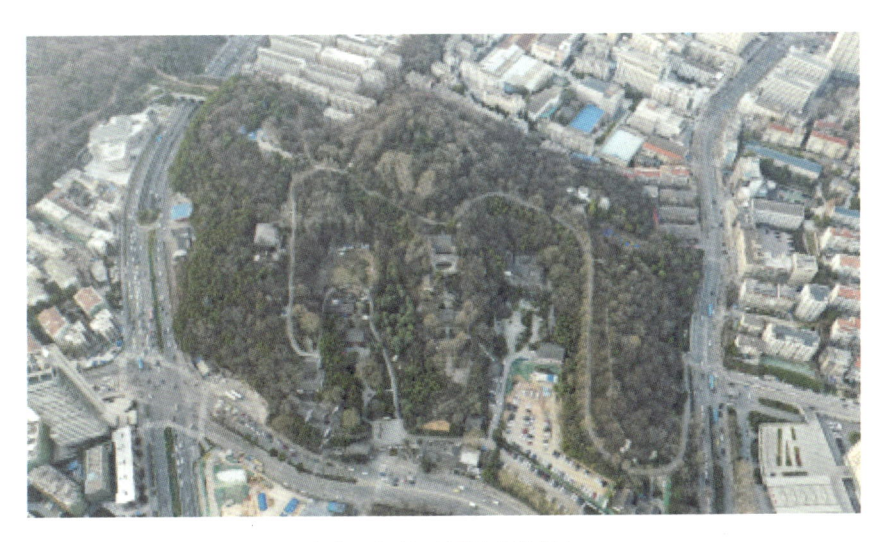

清凉山航拍（周桂龙提供）

争论首先由李蔚然、吕武进、马伯伦等学者发起，他们根据南京古代方志中的记载，对石头城在古石头山的传统观点加以否

---

[1] （宋）张敦颐撰：《六朝事迹编类》卷二《形势门》"石城"条，南京：南京出版社，2007年，第47页。
[2] （宋）张敦颐撰：《六朝事迹编类》卷六《山冈门》"马鞍山"条引《图经》，南京：南京出版社，2007年，第81页。
[3] （宋）张敦颐撰：《六朝事迹编类》卷四《楼台门》"入汉楼"条引《晋书》，南京：南京出版社，2007年，第56页。

定,但对具体位置所在的认定又有分歧。李蔚然先生撰写的《金陵胜迹大全》"石头城"条,认为石头城在石头山之北草场门一带,即石头、马鞍二山之间。① 马伯伦先生在《南京建置志》中,认为石头城在清凉山北、四望山南一带。② 吕武进先生编写的《南京地名源》中,则认为石头城有两座,建安十七年(212年)所建乃沿金陵邑城故址,规模较小,后称"石头小城",在今草场门一带。赤乌三年(240年)又在今水西门附近的运渎下游北岸另建一座石头城,较之金陵邑城扩大了许多。两城同处南北直线上,相距较远。③

与此同时,李蔚然先生还就石头城与楚金陵邑城的关系,撰文《金陵邑治所辩》④,推考楚金陵邑城在孙吴冶城故址,即今朝天宫一带。但提出了一个非传统观点,楚金陵邑城非石头城,石头城当为孙权时新筑之城,有"石头城""石头小城"的区分。孙吴时期同时有两个石头城存在,一座位于石头、马鞍二山之间,

1998年拍摄的石头城遗址西南城垣(清凉门西)

① 季士家、韩品峥主编:《金陵胜迹大全》,南京:南京出版社,1993年,第517页。
② 马伯伦主编:《南京建置志》,深圳:海天出版社,1994年,第47页。
③ 吕武进等主编:《南京地名源》,南京:江苏科学技术出版社,1991年,第34页。
④ 李蔚然:《金陵邑治所辩》,《南京晓庄学院学报》2000年第3期。

即汉建安十七年（212年）所筑，另一座位于今水西门附近原淮水西通大江的出口处，系吴黄龙元年（229年）孙权徙都建业之后所立"石头小城"。

南京市文物研究所于1998年至1999年初曾用磁测、考古钻探和试掘等技术手段，在清凉山一带发现一处六朝古城垣。试掘表明，这处夯土城垣存有东、北、西三垣，宽约10米，残高超过6米，同时出土了大型绳纹板瓦、筒瓦，印有几何花纹的楔形砖、云纹瓦当、铜铁箭镞等六朝早期遗物。这一发现证实清凉山范围内的确存在六朝时期的城址，发掘者贺云翱先生据此推断，石头城位于古之石头山的传统观点更为可信，并推测石头城就在今清凉山公园与南京国防园一带。

这一考古发掘材料本来相当重要，但由于没有及时披露详情，后续的考古工作也没有进一步深入展开，这一发现不仅未能平息石头城遗址的位置之争，反而引起更多的学者参加石头城辨析论战。其中，刘宗意先生在《石头城新考》中，认为石头城在清凉山西南，即今汉中门石城桥西侧一带，其南为莫愁湖，而莫愁湖当时正是六朝秦淮河口。[①] 卢海鸣先生在《六朝都城》中论述，石头城在清凉山以南至汉中门之间。[②] 李金堂先生的《"石头城"纵论》中，认为石头城虽在清凉山即古石头山上，但范围应更广，亦包括山下"缘大江，南抵秦淮口"的营垒、栅栏一类附属的防御体系。[③] 王志高先生则是依据多年的建康都城考古发掘经历，认为孙权建安十七年（212年）所筑的石头城是在楚金陵邑城基础上重筑，规模不大，即所谓石头小城或石头斗城；孙权移都建

---

① 刘宗意：《石头城新考》，《江苏地方志》2000年第2期。
② 卢海鸣：《六朝都城》，南京：南京出版社，2002年，第101页。
③ 李金堂：《"石头城"纵论》，《东南文化》2005年第1期。

业后所建的石头城乃"石头大坞",其周长为"七里一百步"。石头城位于临江低缓的秦淮河口北岸,常遭水患,而石头小城则在其东北的山冈上,是其外围军事屏障,两者咫尺相望。[①]

综上,民间观点与专家学者对六朝石头城所在提出的不同说法,主要包括鬼脸城说、草场门说、水西门说、清凉门说、汉中门附近说等;有的学者虽然承认清凉山有石头城遗址,但认为它是五代时期从其他地点迁来的。从学术史的角度看,这些研究都很有意义。到 20 世纪末,六朝石头城位置成为南京城市研究和六朝历史文化研究的重要疑案,解决这一疑案成为文物考古界必须承担的责任。

"石头"铭文砖及其拓片
（南京城墙保护管理中心提供）

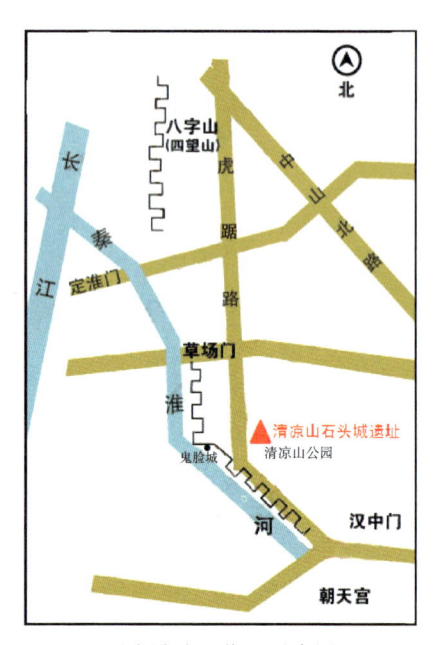

石头城遗址位置示意图

---

① 杨国庆、王志高:《南京城墙志》,南京:凤凰出版社,2008 年,第 78、79 页。

2012年2月，石头城遗址论证会召开，蒋赞初、梁白泉、潘谷西等先生出席

  2010年起，考古学者对清凉山公园范围内的石头城遗址开始进行全面的考古勘探与发掘。受南京市文物局委托，这项任务由贺云翱先生带领的南京大学文化与自然遗产研究所和王志高先生带领的六朝建康城遗址考古队共同承担，终于取得突破性进展。尤其是2016年6月至2017年2月在石头城遗址展开的考古发掘工作中，出土了一块模印有"石头"二字的东晋晚期城砖，这两字铭文提供的考古"铁证"，让石头城遗址的"定位问题"再无争议：石头城遗址就在南京清凉山公园内。

第五章
石头城遗址的历次勘探与考古发掘工作

自20世纪90年代至今，南京地区的考古工作者对石头城遗址展开了持续的勘探与考古发掘工作。1998—1999年，南京市文物研究所对清凉山地区开展了考古调查、勘探与试掘工作；2009—2012年，南京大学历史系及文化与自然遗产研究所和南京市博物馆组成的联合考古队对南京清凉山公园、国防园进行了考古勘探和发掘工作；2016—2020年，由南京大学历史学院、南京大学文化与自然遗产研究所和清凉山公园管理处共同组成的联合考古队分两次于2016—2017年、2019—2020年对石头城遗址进行了考古发掘工作；2020—2021年，南京大学历史学院、

石头城遗址历年考古情况表

时间	发掘单位	领队	发掘情况	成果
1998—1999年	南京市文物研究所	贺云翱	全面调查与勘探，发掘探沟（TG1）。长15米、宽1米，挖掘深度4.1米，发掘面积15平方米。	《南京石头城遗址1998—1999年勘探试掘简报》
2009—2012年	南京大学历史系及文化与自然遗产研究所、南京市博物馆	贺云翱	清凉山公园和国防园考古勘探发掘，共发掘探沟7条，面积约120平方米。	《南京清凉山六朝石头城遗址考古勘探报告》《南京石头城遗址（清凉山公园范围）2011年度考古报告》
2016—2017年	南京大学历史学院、南京大学文化与自然遗产研究所和清凉山公园管理处	贺云翱	5×5米探方18个、探沟4条，发掘面积约600平方米。	《2016年度南京石头城遗址考古发掘项目结项报告》

（续表）

时间	发掘单位	领队	发掘情况	成果
2019—2020年	南京大学历史学院、南京大学文化与自然遗产研究所和清凉山公园管理处	贺云翱	探方10个，各为5×5米；布探沟1条，规格为2.5×8.5米，发掘面积271.25平方米。	《南京清凉山石头城遗址北垣考古发掘汇报》
2020—2021年	南京大学历史学院、南京大学文化与自然遗产研究所和南京市考古研究院	贺云翱	设探沟11条，Ⅲ区发现城墙后扩方，实际发掘总面积约620平方米。	《江苏省南京市鼓楼区石头城清凉台遗址考古发掘结项报告》

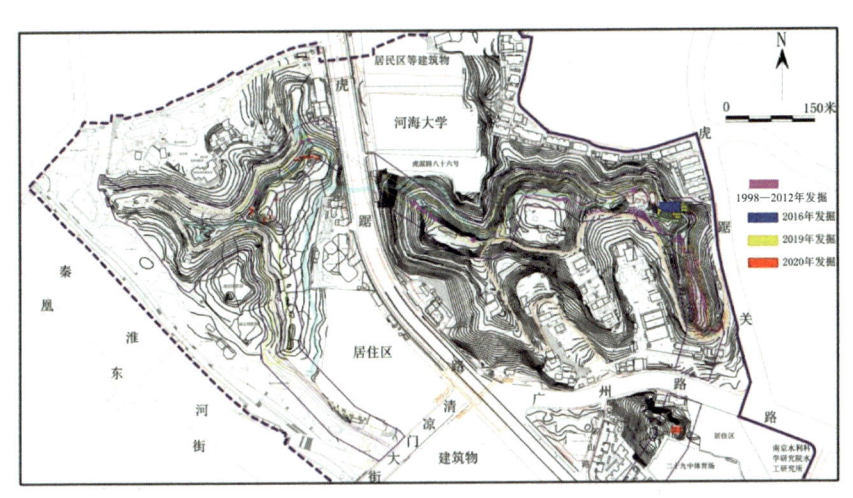

石头城遗址历年考古发掘位置图（南京大学文化与自然遗产研究所提供）

南京大学文化与自然遗产研究所和南京市考古研究院组成的联合考古队对石头城清凉台遗址进行了考古发掘。

一、1998年考古勘探

1998年7月至1999年2月，南京市文物研究所为探查石头城城址而在清凉山地区开展了多次野外调查与勘探工作。本次考古工作由贺云翱先生带队。

因清凉山一带较平坦的地方已呈人烟稠密状态，唯山冈因地势高亢不利交通而保持着较原始的状态。根据记载，石头城恰是利用山冈高地修筑而成，考古调查工作重点首先放在对山冈的调查上。山冈主要分布在虎踞路东、西两侧，东侧多属"清凉山公园"和盋山范围；西侧多位于"南京国防园"内及芦柴厂、红土

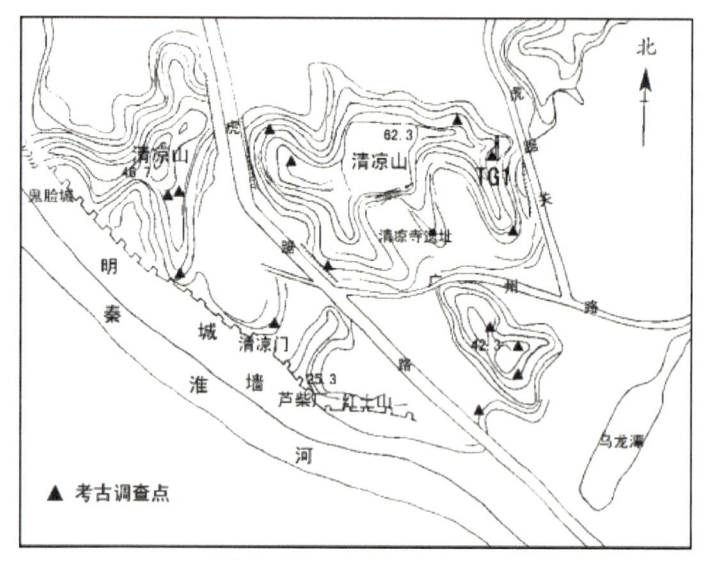

1998年石头城遗址调查地点分布图

1998年拍摄的石头城的北垣（右）和西垣（前）遗迹

山一带，调查发现在清凉山山体基岩上部有明显隆起的用纯净黄土堆筑的土垣遗迹，土垣顺山脊走势连绵不断，其中北垣、东垣北段和西垣北段保存较为完好。

北垣现除虎踞路所经一段被挖断外（挖断长度约 80 米），保存于"国防园"内的一段东西长约 370 米，清凉山公园内一段东西总长约 550 米，中段部分利用了自然山体；东垣被广州路切断，其中北段保存较好，南北长约 200 米（位于清凉山公园内）；西垣北段残长约 430 米（位于国防园内，南至清凉门）。城垣在地表上呈土垣状，其上部宽度一般在 10—15 米，高度一般在 2—4 米，局部超过 10 米。其高度和宽度一般决定于原山体地貌，高的地方土垣夯筑得就低，反之则高，而城垣在利用山体的部位，宽度就大于夯筑的部分。

调查中发现，在土垣延伸的过程中，凡拐角部或直行中每隔一段距离，就会在垣体上外凸一段土垣，外凸部分一般长约 50—80 米、宽 20—30 米，这种现象可能与城墙上的马面遗迹有关。在土垣遗迹的上部或坡部及东西两面土垣向南延伸的十多个地点发现有几何纹砖、绳纹砖、条带纹瓦、粗绳纹筒瓦和板瓦片等。

调查对清凉山公园内的清凉寺范围的东、西、北三面山体土垣做了重点踏查。该范围的南面山体地势稍低，似合围的小城堡状，其中东面土垣长约 145 米，西面土垣长约 210 米，北面土垣长约 140 米。1998 年 10 月 13—15 日，江苏省地震局研究员对公园内山脊上的土垣做了精密磁测，探测结果表明：山上黄土堆积的"土垄（土冈）可能为人工所形成"，部分地段"曾有人类建筑存在"。

1998 年 12 月 12—20 日，主要对清凉山公园内的土垣做了钻探。探孔主要分布在北、东两条土垣上，探孔之间距离为 1 米，共做探孔 55 个。结果在 55 个探孔中，有 29 个探孔在地表以下 2.2 米左右发现有砖或砖瓦遗存；有 12 个探孔在扰乱层（一般 0.2 米左右）下是纯净的黄土堆筑，且少数探孔中发现有人工夯打遗迹（如 46 号探孔土样中发现有圆形夯窝痕迹）；有 14 个探孔上部为纯净的人工黄土堆积，下为基岩。根据土垣包含的砖瓦遗迹判断，局部土垣至少有过两次的修筑。

在整体调查和局部钻探的基础上，1998 年 12 月 19 日到 1999 年 1 月 10 日，在清凉山公园东部的外凸土垣上（推测该处是北垣和东垣相结合处的一个马面遗迹）开挖了一条探沟。探沟呈正南北方向，横跨土垣，长 15 米、宽 1 米，挖掘深度 4.1 米，由于探沟直接开挖于土垣上，解剖证明，这条土垣为人工堆筑而

清凉山石头城遗址出土六朝箭镞
（南京市博物馆藏）

石头城出土铁箭镞

1998 年发现的南唐时期的带铭款的瓷器

成，局部有夯打痕迹，其断面呈上窄下宽的梯形结构，其堆筑过程分前后二期，前期堆筑的土垣上有砖瓦建筑，在使用过程中留有大量箭镞。该建筑毁弃后，土垣再次被加筑，加筑用土中夹杂着少量早期的断砖和碎瓦。

地面考古调查和地下勘探资料证实，现保存于清凉山公园、国防园、盔山山脊上的土垣是人工修筑的城垣遗存。清凉山山体基岩为紫红色砂质砾岩，岩体特征显著，其上加筑的由纯净黄土构成的土垣质地与其形成鲜明的对比。土垣耸立于山脊之上，断面呈上窄下宽的梯形结构；残存的北垣约呈东西走向，东、西垣分别约呈南北走向，具有既利用自然山势又给予人工规划的迹象。钻探和发掘过程中都发现土垣有人工夯打及不同时期加筑的遗迹。土垣沿线多处分布着砖、瓦遗存。这些都为判定土垣的性质提供了直接证据。至于土垣拐角或每隔一段凸出的部分，推测疑为用于防御而特意构筑的"马面"之类的遗存。

依据考古材料，认为现存于清凉山地区的土垣为六朝时期的石头城城垣遗存，其最初建造时间为东吴时期，东晋以后又有加筑，城垣的彻底弃用时间约在五代、北宋时期。

二、2009—2012年考古勘探及发掘

为进一步摸清和掌握遗址的范围、文化内涵、性质等科学资料，从而对有效保护与合理利用遗址起到更好的促进作用，南京大学历史学系、南京大学文化与自然遗产研究所派出专业人员，由贺云翱先生担任领队，于2009年至2010年对该遗址（主要是在清凉山公园范围）进行了科学的考古调查勘探，采集到一些六朝时期的砖瓦、青瓷片文物标本等；2010年至2012年，考古队

员在勘探的基础上进行了两次发掘，通过挖掘探沟对遗址东垣、北垣等区域进行了揭露。经勘探与两次发掘，进一步确认了六朝石头城遗址就在今南京清凉山公园内及附近地区，并初步探明了城址的边界与范围。

根据此次勘探发掘可以确定，石头城遗址西边以国防园、明城墙一线为界，向东南至清凉门、红土山一带；东边以虎踞关路、二十九中初中部（原南京市第四中学）操场为界；北抵河海大学南侧；南边到乌龙潭及龙蟠里一线。发掘前，考古队员根据勘探情况将整个遗址区初步分为四大区域。第Ⅰ区域：指清凉山公园范围，该区域东邻虎踞关，南邻广州路，西邻虎踞路，北面抵河海大学，是石头城遗址的核心区域。第Ⅱ区域：指国防园公园范围，该区域东邻虎踞路，南到清凉门东侧，西邻南京城墙石头城段，北面以国防园公园的山脊为界。第Ⅲ区域：指菠萝山、第二十九中学初中部所在范围，该区域东南面为龙蟠里及乌龙潭公园，西南为虎踞路，北面为广州路。第Ⅳ区域：指虎踞路西侧（江苏体

石头城遗址考古发掘分区示意图

彩中心、江苏移动大厦所在区域），紧邻南京城墙，北到清凉门大街，西南抵红土山，该区域的范围和可工作面积最小。

经勘探发掘，基本确定石头城遗址在清凉山公园、国防园区域范围内，在此范围内的地下保存着体量巨大的城垣遗迹，包括东垣、北垣及马面。城垣形势北高南低，结构主要由填土、夯土、包墙砖、护坡砖等构成，其中在东垣中段还推测有护坡石。清凉山范围内的石头城北垣遗迹，东起八角亭，沿山势至原移动塔基的西侧，呈曲线状，北垣中段（原水厂北侧）的城垣主要是利用自然山体筑成；东垣遗迹呈西北至东南走向，遗迹外侧由上垣、二层台面及下垣构成。出土城砖多为绳纹砖、楔形砖，少量其他纹饰砖，如莲花纹、重圈纹、几何纹等；瓦块多为板瓦和筒瓦，其中少量为人面纹瓦当、兽面纹瓦当、莲花纹瓦当。此外发现青瓷片，均为残件，器形有盏、罐、碗、壶，均具有六朝早期至南朝的特点。

2010年考古勘探时的石头城遗址东垣外景

2011年六朝建康城遗址考古队的考古发掘位置示意图（王志高提供）

    值得注意的是，由王志高先生及六朝建康城遗址考古队负责的国防园区域内，遗址东、西、北三面墙体夯土外侧都有砌筑规整的包砖墙，其包砖墙保存现状明显不及清凉山公园内的遗址，推测可能与明初拆除这段城墙的包砖以砌筑京师城墙有关。根据地层堆积及伴出遗物判断，大部墙体始修于孙吴，后经东晋、南朝及隋唐多次补筑，与有关文献记载完全吻合。尤其重要的是，在部分砌筑墙体的铭文砖上发现有"永和五年""永和六年"字样，这就把石头城"加砖累甓"的历史从文献记载的东晋义熙初年向前推进到永和年间。

三、2016—2017 年考古发掘

为进一步解决六朝石头城研究的学术问题，同时配合清凉山公园的规划建设，2016 年进行了新一轮考古发掘。从 2016 年 6 月至 2017 年 2 月，地点定在清凉山公园内的八角亭处、驻马坡处、西北角处，共布 5 米 ×5 米探方 18 个、探沟 4 条，发掘面积约 600 平方米。

此次发掘遗迹内涵丰富，既有路面遗迹、城墙遗迹，又有角楼建筑和门道建筑遗迹等，这些遗迹大致可分为三个时期：六朝早期的路面遗迹，东晋晚期至南朝早期的城墙遗迹和角楼建筑遗迹，南朝晚期的门道建筑遗迹等。本年度的考古发掘使我们清楚了石头城城垣的演变历程：六朝早期为土垣，在土垣外侧存在砖铺路面，并在部分区域设有护坡砖保护路面；东晋晚期至南朝早期进行了科学的规划、设计，在土垣外侧包砖，并建有角楼建筑，统一使用带斜面的城砖，砌筑规整，极大增强了石头城的防御力，此后基本延续了这种设计思想，并对损毁部分进行了局部补修；至南朝晚期，在城墙上开辟了抬梁式的城门，因此时可用城砖难觅，便使用了大量墓砖修筑城门。出土遗物总计 1100 余件，其中约 70% 为青砖，还有瓦构件、陶瓷器、箭镞、铜钱等。

四、2019—2020 年考古发掘

为了配合南京市政府石头城遗址公园建设，南京大学于 2019 年再次对石头城北垣东北部继续进行发掘，主要是对已经发现的角楼东侧、城门的南侧进行考古发掘，以探究城门及城墙

的宽度和角楼的四至。发掘工作开始于 2019 年 10 月 10 日，至 2020 年 5 月 20 日结束现场工作。

本次考古发掘出土主要遗迹包含城门门道遗迹 1 处、城墙遗迹 1 处、角楼遗迹 1 处、明代墓葬 4 座。共出土标本 39 件，以砖为主，且大多出土于城门门道遗迹内，另有瓦构件、青花瓷罐等遗物出土。

五、2020—2021 年考古发掘

为了进一步摸清和掌握石头城遗址的范围、文化内涵、性质等科学资料，从而有效保护与合理利用该遗产，南京大学联合南京市考古研究院于 2019 年年底再次申报考古发掘，于 2020 年 10 月底开始发掘工作，至 2021 年 4 月 20 日结束现场发掘工作。本次考古发掘对整个石头城遗址的空间布局、建筑结构等进行了

石头城遗址国防园段现状航拍照（上为东）

较为全面的考古工作，主要在国防园段和菠萝山段两区域进行。

国防园段共布设探沟9条，出土城墙遗迹3处，墓葬遗迹2处。出土遗物较多，以砖瓦为主，另有少量瓷器残件、陶器残件、箭镞、铁牌、铜钱等遗物出土。

菠萝山段布设探沟2条，本段发现城墙遗迹1处，墓葬遗迹2处。出土遗物以砖瓦为主。

石头城遗址菠萝山段现状航拍照（上为东）

第六章
石头城的规模与规制

经过多年的考古发掘，石头城遗址发现了孙吴时期的砖铺路面、东晋至南朝早期夯土城墙及包砖墙、角楼遗迹和南朝晚期的城门遗迹等，石头城的规模与规制已初步探明。

一、规制："七里一百步"的古城

石头城遗址平面形状不规整，呈北宽南窄的粽子形。考古发现的城墙，东垣、北垣大部及西垣北段大体保存较好，在今地表之上仍有迹可寻，一般在自然山体基岩上填土夯筑，墙体多高出周围地面5—30米，顶部宽5—15米。其西垣仅南端局部沿用为明代城墙，其余大部在该段明代城墙（即所谓鬼脸城段城墙）内侧；其南垣大部在平地起建，虽今地表已无迹可寻，但据勘探及试掘可知其墙基在地下仍有不同程度保存。

根据现有的城垣遗存推测六朝石头城的四至：其南北除现虎踞路所经被掘断一段外，其余大体尚存；东垣保存于清凉山公园内的一段较为完好，向南延伸处被现广州路切断，跨过现广州路后又从盋山一线向南延伸，在原南京第四中学校园南端向西拐折；西垣沿当时的江岸高地设置，约呈西北—东南走向，其北端即北垣的西端之西侧，悬岩高耸，怪石嶙峋，俗称"鬼脸城"。不过，需要说明的是，由于"鬼脸城"一线保留着高大的明代城墙，容易使人们认为这段明城墙的基础就是六朝石头城的西垣之所在，而据考古调查，六朝石头城西垣的北段实际并不在明代城墙一线，而是在明城墙东边的山脊上蜿蜒伸展。

现在，有关六朝石头城西南一角的遗迹状况尚无直接证据，但是调查发现，明代城墙于芦柴厂与红土山的拐角处一段建于高耸的基岩之上，红土山一段的明城墙呈东西走向，与石头城北垣相对应。假设这段城墙体直接向东延伸，正好可与石头城东垣南端相交，构成石头城的南垣。依据这一推测，我们可知石头城北垣长约1100米、东垣约650米、西垣约820米、南垣约450米，周长合约3000多米（取直线测量，未计城墙弯曲处长度）。

旧志引《舆地志》称石头山"环七里一百步"[1]，只比"周八里"的台城略小。自秦汉至隋，大致六尺为一步、步三百为一里，以南京出土的孙吴象牙官尺24.3厘米换算，石头山"环七里一百步"合今约3194.2米。对比依照考古资料所推石头城周长约3000多米，历史文献记载的数字与上述推测如此接近，应该不是巧合。

考古发掘基本揭露了整个石头城遗址各个方位的城墙走向及城墙形制。东城墙北端、北城墙东端、西端、西城墙北端以及2012年发掘出的北墙的局部为五处城墙遗迹，修筑方式相同，结构相同，均由基础、外包砖、内填（夯）土构成，墙体外侧呈斜坡状。夯筑的土垣与外包砖、内填砖之间的夹砖屑填土表明，早期城墙为土垣，后期在墙外侧包砖并在之间填砖覆土。因此，城墙的内芯为"吴时悉土坞"[2]的土垣，与"义熙初，始加砖累

---

[1] （宋）张敦颐撰：《六朝事迹编类》卷二《形势门》"石城"条引《舆地志》，南京：南京出版社，2007年，第47页。
[2] （宋）周应合纂：《景定建康志》卷一七《山川志一·山阜》"石头山"条引《丹阳记》，南京：南京出版社，2009年，第399页。

甓"①的外包砖等共同构成东晋晚期至南朝早期的石头城北城墙，沿用至南朝晚期。

传统观点认为，六朝石头城有四个城门②，分别是：东门（今江苏省人民医院一带）、北门（今虎踞路二十九中附近）、南门（今国防园一带）和西南门（今清凉门附近）。如今，这些区域已被城市建筑叠压在地下，难以通过考古发掘确认具体位置。

目前考古发现的城门遗迹位于石头城遗址的北墙东侧，年代为南朝时期。此前，无论是建康城还是石头城考古，还从未发现

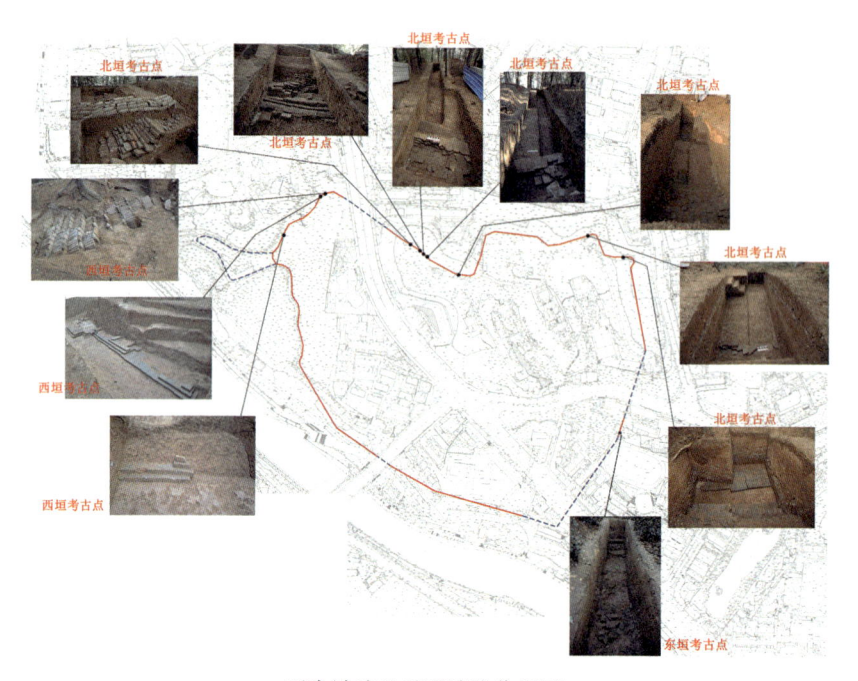

石头城遗址重要遗迹位置图

---

① （宋）周应合纂：《景定建康志》卷一七《山川志一·山阜》"石头山"条引《丹阳记》，南京：南京出版社，2009年，第399页。
② 《读史方舆纪要》引《图经》：石头城"南开二门，东开一门，其南门之西者曰西门"。即石头城有东门（《资治通鉴》卷一三四《宋纪十六》）、南门（《晋书·周顗传》等）、西门一，只不过因城西垣呈西北—东南走向，故西门门向偏西南，或称"西门"（《陈书·程灵洗传》、《资治通鉴》卷一六六《梁纪二十二》），或称"西南门"（《南齐书·戴僧静传》）。另石头城还有"北门"一座（《陈书·高祖本纪》）。

石头城西城垣外包砖墙

过城门遗迹,这一重大突破填补了六朝都城考古史的空白。

城门,指与城墙相连接,供人们出入城市的门,是城墙的必要组成。《考工记》记载"匠人营国,方九里,旁三门"[1],这是关于城门设置的最早规定。春秋战国时期的城门与《考工记》记载的周代城门大致相同,但城门的更多情况有待考证;文献资料和考古发掘显示,两汉时期的城门为平顶式,主要分为过木梁结构的平顶式和双重过木梁之间承以人字栱、梯形轮廓的平顶式;南北朝时期的城门仍袭汉制;隋唐时期发展了汉代以来的城门做法;元代的居庸关城门,已经成为半圆形的砖砌门廓,但城门的内廓仍为内折的梯形,当为平顶式城门向拱券式城门的过渡形式;砖的大量生产,火器在军事上的使用,促使明清两代拱券

---

[1] (汉)郑玄注,(唐)贾公彦疏:《周礼》卷四一《考工记·匠人》,转引自(清)阮元校刻:《十三经注疏》,北京:中华书局,1980年,第927页。

式结构城门的普及。从拱券形式出现到拱券城门的流行，经过了上千年的漫长历史，其关键原因就是建筑材料所限。

据发掘者描述，石头城遗址的这处城门采用了排叉柱式结构。所谓排叉柱式结构，宋《营造法式》载：

> 造城门石地栿之制：先于地面上安土衬石，上面露棱广五寸，下高四寸。其上施地栿，每段长五尺，广一尺五寸，厚一尺一寸；上外棱混二寸；混内一寸凿眼立排叉柱。[1]

梁思成在《营造法式注释》解释道，"宋代以前，城门不似明清城门用砖石券门洞，故施地栿，上立排叉柱以承上部梯形梁架"[2]。也就是说，排叉柱式是宋代以前城门采用木结构时的一种做法，即在城门门道两侧靠壁置石地栿，其上立两排木柱——称为"排叉柱"，柱上再架梁枋，以此构成城门的间架结构。运用这种结构者，其门上部大致呈方形。宋以后城门改用拱券结构，排叉柱与地栿也随之消失。宋代画家萧照的《中兴瑞应图》描绘了此种柱子的形象。现存实物，可见山东泰安岱庙正阳门。

以排叉柱式结构来营造城门，在西安十六国时期的长安城也有类似发现，由此可推断当年石头城的建造风格很可能受到了两汉时期北方城市的影响。

在石头城遗址北墙与东墙的交会处发现了一处由包砖砌筑、突出于墙面的建筑基址，时代为东晋至南朝早期，附近还出土了很多筒瓦、板瓦、瓦当，表明该处曾存在一座覆瓦的建筑，推测为角楼建筑。

角楼是建造在城池和大型院落高墙四角的辅助性的单体建

---

[1] （宋）李诫：《营造法式》卷三《石作制度》"地栿"条，重庆：重庆出版社，2018年，第63页。
[2] 梁思成：《营造法式注释》，《梁思成全集》第七卷，北京：中国建筑工业出版社，2001年，第63页。

筑。城墙角楼以城墙为基，一般为土木建筑。平面呈曲尺形、方形或长方形等。主要用以弥补城墙转角处防御功能的不足，增强整体防御能力。大型院落的角楼规模虽小，功能、形制却与城池角楼大体相同。

"角楼"二字最早出现于《三国志》，谓"时配在城东南角楼上望见太祖兵入"[1]。至于角楼雏形出现的年代，则众说不一，最为广泛接受的是"肇源于三代"的观点。春秋晚期齐国官书《考工记·匠人》"营国"一节规定："宫隅之制七雉，城隅之制九雉"[2]，城隅即城角。《墨子·备蛾傅》则有"隅为楼，楼必曲里"[3]，表明在城墙拐角处修建防护建筑，其样式必定是重楼形式。综合来说城墙角修建防护建筑这一筑城形式，虽然其上有无楼尚未定论，但基本可以看作角楼的雏形。

六朝时期的角楼建筑鲜少有遗迹发现，缺少直接的考古资料，但可以从出土的六朝文物中找到线索，尤其是六朝青瓷中的魂瓶及院落模型等带有建筑造型的文物品类，其所包含的角楼样式可以视作当时角楼建筑的实例参考。如1991年鄂钢饮料厂东吴时期砖石墓葬出土了一座青瓷院落模型（现藏于鄂州博物馆）。这个院落整体呈长方形，由围墙、门横、仓廪、房舍等部分构成。围墙绕院落一周，墙头上有双坡檐顶；围墙正中开了一道门，门上设有门楼，四角各有一根立柱，托起楼顶，顶为五脊庑殿式，四面饰有瓦纹，檐头有瓦当，围墙的四角各设有一座碉楼；院内正中立着四根柱子，托起两根平梁，平梁上放置着一间禽舍，开

---

[1] （晋）陈寿撰，（南朝宋）裴松之注：《三国志》卷六《魏书·袁绍传》注引《先贤行状》，北京：中华书局，1959年，第205页。
[2] （汉）郑玄注，（唐）贾公彦疏：《周礼》卷四一《考工记·匠人》，转引自（清）阮元校刻：《十三经注疏》，北京：中华书局，1980年，第927页。
[3] （战国）墨翟撰：《墨子·备蛾傅》第六十三第十七条，转引自岑仲勉：《墨子城守各篇简注》，北京：中华书局，1958年，第81页。

鄂钢饮料厂东吴时期砖石墓葬出土青瓷院落模型（鄂州博物馆藏）

了个小窗户，屋顶则与门楼相同。在院内的四个角落，各设一个圆形仓廪，顶上有斗笠状的盖子，象征着屯粮。根据这座墓中同时出土的一件刻有"将军孙邻弩一张"七字铭的弩机，可推定该墓主人是三国时期东吴将军孙邻。这种青瓷院落模型是长江中游地区具有地方特色的青瓷种类之一，常出土于吴晋时期的高等级墓葬中，是孙吴时期的角楼建筑形制的重要参考。

作为古代城垣防御体系中的重要组成部分，角楼一般建在城墙四角，因其突出于墙面且建有阁楼，视野十分开阔，可以起到瞭望和防御的作用。此次在石头城遗址现身的角楼遗迹，在六朝都城考古史上亦是首次发现。

二、建筑材料：从"土坞"到"加砖累甓"

石头城遗址目前发现的五处城墙遗迹均为砖砌包砖夯土墙。

所用砖规格相似，均为带斜面的长方形青砖，样式上，既有六朝早期常见的圆弧纹砖、菱形纹砖、铭文砖等，又有六朝晚期墓葬中常见的莲花纹砖。砖上存在模印或戳记的"西毛""东毛""富贵"等铭文，此类砖在南京钟山南朝坛类建筑遗址、南京梅花山南朝早期墓等均有发现，这类铭文砖的时代应在南朝早期。

石头城遗址用砖中比较特殊的是有模印永和纪年砖。"永和五年（349年）八月十三日作大甓"和"官"字铭文砖，"永和"即晋穆帝年号，"官""作大甓"指明此类砖应为官府督造的用于砌筑城墙的城砖。这批城砖的烧造年代应在永和年间。永和纪年砖的发现使之前认为的石头城用砖的时代提前了约半个世纪。

石头城城垣遗迹主体为利用自然山体、采用局部夯筑、并在墙体外部包以砖墙的结构。夯筑的土垣与外包砖、内填砖之间的夹砖屑填土表明，早期城墙为土垣，后期在墙外侧包砖并在之间填砖覆土。因此，城墙的内芯为"吴时悉土坞"的土垣，与外包

石头城遗址出土铭文砖

石头城遗址出土菱形纹砖

石头城遗址出土圆弧纹砖

石头城遗址出土几何纹砖

石头城遗址出土叶脉纹砖

南京钟山南朝坛类建筑遗址出土"西毛""东毛"铭文砖
(图源:《南京钟山南朝坛类建筑遗存一号坛发掘简报》)

南京狮子冲南朝墓出土铭文砖拓本
(图源:《对六朝砖铭"も"(屯)的考释》)

砖等共同构成东晋晚期至南朝早期的石头城北城墙,沿用至南朝晚期。

另考古发现有晚于六朝对城墙墙体作修补夯筑的遗迹，证明六朝石头城在隋唐时代仍有被修补使用的过程，这与隋唐时代石头城曾有沿用的文献记载相符合。

三、道路：驰道如砥

石头城遗址的路面遗迹是在 2016 年考古发现，位于清凉山公园内的八角亭处。由四层砖平铺而成，转角处有护坡墙。

"永和五年八月十三日作大甓"铭文砖拓片

石头城遗址的道路遗迹面貌尚有待揭露，但我们可以通过南京城内发现的相近时间的道路遗迹窥见一斑。

位于南京大行宫路口东南角的新世纪广场北部的东晋车道遗迹，于 2002 年 6 月在考古中被发现。车道南北向，北偏东 25 度。车道上下叠压孙吴至南朝的多个路面，两侧有宽窄不等砖砌路沟。车道长期沿用，但方向不变，各时期路幅规模亦不相同。早期的孙吴车道最窄，路面宽 15.4 米，两侧排水沟上口宽超过 5 米，深逾 2 米，路面中央又以两条浅水沟分为三部分；南朝时期车道最宽，路面宽 23.3 米，两侧砖砌路沟宽约 2 米，深约 0.6 米；东晋时期车道宽 17 米，两侧为砖铺路面，中央为土路。其中西侧砖路主要用立砖侧铺，局部路面损毁后用断砖平铺修补，大部分路面保存清晰的车辙印迹，砖侧发现的"咸康"等模印纪年铭文，确定车道铺筑于东晋成帝和康帝时期。东侧砖路两旁用侧立砖砌有路牙，中央上层路面铺砖已不存，下层路基用断砖平铺 2 至 3 层。后又经南京其他地区的考古发掘，证实车道跨越今中山东路，一直向北延伸到今南京图书馆新馆地下。其中东晋道路西侧砖铺车道中保存最好的一段，已经整体移运至南京市博物馆。初步分析认为这种高等级道路，应是六朝建康都城内最主要的南北向干道之一，它的发现对于确认六朝建康都城主轴线方向，进而推定六朝建康宫城（台城）的位置，有十分重要的学术价值。

2023年，在对南京西街遗址的考古中找到了部分御道，并发现了南朝梁时的国门。御道是建康城御道在秦淮河以南的"南延段"，北端连接朱雀桥、朱雀门。道路路线笔直，为典型的夯土构筑，长度210米，路面宽达到26米，两侧开挖有路沟。经过方位测定，御道呈"东北—西南"走向，北偏东约35度，向

G2、G17为路沟，中间即御道（南京市考古研究院提供）

北指向当时建康宫城方向，向南则直指被称为"天阙"的牛首山。在东晋时，都城没有外郭城墙，只是以篱笆围成，在长干区域设置篱笆门。到了梁代，此处修建了城门，即都城中轴线上的南大门，名曰"国门"。考古发现的国门宽约33米，进深约17米，门墩两面有砖铺散水，门道残存铺砖。两侧城墙为砖包夯土，厚11.5米。

道路交通是一个地区乃至一个国家兴衰发展的一面镜子，自古就有"路可观政"之说。秦汉时期交通事业发展的重心在北方，南方交通相对比较落后。自孙吴之后，六朝政权立都建康，南方地区的社会比较和平安定，经济开发迅速，江南的交通事业才得以迅速发展。

城市内不同区位的路段交通流量有大有小，道路的重要性不一，这就决定了路的规模也是各有所别。一般而言，每个城市都会建主干道，这是全城的交通命脉，代表着城市的气魄。主干道路面较为宽阔，方向是正南北或正东西。比如六朝时期的都城建康，城内主要道路有二横四纵。南北向的道路最主要的是御街（道），西晋左思《吴都赋》赞曰："朱阙双立，驰道如砥。树以青槐，亘以绿水。"[①] 这是南京最早的都城中轴线，是中华传统文化中都城规划"中和"思想在长江以南的首次运用实践。

城市间的交通，仅就陆路交通而言，六朝大体承继秦汉江南已有的驰道基础，又新辟筑了将近二十条可通古代车马的大道和多条可供军运和商旅往来的不规范化的陆路交通线，初步形成了以建康为中心辐射江南各大政区的交通网络。六朝交通线路的构筑，对后来隋唐交通发展的态势影响深远。

---

① （晋）左思：《吴都赋》，转引自（清）严可均校辑：《全上古三代秦汉三国六朝文·全晋文》卷七四，北京：中华书局，1958年，第1885页。

第七章
石头城遗址体现的六朝城市建筑思想

城址变迁与朝代更替紧密相关。孙权,作为三国时期吴国的建立者,曾多次迁其治所,从吴(今江苏苏州)到京口(今江苏镇江)建铁瓮城,再到秣陵(今江苏南京)筑石头城,又迁至武昌(今湖北鄂州)建吴王城,最后从武昌回到建业(今江苏南京)完成东吴都城的建设。铁瓮城、石头城和吴王城,是东汉末年至三国初期,孙权先后修筑的三座中心城市遗址,它们在选址、规制、建筑用材等方面都有着重要关联,对三国早期东吴都城文化研究有着重要意义。

一、因险筑城

东吴的三座城址,铁瓮城、石头城和武昌城(吴王城),作为政权中心先后兴建,都巧妙地利用了险要的自然地形,加强了城址的防御性,可谓异曲同工。

石头城遗址位于江苏省南京市城西的清凉山(古石头山)上。根据古籍记载,六朝时期的石头城"缘大江,南抵秦淮口"[1],其地势"因山以为城,因江以为池,地形险固,尤有奇势"[2]。石头

---

[1] (宋)周应合纂:《景定建康志》卷一七《山川志一·山阜》"石头山"条引《舆地志》,南京:南京出版社,2009年,第398页。
[2] (宋)周应合纂:《景定建康志》卷一七《山川志一·山阜》"石头山"条引《丹阳记》,南京:南京出版社,2009年,第399页。

城西临长江，南控秦淮河入江口，据天险为屏，所在的石头山峭壁悬崖，是江岸制高点，石头城控江扼淮，地势险要。且石头城下的石头津渡口，是舟车入京都的必经要地，设有检查严密的通行关卡，也构成了石头城防御体系的一部分。

在地理大尺度区域方面，南京位于长江下游要地，东南可以控制太湖流域广大的经济富裕区域，西面控制皖南丘陵，北面隔江直抵江淮大平原。朱偰《金陵古迹图考》第一章论及金陵之形势："居长江流域之沃野，控沿海七省之腰膂；所谓'龙蟠虎踞'，'负山带江'是也。论者每谓金陵形势，偏于东南，都其地者，往往为南北对峙之局，不足以控制全国，统一宇内。故三山驻师，终鼎足割据之势。五马渡江，开南朝偏安之局。"[1]正是鉴于南京在长江一线及南方地区的战略区位，才成就了六朝古都的美名。

铁瓮城遗址位于江苏省镇江市区北部临江的北固山上。根据记载，铁瓮城位于北固山前峰上，此处高山绝壁，控扼长江，下临海口，更像是一座军事堡垒。铁瓮城之名为"京城"，《尔雅·释丘》曰"绝高为之京"，当时的"京城"指的是高大而险峻的城池，足见其坚固。而"铁瓮城"之名则是民间俗称，唐《润州图经》曰："古谓之铁瓮者，以其坚固若金城之类。"[2]也是形容其艰险难攻。

铁瓮城之形势可以概括为"京城因山为垒，望海临江，缘江为境"[3]。"因山为垒"，即当年筑城时，利用北固山南峰山势，形成与山一体的巍峨城垣。"缘江为境"，是指城垣面临长江，以长江作护城河，形势险要，利攻利守，也利于观察瞭望，监控

---

[1] 〔民国〕朱偰著，南京市地方志编纂委员会办公室编：《金陵古迹图考》，南京：南京出版社，2019年，第7页。
[2] （元）俞希鲁纂：《至顺镇江志》卷二《地理·城池》，南京：江苏古籍出版社，1999年，第9页。
[3] （南朝梁）萧子显：《南齐书》卷十四《州郡上》，北京：中华书局，1972年，第246页。

镇江市地图

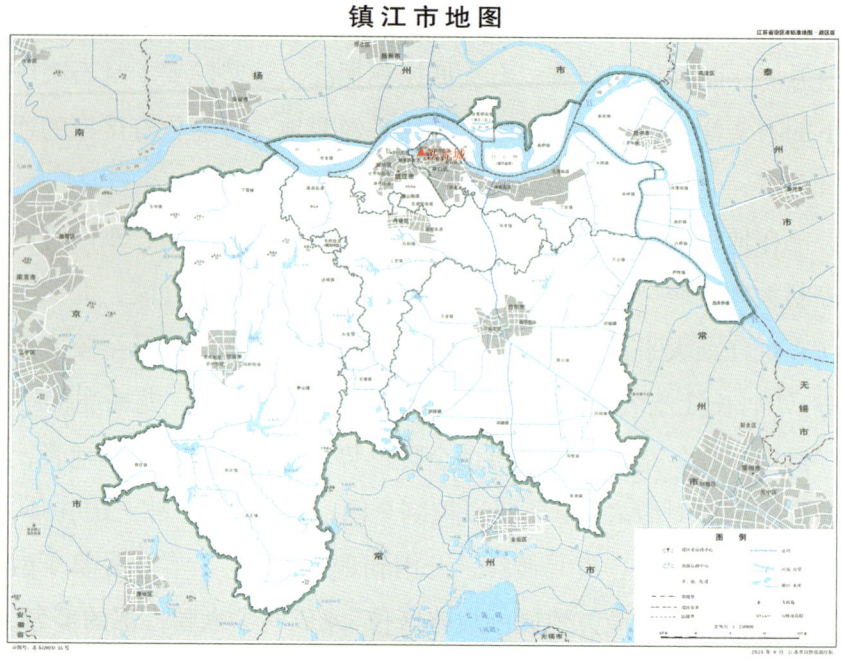

铁瓮城选址示意图

江北。据《南史》《元和郡县图志》等记载，北固山在六朝乃至唐代，都是三面临江的半岛。此外，自秦代以来，古人便开始在镇江城内修筑运河，到六朝时已有两条通向长江的水道，分别位于铁瓮城的东侧和西侧。

北固山横枕大江，石壁嵯峨，山势险固，因此得名北固山。北固山自南向北分前、中、后三峰。后峰即北峰，海拔约55.6米，中峰海拔约35.3米，以上两峰均为石质（火成岩）山体，山壁陡峭，两峰南北长500余米，之间有长岗相连。前峰即铁瓮城所在地，亦称南峰、正峰，经历代建设基本被夷平，山体为粉性黏土，古称土山，古代前峰与中峰亦有土岗相连。北固山作为临江的制高点，发生水战时可以总揽全局，并且地势险峻难以登陆，后方又有安全的高地可以屯兵驻守，着实是不可多得的战略要地。

铁瓮城与北固山

再将铁瓮城置于更大的地理环境中，其所在的京口也是军事要地。元《至顺镇江志》中说："镇江以长江为天堑，诸山环列，阻其三方，自古形胜之地，虽不设备，险过金汤矣"。[1]

京口位于建康以东八十公里的长江南岸，除本身山水险峻，可资设防外，在地理位置上尚有以下特点：其一，六朝时期，建康—京口段的长江江面十分宽广，风高浪急，而江的南岸正是宁镇丘陵所在，矶石绵延，"高岗逼岸，宛如长城，未易登犯"[2]。京口以下接近长江喇叭口，沿岸"或高峰横亘，或江泥沙淖，或洲渚错列，所谓二十八港者，皆浅涩短狭，难以通行"[3]。以故，京口便成为建康以东的江防要地。其二，京口位于江南运河入江口。据历史地理学者研究，江南运河形成于秦代，《南齐书》中已有"丹徒水道，入通吴会"[4]的记载。六朝都建康，大量粮食和其他

---

[1] （元）俞希鲁纂：《至顺镇江志》卷二《地理·城池》，南京：江苏古籍出版社，1999年，第7页。
[2] （清）顾祖禹撰，贺次君、施和金点校：《读史方舆纪要》卷二十五《南直七·镇江府》引《江防考》，北京：中华书局，2005年，第1250页。
[3] （清）顾祖禹撰，贺次君、施和金点校：《读史方舆纪要》卷二十五《南直七·镇江府》引《江防考》，北京：中华书局，2005年，第1250页。
[4] （南朝梁）萧子显：《南齐书》卷十四《州郡上》，北京：中华书局，1972年，第246页。

物资均需取给于三吴。东吴为便捷漕运，于赤乌八年（245年）开凿破岗渎。但事实上，破岗渎开后京江运道并未废除。东晋初，司马裒镇广陵，运船出京口，因水涸奏请立丁卯埭以济运，即是一证。所以京口对建康来说，乃是控扼三吴粮道的咽喉之一。其三，京口与淮南重镇广陵隔江相望，春秋时吴王夫差所开的邗沟，六朝称中渎水，它沟通江、淮，流经广陵城下。因此，京口又是大江南北的水上交通枢纽和重要津渡。建安十三年（208年），为迎战曹操，孙权由吴迁镇丹徒，筑京口城。十六年（211年）徙治秣陵后，又遣宗室孙韶"缮治京城，起楼橹，修器备以御敌"[1]。孙韶后加领幽州牧，屯兵于此。三国时，曹魏始终未敢跨越长江，当与京口的防卫严密有关。东晋、南朝时的京口城盛极一时，"东通吴、会，南接江、湖，西连都邑，亦一都会也"[2]。

六朝破岗渎路线示意图（陈刚绘）

---

[1] （晋）陈寿撰，（南朝宋）裴松之注：《三国志》卷五一《吴书·宗室孙韶传》，北京：中华书局，1959年，第1216页。
[2] （唐）魏徵等撰：《隋书》卷三十一《地理志下·扬州》，北京：中华书局，1973年，第887页。

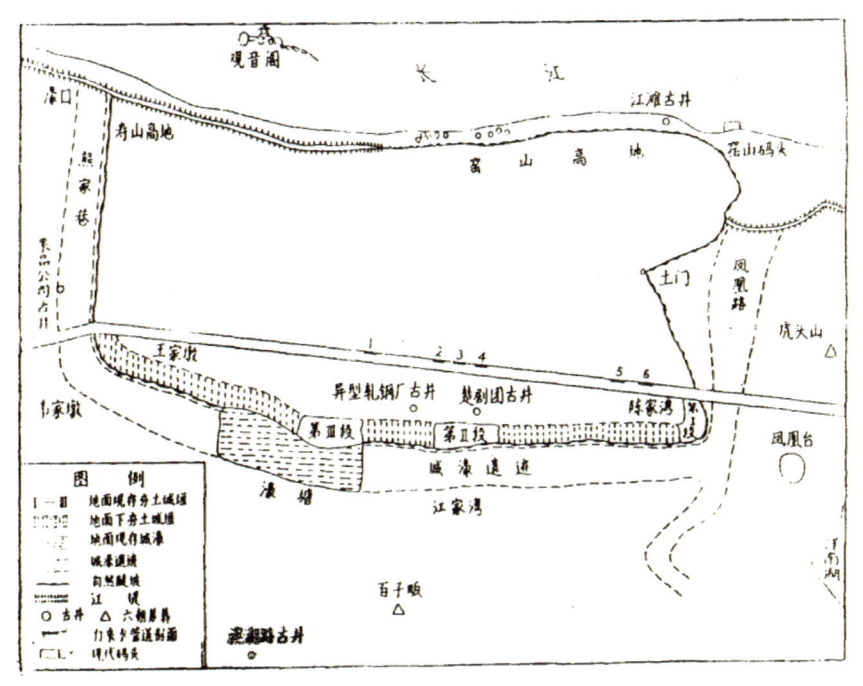

六朝武昌城平面示意图（图源：《六朝武昌城考古调查综述》）

六朝武昌城遗址位于长江的南岸，现属湖北省鄂州市鄂城区。魏黄初三年（222年），孙权受封吴王，因武昌城于当年竣工，所以俗称"吴王城"。

古武昌城在规划设计中，充分地利用了自然地理形势。武昌城西凭樊山，南临南湖，东有自然形成的湖泊，北枕大江，宋人薛季宣在《吴墟赋》中描述为："樊山以为西障兮，三面汲于江湖。"武昌城怀抱的南浦，为城南汇入长江的支流水域和湖泊。从武备上看，这里有操练水军的辽阔水面和通江达海的交通优势。武昌城头枕的樊山为幕阜山余脉，经铁山、白雉山、葛山一路而北，在樊湖和长江交汇处戛然而止。山脚下东面坡岗徐缓，既江湖相伴，又与东端虎头山高地相连。樊山西北为樊湖出江之口的樊口。清代马征麟所著《长江图说》这样描述此地之独特："汇湖泽以百计，周数百里，皆由武昌樊山一口为吐纳。"孙权定都鄂县前后就在此设樊山戍，后来历代先后建樊山寨，置樊山砦，安大本营，设巡检司，皆为军事重地。

吴黄龙元年（229年），孙权在武昌登基称帝，国号吴，故武昌城又名吴大帝城，它是东吴正式立国的第一个都城。鄂州本地出土有黄龙元年半圆方枚神兽镜，藏于鄂州博物馆，应是工匠们为纪念孙权登基大典而特制的。

武昌城的选址，带有明显的政治目的。武昌城一直是汉以来长江中游的重镇，胡三省注《资治通鉴》有言，"既城石头，又城武昌，此吴人保江之根本也"[①]。武昌城的建立，与江防紧密相关。孙吴以此控制中枢，支援江淮、进击襄汉、呼应上下，所谓"悠悠武昌，在江之隩，吴未丧师，为蕃为畿"[②]。

但古武昌终究只是三国初期特殊政治军事形势下的一个临时性都城，它作为孙吴的政治中心也只有短暂的九年。当三国之间的矛盾集中在长江中游的荆州时，武昌城对孙吴政权的作用很大，至荆州入吴，三国形势稳定以后，其作用就逐渐减小，吴都亦迁回长江下游的建业城。后来，吴主孙皓再一次迁都武昌，却终因举国上下的一致反对而作罢。著名的童谣"宁饮建业水，不食武昌鱼；宁还建业死，不止武昌居"就在一定程度上反映了这一历史事实。不过，终孙吴之世，古武昌一直被作为"西都"，常以亲王或大将军一级的重要人物镇守，也可见其战略地位之要。

铁瓮城始建于先吴时期（东吴占据江东以后至东吴立国之前），利用北固山南峰山势，并加筑夯土。与铁瓮城相似，南京

---

① （宋）司马光编著：《资治通鉴》卷六九《魏纪一·文帝黄初二年》胡三省作注，北京：中华书局，1956年，第2194页。
② （晋）陆机《赠武昌太守夏少明》。

的石头城依凭清凉山，扼守秦淮河口。当初秦淮河河面宽阔，曾经能停留万条船只，是重要的交通要道，石头城就处在长江与秦淮河结合的三角地带，军事地位十分重要。而六朝武昌城（湖北鄂城吴王城）的城垣均按自然地形构筑，西凭樊山，南临南湖，东有自然形成的湖泊，北枕大江，与同期建业石头城和最早的京口铁瓮城如出一辙。

铁瓮城、石头城、武昌城三座东吴城址都位于长江岸边，利用土山（石山）的自然条件，因地制宜建造，都有依山临江、因险筑城的特点。"因山为垒，缘江为境"正是东吴城市选址形势的高度概括。

二、城周之围

不同等级、战略地位的城址，城市规制不同。我们可以通过考古发现的城墙遗迹的规模大小和城址内部的建造布局来进行观察区分。

根据石头城遗址目前的考古发掘成果，遗址平面形状不规整，呈北宽南窄的粽子形。城墙周长约计3000余米。

六朝石头城有四个城门，分别是：东门（江苏省人民医院一带）、北门（虎踞路二十九中附近）、南门（国防园一带）和西南门（清凉门附近），但未有考古发现。考古发现的石头城城门遗迹位于遗址的北墙东侧，年代为南朝时期。

在石头城遗址北墙与东墙的交会处发现了一处由包砖砌筑、突出于墙面的建筑基址，时代为东晋至南朝早期，推测为角楼建筑。位于清凉山公园内的八角亭处还发现有一处路面遗迹，由四层砖平铺而成，转角处有护坡墙。

铁瓮城遗址平面图（图源：《江苏镇江市铁瓮城遗址发掘简报》）

  据目前的考古发掘成果，铁瓮城遗址平面略近椭圆形，城西南角稍向外凸出，与万岁楼遗址相连。城垣南北长约480米、东西最宽处近300米，遗址规模为周长约1100米。

  关于城门的设置，《舆地志》记京口城"开南、西二门"[①]。2004年对南门遗址实施了重点考古发掘，发掘区面积约200平方米，是铁瓮城遗址目前为止最大规模的一次考古发掘。在南门遗址处，发现了六朝时期的城垣包砖墙、门墩包砖墙以及宋至明清道路遗迹等，此外还有丰富的地层堆积。南门遗址考古发掘充

---

① （元）俞希鲁纂：《至顺镇江志》卷二《地理·城池》"丹徒县"条引《舆地志》，南京：江苏古籍出版社，1999年，第9页。

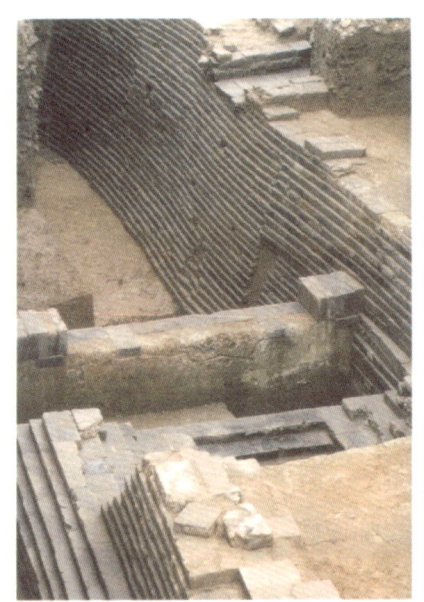

第七章 石头城遗址体现的六朝城市建筑思想

左图为南门遗址门墩及西侧城垣（东→西），右图为南门遗址大型渗水口（南→北）
（图源：《镇江铁瓮城南门遗址发掘报告》）

南门遗址六朝墩台（西→东）（图源：《镇江铁瓮城南门遗址发掘报告》）

231

南门遗址六朝门道西侧地栿石（南→北）（图源：《镇江铁瓮城南门遗址发掘报告》）

分揭示了六朝砖包城垣的做法，并发现了排除雨水的渗水口设施遗迹。发现唐代城垣包砖墙、宋代水沟等遗迹以及唐宋时期的文化堆积，证实了唐代铁瓮城曾得到过修葺，南门自三国时期建造以来一直沿用至宋代。2006年考古队对西门遗址进行了勘探，在千秋桥北街与烈士路之间的居民区内探出上下叠压的宋、唐、六朝道路，宽约4—5米。在道路两侧探出的六朝门墩夯土遗迹，其东西宽约20米、厚约2—3米，门墩夯土和道路的砌筑方式与南门考古发现的六朝时期门墩夯土和道路遗迹相同，证明南门与西门为同一时期建造，并沿用至宋代。

考古发掘还表明，六朝时期的铁瓮城修筑有两条干道，通向铁瓮城的两个城门并延续到城外。一条为南北向，从铁瓮城南门出发，沿今青云门路向南偏东方向。另一条为东西向，自铁瓮城西门起，出门后分西、南两道，西道沿古运河北侧并跨过运河至今四牌楼，南道沿古运河东侧越过千秋桥后向西转至四牌楼，与西道会合后沿今大西路一直向西。

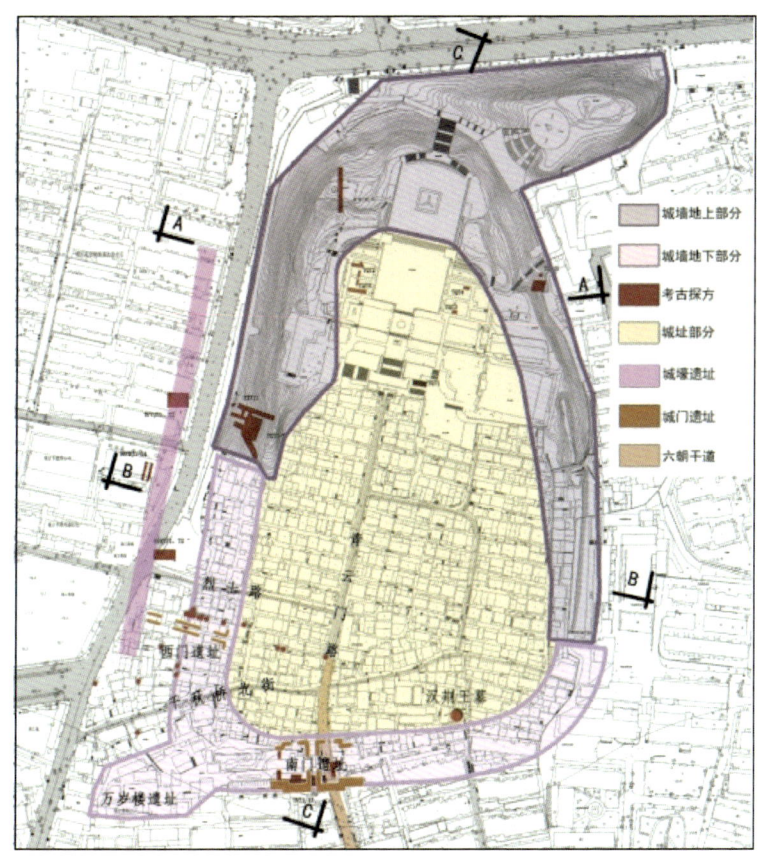

第七章 石头城遗址体现的六朝城市建筑思想

铁瓮城遗址平面布局图，可以看到两条六朝干道
（图源：《镇江铁瓮城遗址保护及利用研究》）

铁瓮城遗址西垣外侧孙吴时期石路遗迹（北→南）（图源：《江苏镇江市铁瓮城遗址发掘简报》）

233

石头"虎踞"金陵城——南京石头城遗址研究

晋代及唐代砖砌通道（西→东）（图源：　东晋通道和唐代通道的地层关系示意图
《江苏镇江市铁瓮城遗址发掘简报》）　　（图源：《镇江铁瓮城遗址保护及利用
　　　　　　　　　　　　　　　　　　　　　　　研究》）

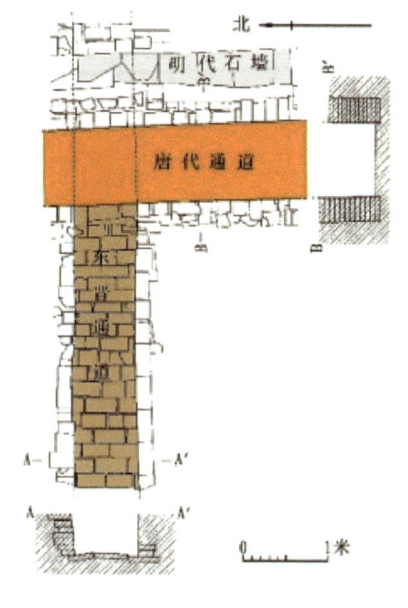

　　铁瓮城遗址西垣外侧的道路遗迹，由两层石块铺砌而成，路石下方为路基土。并据孔探资料，探知石路宽约6米。石路的始筑年代为孙吴时期。

　　另外，在铁瓮城遗址北部还发现了晋代和唐代的砖砌通道。东晋时期建造的通道为东西向，宽约0.7米，高约0.4米，内侧墙面和地面均铺砖。唐代修建的通道呈南北向，并将东晋通道打破，与明代南北向的石墙紧挨。推测这两个通道为出于军事考虑而在铁瓮城内部设置的隐蔽式通道，可以视作铁瓮城军事战略地位的一个旁证。京口在东晋时期为北府兵的核心地区。

　　六朝武昌城遗址平面大致为东西向的长方形，东西方向的长度约为1100米，南北方向的宽度为500米左右，周长约为3300米。城的东、西、南三面都有城垣，为夯土筑成。南垣现存有断续的

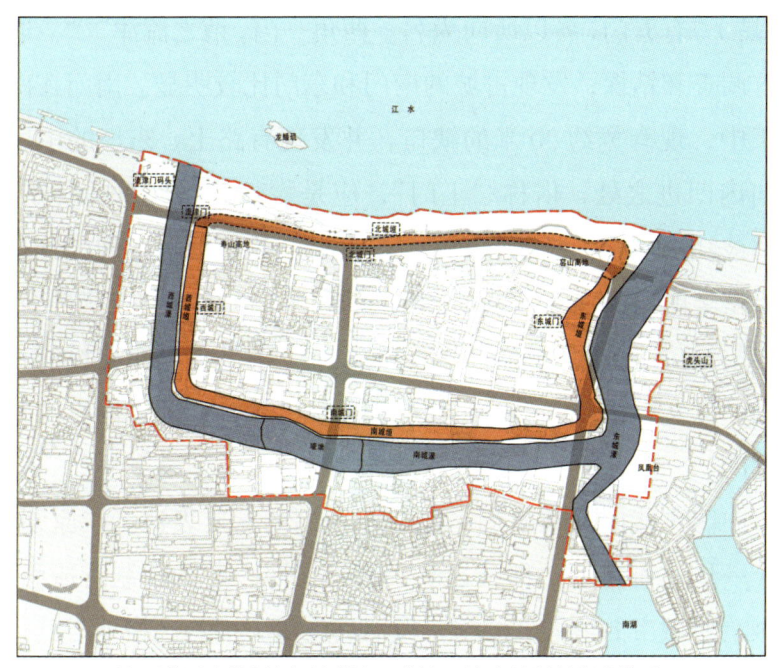

第七章 石头城遗址体现的六朝城市建筑思想

吴王城历史格局图（图源：《吴王城遗址保护规划》）

夯土城垣遗迹，地面所见其基部长 100 米，宽 12—18 米，现存顶部距地面高 6 米。

现存古城的北部边缘紧靠江滩，其断面高出今江水面 10 米以上，并有长期被江水冲刷、侵蚀的明显迹象，断崖之北仍有规律地分布着一些汉末至六朝时期的井窖遗迹，估计古城的北垣还应向北延伸。古城的北部是一片沿江丘陵地，因此，古城当初是建有北垣，还是临江居险，不设北垣，尚有待进一步考证。

古城的东、西、南城垣的外侧，均设有城壕。对南城壕遗址的钻探表明，城壕的中下部宽度为 50—70 米，深度在 5 米以上。东城壕的北段略有特殊，它是利用自然的江湖之险作为屏障，故未发现城壕遗址。

关于六朝武昌城的城门，文献中有记载，《太平寰宇记》云：

235

（武昌）"有五门，各以所向为名。西角一门，谓之流津"[①]。通过考古调查和钻探，发现古城的南门和东门比较明显。南门在南垣的正中，现有宽约20米的缺口，并发现有路土。东垣的中段有一向内凹进之处，俗称"土门"，应是六朝武昌城东门所在处。北门被江水冲刷，已无痕迹可寻。西门，也因西垣上现已分布着相当密集的居民住宅、学校与机关的用房，故无法钻探获得确证。流津门，位于城的西北角，此门的设立，有违于城市建设的一般规划，据文献记载，当时出此门即就船，估计此门是因有水路而特设的。

中国古代的城市格局，是封建礼制的重要表达。在原则上，上至一国之都，下至郡县之邑，都是按照一定的规制营造而成，各级治所城市的城周、城门、城墙高度等方面均严格地与其行政层级相对应。

城墙与城市在古代社会总是密不可分的。城墙是古代军事防御设施，由墙体和其他辅助军事设施构成的军事防线。其所在位置，一般都在城市或建筑组群的周围，起着分割空间、阻隔内外的作用。在冷兵器时代，城墙有着重要的防御作用，所以基本上历朝历代都广泛修筑城墙，一直沿用到封建社会末期。也正因为城墙所具有的强大的防御功能，历史地理学专家章生道认为，"对中国人的城市观念来说，城墙一直极为重要，以致城市和城墙的传统用词是合一的，'城'这个汉字既代表城市，又代表城垣。在帝制时代，中国绝大部分城市人口集中在有城墙的城市中，无城墙型的城市中心至少在某种意义上不算正统的城市"[②]。"城墙

[①] （宋）乐史撰，王文楚等点校：《太平寰宇记》卷一一二《江南西道十·鄂州》，北京：中华书局，2007年，第2276页。

[②] 章生道：《城治的形态与结构研究》，转引自〔美〕施坚雅主编：《中华帝国晚期的城市》，北京：中华书局，2000年，第84页。

内的城市"是中国古代城市的主要特征之一。城墙的修筑与否、城墙的规模体量和城墙墙体的建造方式等,也成为衡量古代城市规模的重要参数。

江南地区真正开始广泛修筑城墙始自孙权统治中期。那时三国鼎立之势已成,大规模的对外征伐业已结束,由于长期的征伐,社会经济残破,恢复正常的统治秩序成为急务。其中,重要举措就是修缮城池,保境安民。赤乌三年(240年),孙权下诏:"诸郡县治城郭,起谯楼,穿堑发渠,以备盗贼。"[①] 城郭,即城墙。一般而言,都城墙三重,郡城双重,县城单重。谯楼,修于城门之上,用于望远,又称望楼。高高的城楼既是一个城市的重要建筑,使远道而来的人们可以看到城门的具体位置,同时城市里人可以观察和控制人员的进出,窥探远处的敌情,以便能及时向城内发警戒信号。堑,即护城河,多为人工开挖的河道,也有借助于自然河道的。城郭、谯楼、壕沟等防御设施,是城市重要的组成部分。而东吴政权明文要求各地郡县积极修治,可见当时大量郡县是没有城墙及其附属设施的。诏令下达后,就正史记载来看,此后筑城的情形的确多了起来。

石头城、铁瓮城和武昌城正是在孙吴时期得到修筑和整治,普遍建设了城墙,且城墙附属设施如城门、角楼、壕沟等相对完善,三座城址的布局有着一定的相似统一性。但三座城址的规模不一,在一定程度上体现了不同的城市等级地位。城市规模通常用城墙的周长来计量,我们可以对三座城址的城墙周长进行一个简单的规模对比。

[①] (晋)陈寿撰,(南朝宋)裴松之注:《三国志》卷四七《吴书·吴主孙权传》,北京:中华书局,1959年,第1144页。

"里"是基本的地理长度单位。中国古代城市规模常称"周多少里"或"方多少里","周多少里"意思是城墙周长有多少里,"方多少里"意思是城墙每边的边长有多少里。如《孟子·公孙丑下》称早期的城郭规模是"三里之城,七里之郭"①,《考工记》规定城池规模有"方九里""方七里""方五里"等形制②。

　　具体到三座城址：旧志引《舆地志》称石头山"环七里一百步"③,考古发掘的石头城遗址周长合约3000多米;《舆地志》记铁瓮城"周回六百三十步"④,约合一千余米,遗址规模为周长约1100米;六朝武昌城遗址周长约为3300米,约合汉代的八里。

　　细究三座城址的规模差异,应与其不同的建设背景相关。在镇江时,孙权虽还未称帝,但铁瓮城的意义已经相当于都城,但因为是孙吴政权的初创时期,所以城址规模略有局限。吴王城是孙权迁都武昌后不久即开始修筑的新兴城市,是吴国正式建立后的都城,等级相对更高。除了明显的规模大小外,据文献记载,当时吴王城内的武昌宫所用建筑材料均为澄泥所作,其质可作墨砚,北宋大诗人苏轼在《次韵和子由欲得骊山澄泥砚》有"举世争称邺瓦坚,一枚不换百金颁"之语,可见其价值之高。石头城则是孙权将治所从京口移至秣陵的次年在石头山上修建而成的军事堡垒,虽与两座都城城址相比等级略有差异,但其附属的建业城后来成为孙吴政权最为长久的都城所在,作为南京古都城市全面开发的第一步,石头城城址规模自然也十分可观。

---

① （春秋）孟轲撰：《孟子》卷四《公孙丑下》,转引自杨伯峻译注：《孟子译注》,北京：中华书局,1960年,第86页。
② （汉）郑玄注,（唐）贾公彦疏：《周礼》卷四一《考工记·匠人》,转引自（清）阮元校刻：《十三经注疏》,北京：中华书局,1980年,第927页。
③ （宋）张敦颐撰：《六朝事迹编类》卷二《形势门》"石城"条引《舆地志》,南京：南京出版社,2007年,第47页。
④ （元）俞希鲁纂：《至顺镇江志》卷二《地理·城池》"丹徒县"条引《舆地志》,南京：江苏古籍出版社,1999年,第9页。

三、固以砖壁

包砖是中国古代城墙的主要筑城方式之一，有着漫长的历史和普遍性，是城墙军事防御功能的重要表现。六朝时期城市建筑首次用砖，这是我国城市发展史上的一件大事。

铁瓮城城址，从对城垣的考古发掘成果来看，均属利用山体稍加平整后加夯土，并以墙砖加固或设置护坡砖所形成的，在历代沿用时有重修。设置护坡砖，即在城垣坡面上铺砖以防止夯土受到风雨侵蚀，具体做法为在夯土上涂黄稀泥，砖面单层错缝平铺，以泥浆抹缝。所用城砖有"大吉宜子孙""富贵""七枚"等铭文砖，及重圈纹、菱形纹等纹饰砖，均模印于砖的一端。

根据考古发掘资料，扬州古城六朝晚期至唐宋堆积的土层中发现有城砖。砖长 39 厘米，宽 19 厘米，厚 7.5 厘米。砖的每个表面都模印文字，有"北门""北门壁""城门壁"三种，多作正书，亦有少数反书，皆阴文，字体推定为晋隶。由于砖上指明此处是"北门"，且发现在这座古城的北墙上，同时又指明是"城门壁"，说明当时的扬州城北门即在此附近。

六朝武昌城的城砖使用暂时没有详细的考古资料可以证明。

我国传统的构筑城墙的基本方法是版筑夯土。在《诗经·大雅》中有对这种夯土技术的描述："其绳则直，缩版以载，作庙翼翼。"[①] 其中"载"同"栽"，为立柱的意思，描述的工法为先在两头立柱，再将版捆在柱上，墙两边都绑好后在槽内敲打成墙。

[①] 《诗经·大雅·绵》，转引自程俊英、蒋见元：《诗经注析》，北京：中华书局，1991 年，第 762 页。

铁瓮城遗址西垣上部的护坡砖面（西→东）（图源：《江苏镇江市铁瓮城遗址发掘简报》）

铁瓮城遗址北垣六朝时期夯土及五代至明清时期城垣（图源：《江苏镇江市铁瓮城遗址发掘简报》）

铁瓮城遗址南垣（东→西）（图源：《江苏镇江市铁瓮城遗址发掘简报》）

第七章 石头城遗址体现的六朝城市建筑思想

铁瓮城遗址出土六朝砖（图源：《镇江铁瓮城南门遗址发掘报告》）

铁瓮城遗址出土六朝砖（图源：《江苏镇江市铁瓮城遗址发掘简报》）

版筑夯土图（图源：《天工开物》）

在《诗经·小雅》中也记述了夯筑土工具，"约之阁阁，椓之橐橐"[①]，其中"约"就是筑墙版，"椓"即为用杵夯。

对于六朝早期的城市，无论从实物还是文献资料得知，都是以夯土墙为主。如石头城，史书载此城"吴时悉土坞"，即东吴时期的石头城是土质城垣。

关于砖的应用，最初仅在房屋建筑上的惯常用语——"秦砖汉瓦"就是指房屋建筑上的制品。从考古资料看，在战国时期的遗址内已经发现砖的应用，但是大面积地用在城市的城墙建筑上，应从六朝开始。

至于城砖的使用，正是六朝时期城市建设的一大进步。目前查到的用砖包砌城墙的最早记载是孙权于建安十三年（208年）筑的"内外皆固以砖壁"[②]的京口铁瓮城。近年对铁瓮城的考古

[①] 《诗经·小雅·斯干》，转引自程俊英、蒋见元：《诗经注析》，北京：中华书局，1991年，第79页。
[②] （元）俞希鲁纂：《至顺镇江志》卷二《地理·城池》"丹徒县"条引《舆地志》，南京：江苏古籍出版社，1999年，第9页。

第七章 石头城遗址体现的六朝城市建筑思想

左图为铁瓮城遗址西垣上部的夯土（西→东）（图源：《江苏镇江市铁瓮城遗址发掘简报》），右图为铁瓮城南门遗址六朝门道西侧夯土窝（南→北）（图源：《镇江铁瓮城南门遗址发掘报告》）

发掘，发现了具有六朝早期特征的包砖墙遗迹，其利用山体稍加平整后加夯土，并以墙砖加固或设置了护坡砖。

至于石头城，是在东晋及南朝时期多次大规模重修才有的城砖的应用。东晋安帝义熙六年（410年），刘裕发动军民用砖修筑石头城池，对应历史文献记载中的"义熙初，始加砖累甓"[1]，是传统观念中认定的石头城城砖使用的年代。而考古发现的"永和五年（349年）八月十三日作大甓"等永和纪年砖，则表明石头城遗址城砖的烧造年代应至晚在永和年间，使之前认为的石头城用砖的时代提前了约半个世纪。

从南北朝时期城墙上包砖的出现，直到唐代，城垣包砖的实例并不多，而且大部分城池是局部包砖，一般多用在城门附近、城墙转角等重要或易损的部位。到宋代，全部包砖砌筑城墙的城池开始增多，北宋都城东京皇城的四面城墙就全为包砖墙。至于

---

[1] （宋）周应合纂：《景定建康志》卷一七《山川志一·山阜》"石头山"条引《丹阳记》，南京：南京出版社，2009年，第399页。

243

石头城遗址的东晋至南朝包砖墙

南宋，由于火器参战以及抛石机、强弩等兵器的发展，城墙包砖进一步普及，我国南方不少州县的城池有了砖包砌城墙的记载。元统一后，筑城无明显发展，土筑城垣仍不鲜见。直至明代，开始了大规模的用砖筑城，并且开始普遍对已有夯土城垣进行包砖。城砖的应用，从出现到大量普及，经过了一个漫长的发展过程。

铁瓮城、石头城和吴王城作为东吴政权先后修筑的三座中心

北宋东京城顺天门遗址主城门西侧南段城墙包砖
（图源：河南考古 2017 年业务简报六）

第七章 石头城遗址体现的六朝城市建筑思想

明南京城包砖城墙（鬼脸城）（南京城墙保护管理中心提供）

城市，它们在选址、规制、建筑用材等方面都有着一定的相似性。选址上"因山为垒，缘江为境"，建造布局上都采用了修筑城墙和相关的附属防御设施，建筑用材上逐步使用城砖。但是，石头城和其他两座城又有不同之处，尤其体现在建筑规模和等级上。在镇江时，孙权虽还未称帝，但铁瓮城的意义已经相当于都城，其后的吴王城也是如此。但石头城不是都城，它是在都城之外的独立城池，它的建设带有很大的军事意义。当然，此时孙权已经选定南京作为其政治势力的中心，来南京的第二年建石头城，可以说是政治上的圈地，提前划定势力范围，石头城的建设开启了南京建都的第一页，其建设规制也不同于一般的军事城址。

孙吴的政治中心先后选择京口、武昌，最终定为建业，经历了东—西—东的转移过程，却始终选择了长江沿线的城市，也可以从中看出长江对孙吴政权的重要性贯穿始终。

孙吴于江东立国，割据一方，在三国鼎立、南北对峙中绵延

245

沿长江分布的孙吴三大政治中心

国祚，时间可谓久长，而长江天险的天然屏障正是吴国具有较强生命力的重要原因之一。

孙吴政权很早就确定了限江自保的国策，构建了一条贯穿全域的长江防线，从空间跨度上看，"自西陵至江都，五千七百里"[1]。但孙吴政权的江防之策并没有选择全线据守，其"险要必争之地不过数四"[2]，也就是控制住长江沿线的险要之地，建立具有军事防御性质的军镇，以控制住战略要地的方式分段联防。从整个长江防线来看，沿江共有三大战略支点：江陵、武昌和建业。孙吴以这三个支点为核心，连结各军事要塞，配属兵力，组织起严密

---

[1] （晋）陈寿撰，（南朝宋）裴松之注：《三国志》卷四八《吴书·三嗣主孙皓传》引《晋纪》，北京：中华书局，1959年，第1165页。
[2] （晋）陈寿撰，（南朝宋）裴松之注：《三国志》卷四八《吴书·三嗣主孙皓传》引《晋纪》，北京：中华书局，1959年，第1165页。

稳固的防御体系。

孙吴长江防线的建立，也促进了沿江城市的发展。孙吴政权在江防要地筑城或修建防御工事，为加强边防要地的守备置军镇都督，本意是出于军事防御的需要，但由于军队的驻扎、高级官员的驻节、防御城池的修建，使得这些军镇逐渐发展成为初具规模的城市，促进了南方地区的开发。

孙吴长江防线的建立，依托长江天险，直接在军事上阻挡住了北方曹魏政权统一的脚步，孙吴政权得以偏安江南，为吴国境内经济的发展提供了相对安定的环境，也为后世我国经济重心的南移奠定了开发基础。在考古中发现的孙吴时期都城建筑遗迹以及瓷器、砖瓦、铜镜、钱币等遗存也进一步佐证了当时当地的经济水平已得到一定程度的发展提升。

以鄂州武昌城为例。孙吴时期，武昌的军事工业极为发达，铸造了大量兵器，"采武昌山铜铁，作千口剑、万口刀"[1]。大规模的兵器制造，必有充足的矿冶资源作为支撑，考古材料也证明了这一点。2013年，湖北省文物考古研究所与鄂州博物馆联合开展鄂州古矿冶遗址专题调查，前后共发现不同历史时期和不同性质的矿冶遗址17处，还有历史悠久的大冶铜绿山遗址与之毗邻，足以说明鄂州地区是孙吴重要的铜矿生产基地。而军事工业的发展，也带动了采矿、冶炼、铸造等多种手工业的兴起。《晋书·地理志》载："（鄂州）有新兴、马头铁官。"[2]而在鄂州本地出土的一件三国吴黄武元年（222年）铜罐上，肩刻铭文"黄武元年作三千四百卅八枚"，腹部刻有"武昌""官"等字样，也证

---

[1] （宋）李昉等编纂：《太平御览》卷三四三《兵部七十四·剑中》引陶弘景《刀剑录》，北京：中华书局，1960年，第1578页。
[2] （唐）房玄龄等撰：《晋书》卷十五《地理志下》"武昌郡"条下"鄂县"，北京：中华书局，1974年，第458页。

湖北大冶铜绿山古铜矿遗址（图源：《大冶铜绿山古代矿冶生产者的故事》）

明了孙吴时期在古武昌设有官府控制的铸铜作坊，这一制度使得生活用具的制作得到兴盛。在吴晋时期，鄂州曾经与洛阳、绍兴和徐州并称为四大铜镜之乡。鄂城出土的近 400 枚汉末孙吴铜质镜和铁质镜中，至少有 80% 以上属东汉晚期的鄂县和孙吴时期的武昌郡所铸造，足见其冶炼业之发达。

在政治、文化方面，孙吴政权对中原汉文化的传播，对江南地区的民族融合，乃至对与海外诸国的交通往来、文化交流，也起到了重要的推动作用。

吴主孙权是一位具有强烈海洋意识的帝王，他所统率的舰队在江河湖海纵横捭阖，而且将视线瞄向海外，多次远涉重洋，既拓展了更大的战略空间，也与海外加强了经济贸易往来，巩固了孙吴的政治基础，增强了孙吴的经济实力，武装了强大的水上力量。范文澜版《中国通史》记述，孙权是大规模航海的倡导者，前后所组织的几次大规模航海，人数都在万人以上，最多达 3 万余人，在世界航海史上，孙吴船队出洋的盛况是前所未有的。孙吴灭亡时，西晋接收了孙吴水军战舰 5000 余艘，延续了前人的航海事业，船队经东南亚到达波斯，远至欧洲古罗马帝国，与沿途国家文化交流和商贸往来十分频繁。在南京市博物馆馆藏文物中，有出土于南京象山七号东晋大墓中的一枚嵌有金刚石的金指环，世所罕见，推测应为当时南亚地区的舶来品，同时这座大墓中还发现有两个来自罗马的玻璃杯，充分反映了当时对外贸易的繁盛。

南京象山七号墓出土东晋玻璃杯（南京市博物馆藏）

第八章
石头城遗存体现的艺术与审美特征

黑格尔曾说,"美是理念的感性显现"。任何一个时代的审美与艺术,都是建立在一定的精神文化基础之上的,是在历史的发展和漫长的实践活动中所产生理念的感性呈现。石头城遗存,也必然要受到所处时代思想观念的深刻影响。石头城遗址出土了众多的砖瓦类和陶瓷类文物,造型多样,纹饰丰富,也在一定程度上反映了六朝时人们的艺术成就和审美取向。

一、瓦当:屋檐的艺术

瓦当是古代建筑构件,位于屋顶筒瓦之端、屋檐椽头之上,即筒瓦顶端下垂部分。瓦,是覆盖于屋顶的建筑材料,而当这个

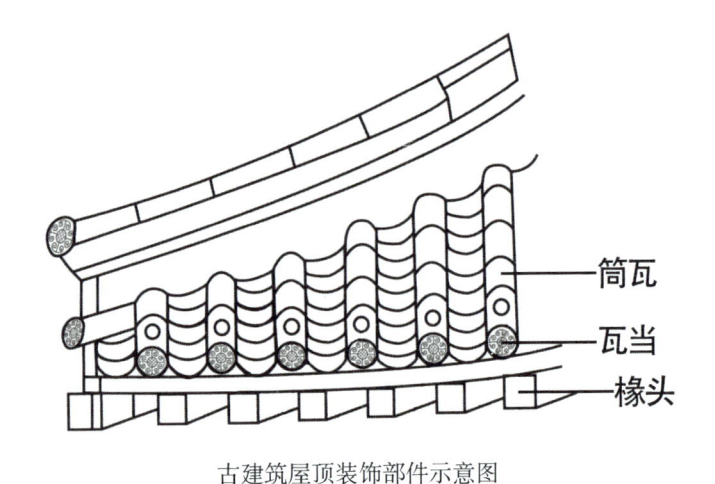

古建筑屋顶装饰部件示意图

字,则是代表着它身为建筑保护者的地位。《辞海》里释义瓦当为:"当,底也,瓦覆檐际者,正当众瓦之底,又节比于檐端,瓦瓦相盾,故有当名。"[1] 瓦当的原始功能为保护建筑物檐顶免受风雨侵蚀,延长传统土木结构建筑的使用寿命。后期通过对瓦当当面饰以文字或图案,达到了装饰和美化屋檐的效果,兼具实用与美观。

瓦当当面的装饰因时、因地、因建筑物本体等多种因素的差异而千变万化。石头城遗址出土的六朝时期瓦当有莲花纹、人面纹、兽面纹三种,不同图案的瓦当样式反映了不同的文化因素影响,也集中体现了六朝先民多样化的审美情趣。

石头城遗址出土莲花纹瓦当

石头城遗址出土莲花纹瓦当多高边轮,当面均装饰一朵盛开的莲花纹样,中间为圆形莲房,周边围绕着莲瓣,以 8 瓣为主。与南京其他地区出土的莲花纹瓦当十分相似。

就出土的莲花纹瓦当时空分布而言,以中原为代表的广大北方地区自先秦以来考古资料相对丰富,南方地区的莲花纹瓦当最早出现在东晋末期、南朝初期,且以江苏南京出土的六朝莲花纹瓦当为代表。南京出土的莲花纹瓦当明显有别于约北魏中期开始在洛阳出现的造型较为复杂的复瓣宝装莲花纹瓦当。因此,学界

---

[1] 《辞海(历史分册)》(世界史·考古学)"瓦当"条,上海:上海辞书出版社,1982年,第307页。

铁瓮城遗址出土莲花纹瓦当
(图源：左为《江苏镇江市铁瓮城遗址发掘简报》，右为《镇江铁瓮城南门遗址发掘报告》）

大致统一将这一时期的莲花纹瓦当分为南朝建康莲花纹瓦当模式（单瓣莲花纹瓦当体系）和北朝洛阳莲花纹瓦当模式（复瓣宝装莲花纹瓦当体系）。

莲花纹瓦当体系首先植根于南方地区，随后至北魏迁都洛阳以后的中晚期（约516—519年以后），来自南方的单瓣莲花纹瓦当逐渐影响了北方复瓣宝装莲花纹瓦当的造型风格，即北朝地区原有的洛阳莲花纹瓦当模式被南朝的建康莲花纹瓦当模式所取代。到南北朝后期，综合南、北风格的饰联珠纹（原为北方因素）的单瓣莲花纹（原为南方因素）瓦当就成了南北共有的瓦当类型，同时，它也是隋唐时代最常见的瓦当品种。即使是隋唐时期使用的复瓣宝装莲花纹瓦当，其中央也呈现出南朝时期带莲子的莲房

隋唐时期使用的复瓣宝装莲花纹瓦当（西安瓦当艺术博物馆藏）

形式。这些由瓦当风格所表现出的文化现象与强盛的隋唐文化建立在前期南北朝文化共同基础之上的历史过程正相符合。

尽管莲花纹瓦当是早在中国的秦汉时期就曾出现过的瓦当品种，但诞生于六朝时期并广为流传的"莲花纹瓦当"，则是佛教文化影响下的结果。东汉时期，佛教传入中国。至东汉末年，出现令人极度不安的社会变化，人民深受战争的痛苦，加上赋税徭役的剥削和压迫，精神的苦闷给佛教以兴起和传布的机会。人们产生对死后的幸福生活的憧憬，而佛教宣扬的"因果报应""生死轮回"，正符合人们当时的心理需要，成为六朝时期各个阶层人群的精神寄托，因此佛教也就迅速地兴盛起来。

六朝时期的建康城是佛教传播的重要中心。孙吴时期，高僧康僧会于赤乌十年（247年）自洛阳到吴国都城建业（今江苏南京），由于他容貌和服装奇特，得到吴大帝孙权的接见。康僧会向孙权宣说佛教的法力无边，并请以二十一日为期，将舍利子上献。上献之时，舍利子发出五色之光，朝贤集观，更有人用铁锤击打，而舍利子丝毫无损。孙权钦佩不已，为康僧会造建初寺，时人称为江南第一所佛寺，为佛教在江南的传播奠定了基础。

康僧会弘教江南全图，出自莫高窟
第323窟北壁东

至南朝时期，佛教发展至全盛时期。梁武帝笃信佛教，从各方面鼓励佛教信仰，并成为汉传佛教素食主义第一人。尤其是他四次舍身入寺的亲身实践，使得在他的倡导之下，梁朝信佛民众与日俱增，僧侣数量大大增加，佛教出现了前所未有的鼎盛局面。据文献记载，南朝建康（今江苏南京）有佛寺五百余座，僧尼八万余人。杜牧的"南朝四百八十寺，多少楼台烟雨中"正是南朝佛教兴盛的真实写照。

　　在佛教文化的影响下，佛教主题的造物艺术广泛兴起。而莲花在佛教文化影响中是一个普遍被接受的图像符号。莲花和佛教的渊源由来已久，如佛祖诞生时就有"步步生莲"的传说，以莲花的纯洁表示佛国净土，佛教中用"出五浊世，无所染着"来赞誉莲花的圣洁等。六朝时期佛教的盛行，使得以莲花为题材的各种工艺品就成为当时最时兴的装饰。莲花纹不再是佛家的专用，开始向社会生活的各个方面延伸应用。

　　东汉后出土的莲花纹瓦当大多受佛学熏陶，不仅成为佛教盛行的重要印证，也成为中国古代瓦当纹饰流变过程中的重要节点

石头城遗址出土人面纹瓦当

之一，是古代社会崇佛、敬佛思想在古代建筑上的真实体现。

石头城遗址出土有多件罕见的人面纹瓦当，多为残片，但面部轮廓较为清晰。

南京张府园出土人面纹瓦当
（图源：《南京出土的六朝人面纹与兽面纹瓦当》）

吴王城（六朝武昌城）遗址出土人面纹瓦当（鄂州博物馆藏）

在整个中国瓦当纹样的发展历程中，人面纹瓦当是一种相当罕见的品种。根据目前的考古发掘资料，人面纹瓦当比较集中地被发现于东吴时代的首都建业（今江苏南京）和东吴境内的其他一些城市之中。

除了国内考古发现，越南境内的荼荞（Tra Kieu）城址也出土过人面纹瓦当，与中国南京、鄂州等地出土的东吴时期的人面纹瓦当具有相当一致的造型特点，它们所具有的历史意义还有待

越南荼荞城址出土人面纹瓦当（图源：《六朝瓦当与六朝都城》）

韩国出土百济（左）、新罗（右）时期的人面纹瓦当
（图源：《六朝瓦当与六朝都城》）

进一步探索。另外，在韩国境内，出土过百济、新罗时期的人面纹瓦当，它们的年代要晚于中国的东吴时期，瓦当图案也略有差异。

到目前为止，学术界对六朝人面纹瓦当形成了基本的看法：其一，尽管有学者认为人面纹瓦当的具体时代是在东吴中后期甚至沿用到东晋初期，但其主要流行时代是东吴时期当无疑问；其二，在其流行时期，分布范围主要在中国淮河以南地区，而且是以东吴都城建业为中心，最南面可以到达今越南境内中部；其三，晚于公元3世纪并出现于中国北朝境内，甚至在当时百济、新罗境内出现的人面纹瓦当，在造型上与东吴时期的人面纹瓦当有较明显的差异，它们之间的关系还有待进一步研究；其四，关于东吴人面纹瓦当的来源，一说可能与更早期的文化传统如早在战国时期即出现于齐国境内的人面纹瓦当有关，一说可能是起源于长江中游的古武昌（今湖北鄂州）。

而究及人面纹瓦当的诞生渊源，首先要将其置于其所处的大的历史时空背景下。六朝在我国的历史上是一个国土分裂、社会动荡的时期，人们饱受战争之苦，常常要面临不可预知的生离死别，这种生命易逝的悲凉在时人的内心潜藏，促使他们对生命进行更深层次的思考和理解，"人"的主题在艺术上得到突显。人面纹瓦当以"人面"为主题，正体现了当时的人们对"人"的特殊关注。

另外，人面图案本身也具有极强的宗教性。人面纹瓦当上的人面造型并不是人们随意想象出来的，其实每个人面都应是代表着一个神，瓦当作为神寄居的载体，高居于厅堂之上，像神像、雕塑一样，不仅有庇护、保佑之意，还担负着建筑主人与上天沟通的责任，以使主人生前能得神庇佑延年益寿。因此，"人面纹瓦当"在一定程度上应称为"神面纹瓦当"。

正是鉴于人面纹的宗教性，且其广泛流行于孙吴统治区内，也应与孙吴统治者尚巫崇道有极大关系，而统治者的嗜好对整个社会具有不可忽视的导向作用，社会中的各个层面都会受其影响，给人面纹瓦当的发展提供了巨大土壤。按照史书的说法，江南地区"其俗信鬼神，好淫祀"[1]，先民们很早就形成了敬事鬼神的信仰传统。吴越人的文身习俗是原始图腾崇拜的体现，楚国的巫学传统和多样的祭祀活动也是楚国颇具代表性的民俗文化，均能体现重巫的区域文化特色。而先秦时代流行于百越、楚地的傩面具，

---

[1] （唐）魏徵等撰：《隋书》卷三十一《地理志下·扬州》，北京：中华书局，1973年，第886页。

就造型特点而言，眼窝深陷、大鼻、阔嘴。整体生猛朴拙，和六朝人面纹瓦当颇为相似。三国战乱之年，瘟疫横行、民不聊生、温饱难以满足，为安定民心、巩固政权，孙吴统治者或有心或无意地采取了巫术手段来治理国家。最典型的是《搜神记》中记载的蒋子文信仰和《晋书》中记载的杜子恭信仰，都是在孙吴统治者的大力倡导下而诞生的。

综合分析，人面纹瓦当在东吴地区的出现，不仅应与当时"人的觉醒"的思潮相关，与东吴人的艺术创新精神相关，更应与当时特殊的宗教文化有着不可避免的千丝万缕的联系。

兽面纹瓦当是指当面主体纹饰为兽面纹纹样的瓦当，当面刻画有兽的眼、鼻、耳、口、舌、齿及毛发等，造型十分丰富，流行时间也较长。石头城遗址出土的兽面纹瓦当与南京城内其他地区出土的六朝兽面纹瓦当高度相似，也是六朝瓦当的重要品类。

石头城遗址出土兽面纹瓦当

南京张府园出土兽面纹瓦当

（图源：《南京出土的六朝人面纹与兽面纹瓦当》）

第八章 石头城遗存体现的艺术与审美特征

六朝时期，兽面纹瓦当的流行以南方为早。目前基本可以认为，早在东吴时期，风格新颖的兽面纹瓦当已经于孙吴势力早期崛起的重地——京口和吴都建业得到使用，而这一时期北方洛阳、邺城等地仍以传统的云纹瓦当为主。即使到了东晋、十六国时期，北方仍坚持采用文字瓦当或云纹瓦当等传统类型的瓦当，同一时期的东晋都城建康则已经普遍使用兽面纹瓦当。这从一个方面反映出当时南北地区存在的文化上的差异。

铁瓮城遗址出土兽面纹瓦当
（图源：《江苏镇江市铁瓮城遗址发掘简报》）

铁瓮城遗址出土兽面纹瓦当
（图源：《镇江铁瓮城南门遗址发掘报告》）

人们用兽面纹瓦当装饰屋檐，其意可能与"辟邪"观念有关。有学者研究认为，兽面纹"实际是原始祭祀礼仪的符号标记。这符号在幻想中含有巨大的原始力量，从而是神秘、恐怖、威吓的象征，它可能就是上述巫、尹、史们的幻想杰作。所以，各式各样的饕餮纹样及以它为主体的整个青铜器其他纹饰和造型、特征都在突出这种指向一种无限深渊的原始力量，突出在这种神秘威吓面前的畏怖、恐惧、残酷和凶狠"[1]。再如《颜氏家训·风操》中有"画瓦书符，作诸厌胜"之语，人们正是希望以兽面纹的装饰来获取神兽的庇佑，以达到驱邪镇宅的

---

[1] 李泽厚：《美的历程》，北京：三联书店，2009年，第38页。

259

作用。

虽然目前很难确认部分瓦当上的兽面是哪一种动物，但东晋时期的兽面明显为虎面形，我们也可以从"虎"的信仰中来略窥兽面纹的诞生历程。

虎在中国文化中是一种地位比较特殊的动物，也是早期被神化的动物之一。从考古学和民族学的资料看，许多氏族和部落把虎视为自己的祖先、亲族或保护神而虔诚顶礼膜拜，以虎作为自己氏族和部落的名称。殷商卜辞中有"虎方"一族，是商周时代南方的一个地方政权，活动区域主要是在江汉、江淮一带。

古代先民认为虎为勇猛之物，可以食鬼。东汉应劭在《风俗通义·祀典》记有："虎者，阳物，百兽之长也，能执搏挫锐，噬食鬼魅。"[①] 而同时代的王充在《论衡·解除》中提到"宅中主神有十二焉，青龙白虎列十二位，龙虎猛神，天之正鬼也，飞尸流凶，安敢妄集"[②]。由此可见，建筑中使用虎面当也与虎凶猛，可以食鬼有关，兽面纹尤其是虎面纹瓦当的应用正是出于镇宅的目的。

自战国汉代开始，虎的形象也时常出现在"四神"题材中，成为组合式祥瑞图案的一部分。"四神"指的是东苍龙、西白虎、南朱雀、北玄武，这一概念的形成，或与远古部族的神兽图腾崇拜有关。四神与四时、方位、星宿、历法等相关联，出现在建筑瓦当、画像砖、画像石、铜镜、壁画等实物载体上，驱邪避凶，并逐渐成为古人普遍接受的思想信仰体系。

综合来看，六朝瓦当具有较强烈的艺术风格，无论是图案的华美独特，还是制作的精工细致，都独具韵味。除在东吴和西晋

---

① （汉）应劭撰，王利器校注：《风俗通义校注》，北京：中华书局，1981年，第368页。
② （汉）王充撰：《论衡》卷二十五《解除》，转引自黄晖：《论衡校释》，北京：中华书局，1990年，第1043页。

第八章 石头城遗存体现的艺术与审美特征

时期还保留汉代习见的云纹瓦当（石头城遗址暂未出土）之外，六朝时期的人面纹瓦当、兽面纹瓦当都是当时瓦当家族面貌一新的新成员，最具时代和地方特色。莲花纹瓦当则开启了佛教影响瓦当题材的先河，成为此后盛行数百年之久的瓦当主流，对同时期北朝、高句丽、百济乃至隋唐莲花纹瓦当都产生了一定的影响。毫无疑问，作为魏晋南北朝时期南方都城建康的六朝瓦当自成体系，在我国古代瓦当发展史上占有承上启下的重要地位。

二、陶瓷：生活的美学

石头城遗址出土了多件陶瓷器标本，保存完整者较少，胎质较粗，装饰简单。器类有碗、罐、盏、盘、壶、砚等，基本为日常生活用器。但目前石头城遗址的出土文物多为残损器物，尚需进一步修复，且还未有详细的发掘材料发表披露，对于石头城遗

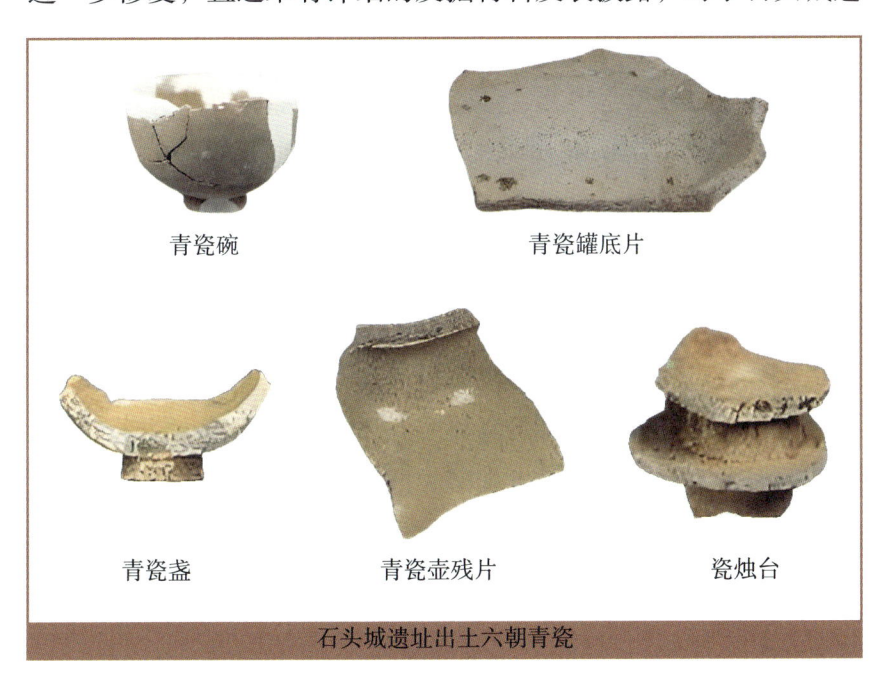

青瓷碗　青瓷罐底片

青瓷盏　青瓷壶残片　瓷烛台

石头城遗址出土六朝青瓷

址的陶瓷器面貌尚无法进行器物造型和装饰艺术等细节分析，我们可以从部分较为完整且明显的器类以及陶瓷器本身的诞生背景和整个六朝陶瓷的发展历程来入手，略探石头城遗址出土陶瓷器背后所反映的艺术审美。

石头城遗址出土的瓷器，表面多着青釉或青黄釉，釉面有细小开片，存在脱釉现象，基本为六朝青瓷产品。

原始青瓷自商代便已出现，由于胎体厚而釉层薄且不均，导致光泽度不高，瓷器表面透出的颜色呈微黄或黄绿色。直至东汉时期，瓷器技术不断发展，浙江早期越窑烧制出了透光性好、光泽度高的成熟的瓷器，这批瓷器的釉层比原始青瓷厚，并且釉与胎体的结合十分严密，在日常光下看起来呈现出青色，故而命名为青瓷。

虽然石头城遗址及其所在的六朝建康城区域，暂未发现六朝时期的青瓷窑址遗存，但我们可以从同处孙吴统治区域的六朝武昌城遗址的考古发现中略见六朝青瓷的时代面貌。

瓦窑咀遗址位于湖北省鄂州市鄂城区凤凰街道办事处司徒村5组瓦窑咀湾。2016年10月至2017年1月，武汉大学考古系联合鄂州市博物馆对瓦窑咀遗址进行了主动性考古发掘，并对瓦窑咀靠近洋澜湖周边一带进行了系统的勘探工作。瓦窑咀窑址群的窑炉主要为馒头窑，且保存较好、结构较完整，是目前湖北地区首次发现的六朝早期馒头窑炉，也是南方地区首次发现的六朝时期烧造青瓷的馒头窑炉，为陶器向成熟瓷器发展这一转折过程提供依据。瓦窑咀窑址群除发现窑炉群外，还发现了房址、沉泥池、揉练池等窑场配套设施，探索当时整个窑场的布局、研究和复原窑址的生产流程提供了重要资料。从瓦窑咀遗址已发现的遗迹遗物看，其主体年代为孙吴时期，证实瓦窑咀窑址是与孙吴武昌城密切相关的一处大型手工业作坊遗址，是吴王城城市功能的重要组成部分。

在整个六朝时期，青瓷的制作水平，从釉的青绿色泽到胎的质地、成型技术和烧制工艺，都未发生根本性的改变，变化的只是它的器物种类、装饰技法和装饰题材。由于青瓷美观实用，同时又具有极大的可塑性，这种新出现的材质，迅速成为体现当时社会风尚的新载体，它所表现出来的装饰题材和装饰手法，最直接反映了当时人们的审美意识和审美需求。

金属元素是瓷器中主要的呈色剂，在釉中加入适量的金属元素，经过烧制，瓷器就会呈现不同的颜色。而铁在自然范围内蕴含非常广泛，所以青釉是中国最早出现的颜色釉。青瓷最初的诞生可以说是因烧制技艺有限而被迫做出的选择，但此后历代，青釉瓷器持续生产并得到广泛的喜爱，成为谱系最庞大的瓷器种类，那就是青瓷在一定程度上符合了人们的审美取向。《景德镇陶录》记载："自古陶重青品，晋曰缥瓷，唐曰千峰翠色，柴周曰雨过天青，吴越曰秘色，其后宋器虽具诸色，而汝瓷在宋烧者淡青色，官窑、哥窑以粉青为上，东窑、龙泉其色皆青，至明而秘色始绝。"[1]正如许之衡的《饮流斋说瓷》所说"古瓷尚青"[2]。

"中国传统色可谓之观念之色，中国传统色彩运用的核心是'观念'，体现为极为明确的政治、伦理、文化目的性。中国传统色彩观念是一种目的性设计，由此形成了一种独立的色彩系统观念，具体呈现在诗歌、文学、绘画、生活器具的色彩表现上。"[3]青色作为传统中国色，代表着独特的中国式审美观念，有着深远

---

[1] （清）蓝浦、郑廷桂撰：《景德镇陶录》卷九《陶说杂编下》引《爱日堂抄》，转引自傅振伦：《〈景德镇陶录〉详注》，北京：书目文献出版社，1993年，第139页。
[2] （民国）许之衡著：《饮流斋说瓷》，上海：上海人民美术出版社，2016年，第30页。
[3] 陈彦青：《观念之色：中国传统色彩研究》，北京：北京大学出版社，2015年，第28页。

的文化内涵。

青，在先秦时期被儒家归类为五正色之一，五正色即青、赤、黄、白、黑，在此基础上对应"五常"仁、义、礼、智、信。青正是对应着"仁"，而"仁"作为儒家思想中重要的品性之一，被中国人保留至今，而"青色"也跟随着"仁"在思想领域占据了一席之地。

青色还与方位时空相结合。《周礼·考工记》记载："画缋之事，杂五色。东方谓之青，南方谓之赤，西方谓之白，北方谓之黑，天谓之玄，地谓之黄。"[1]而在《说文解字》和《释名》之中"青"又分别被解释为"青，东方色也"[2]和"生也，象物生时色也"[3]。古人将色彩与方位时空相互联系，其中一个重要的原因可能是和中国古代农耕文明有关。农耕文明受到自然因素的影响极深，农作物作为人们生活的基本需要受到自然条件控制，这也使得古人对自然产生了敬畏之心，于是他们举行大量的祭祀活动，以祈求一年的风调雨顺。《毛诗正义》中记载："以青圭礼东方"，"然则彼称礼四方者，谓四时迎气，牲如其器之色，则五帝之牲，当用五色矣"[4]。"青"不仅礼"四方"，同时也礼"四时"。《尔雅·释天》中将"春"又称为"青阳"[5]，这是"青"与"春"产生的一次直接性关联。"青"同时又象征"四时"之中的春，所以古人将踏春称为"踏青"。青色，是东方之色，是春之色，也是生命生机

---

[1] （汉）郑玄注，（唐）贾公彦疏：《周礼》卷四一《考工记·匠人》，转引自（清）阮元校刻：《十三经注疏》，北京：中华书局，1980年，第918页。
[2] （汉）许慎撰：《说文解字·青部》，北京：中华书局，1979年，第106页。
[3] （汉）刘熙撰，（清）毕沅疏证，（清）王先谦补，祝敏微、孙玉文点校：《释名疏证补·释采帛》，北京：中华书局，2008年，第147页。
[4] （唐）孔颖达疏，李学勤主编：《毛诗正义》，北京：北京大学出版社，1999年，第1300页。
[5] （晋）郭璞注，（宋）邢昺疏：《尔雅》卷六《释天》，转引自（清）阮元校刻：《十三经注疏》，上海：上海古籍出版社，1997年，第2607页。

之色。

"颜色既是色彩也是世道",青色,贯穿于中华传统文化的变迁史当中,在治国、生产、生活、宗教、文化、艺术等方方面面都有着青色的影子。青色从最初的象征天空、东方、草木、春日这样有着勃勃生机的阳刚之色,到帝后春祭礼服之色、婚服之色,再到后来成为庶民之色、僧道之色;在戏剧中成为具有传统美德但是命运坎坷的传统妇女的衣着用色;在道家的心目中成为朴拙的象征,青色文化寓意的转变本身就是中华文化变迁历史的一部分。

对应六朝青瓷诞生的时代,道家、佛教借着大汉帝国的崩溃和儒家思想信仰的危机乘势而起,最终促成了魏晋玄学。在相当长一段时期内,玄学占据了魏晋士人的思想阵地。玄学思想,在时人的艺术审美中发挥了重要的引导作用。魏晋玄学的美学思想不同于"铺张扬厉"的秦汉美学的气质,而是追求自然秀美、清逸脱俗,注重欣赏和追求内在神韵。在自身的气度上,士大夫们追求高雅的风骨,追求自由潇洒、飘逸清奇的气质,希望能够以此来传达自己不落俗套的高雅情致,这种审美情趣的表达也影响了作为日常用具的"青瓷"。在魏晋士大夫的审美追求里,"青、秀、

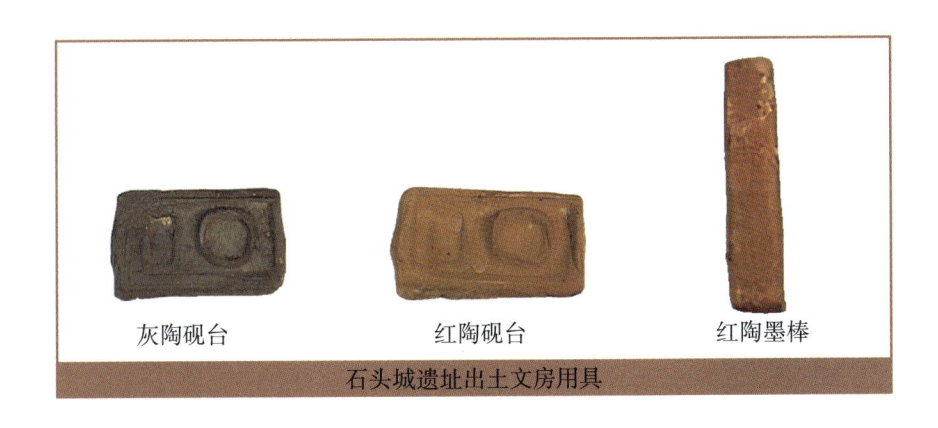

| 灰陶砚台 | 红陶砚台 | 红陶墨棒 |

石头城遗址出土文房用具

神、俊"四点是对青瓷的极致追求。青瓷这种清淡高雅的釉色恰好符合了士大夫们"以自然秀美为高，以雕琢华丽为下"的审美标准。魏晋玄学的推动，使得青色更加抽象化，升华为中国文人的一种风骨，尚青的审美也造就了中国历史上的第一个青瓷艺术高峰。

六朝士人文化的审美取向也可以从石头城遗址出土的一批文房用具中窥见一二。这批文物基本为陶质，器类以砚台和墨棒为主，造型简单，基本无装饰，正合六朝崇尚自然之风尚。

另，在 1998 年的考古勘探中，还发现有一件"江南官膏伍两"铭瓷盒盖。稍残，灰白胎，平面呈圆形，中部隆起，灰白釉，釉多脱落。盒面直径 7.8 厘米、高 1.3 厘米。盖面上模印楷书文字，竖 3 行，行 2 字，为"江南官膏伍两"。其铭文反映的正是南唐晚期李煜称"江南国主"后的一段史实。不过其已与六朝时期的陶瓷器面貌相差甚远，可以作为石头城遗址的使用年代佐证，不在此处讨论其陶器艺术特征。

石头城遗存是六朝社会生活的物象承载体，向人们传递着特定的历史、宗教、文化等多元的审美精神内涵。

宗白华先生曾在《论〈世说新语〉和晋人的美》一文中评价魏晋南北朝是"精神史上极自由、极解放，最富于智慧、最浓于热情的一个时代。因此也就是最富有艺术精神的一个时代"[①]。六朝时期是一个战乱不断、政权更替频繁的社会大动荡、大分裂的历史时期，同时也是一个思想、文化、艺术、宗教等意识形态获得解放、繁荣的独具风采的时代。

六朝艺术有一个重要特征是其具有浓厚的宗教主义色彩。六

---

① 宗白华：《美学散步》，上海：上海人民出版社，1981 年，第 177 页。

朝时代，由于战争带来的社会动荡，占统治地位的儒家学说逐渐衰微且不再执着于"冠冕堂皇的礼制与教义"，人们为找到合适的心灵慰藉力量，逐渐把道家与佛学推向了前台，儒、道、佛相互冲突、相互兼容并进，形成三位一体、互通互补的多样化信仰，造物艺术也就带有了丰富的宗教元素。如前文提到的佛教文化影响下的莲花纹、辟邪观念造就的兽面纹和儒家士人文化的文房用具等，人们的生活中充斥着不同的信仰元素，也是六朝多元化文化格局的时代特征。

同时，多元化的文化格局也造就了多元的价值理念，在一定程度上代表了思想的自由。国学大师汤用彤先生在《魏晋玄学与文学理论》中论及魏晋时期的社会现实和精神特征时讲道：

> 汉末以后，中国政治混乱，国家衰颓，但思想则甚得自由解放。此思想之自由解放本基于人们逃避苦难之要求，故混乱衰颓实与自由解放具因果之关系。黄老在西汉初为君人南面之术，至此转而为个人除罪求福之方。老庄之得势，则是由经世致用至此转为个人之逍遥抱一。又其时佛之渐盛，亦见经世之转为出世。而养生在于养神者见于嵇康之说，则超形质而重精神。神仙导养之法见于葛洪之书，则弃尘世而取内心。汉代之齐家治国，期致太平，而复为魏晋之逍遥游放，期风流得意也。故其时之思想中心不在社会而在个人，不在环境而在内心，不在形质而在精神。于是魏晋人生观之新型，其期望在超世之理想，其向往为精神之境界，其追求者为玄远之绝对，而遗资生之相对。从哲理上说，所在意欲探求玄远之世界，脱离尘世之苦海，探得生存之奥妙。[①]

---

① 汤用彤：《魏晋玄学与文学理论》，《中国哲学史研究》1980 年第 1 期。

在六朝复杂多变的社会现实以及多元文化和思想价值的碰撞下，人的个性获得了解放，由此而带来的必然结果就是思想的解放和美学、文学的自觉，以及新的审美意识、审美风尚的形成。六朝时代弥漫着对人性、自然和生命本体的深刻探究和人本关怀。在战争和死亡的威胁下，人们将思维的方向指向了人本身，人的主体性得以高扬，这便是所谓的"人的自觉"。审美自觉可视为"人的自觉"在艺术审美领域的具体表现和必然要求。

"清"是六朝重要的审美标准。六朝存在着"初发芙蓉"和"错采镂金"两种对立的审美形态。宗白华《中国美学史中重要问题的初步探索》论述道：

> 这两种美感或美的理想，表现在诗歌、绘画、工艺美术等各个方面。
>
> 楚国的图案、楚辞、汉赋、六朝骈文、颜延之诗、明清的瓷器，一直存在到今天的刺绣和京剧的舞台服装，这是一种美，"错采镂金、雕缋满眼"的美。汉代的铜器、陶器，王羲之的书法、顾恺之的画，陶潜的诗、宋代的白瓷，这又是一种美，"初发芙蓉，自然可爱"的美。
>
> 魏晋六朝是一个转变的关键，划分了两个阶段。从这个时候起，中国人的美感走到了一个新的方面，表现出一种新的美的理想。那就是认为"初发芙蓉"比之于"错采镂金"是一种更高的美的境界。在艺术中，要着重表现自己的思想，自己的人格，而不是追求文字的雕琢。陶潜作诗和顾恺之作画，都是突出的例子。王羲之的字，也没有汉隶那么整齐，那么有装饰性，而是一种"自然可爱"的美。这是美学思想上的一个大的解放。诗、书、画开始成为活泼泼的生活的表

现，独立的自我表现。①

从六朝时代起，中国人的美感走到了一个新的方面，那就是，比之于"错采镂金"，更加崇尚"初发芙蓉"的自然美。

---

① 宗白华：《美学散步》，上海：上海人民出版社，1981年，第29页。

第九章
石头城遗址的文化意义与时代价值

石头城遗址作为南京这座中国古都的核心起源地和最重要的城市历史空间及文化地标，也是璀璨的长江文化遗产的组成部分，对于南京地域文明探源工作和构建长江文化风貌有着重要的价值与影响。

一、虎踞之地，文化复兴

石头城遗址位于江苏省南京市城区西部清凉山（古石头山）区域。原先以明代修筑的古城墙遗迹为特征的鬼脸城段"石头城遗迹"早在1982年就被列入江苏省首批文物保护单位，划定保护范围涵盖整个国防园区域，面积达102280平方米，后又在1988年作为"南京城墙"的一部分被公布为第三批全国重点文物保护单位。

石头城遗址作为南京城墙的一部分，参与了南京城墙申报世界遗产的工作。2006年和2012年，包括南京城墙在内的"中国明清城墙"两次被列入《中国世界文化遗产预备名单》。2014年，南京正式确定为"中国明清城墙"联合申遗牵头城市，协调各城市加强城墙依法保护，突出遗产展示，城墙保护利用水平得到全面提升，石头城遗址也获得了更多的保护利用支持。

2012年，石头城遗址还曾与南京郑和墓、郑和故宅、龙江宝船厂、静海寺、天妃宫等重要文保单位一起"打包"，申报加入"海上丝绸之路"《中国世界文化遗产预备名单》。2018年11月23日，《南京市地下文物保护条例》公布，石头城遗址区被本次立法明确列为南京市地下文物重点保护区之一。

石头城遗址的保护利用一直受到国家文物局及江苏省、南京市文物主管部门的高度重视。同时，石头城遗址的考古工作也在持续进行。

通过多年考古工作，在石头城遗址发现了孙吴时期的砖铺路面、东晋至南朝早期夯土城墙及包砖墙、角楼遗迹和南朝晚期的城门遗迹，出土大量六朝时期的瓦当、瓷器、铭文砖等，展现了石头城在整个六朝时期不断修缮和传承使用的历史过程，以及六朝城垣的建筑特征。随着考古工作的展开，六朝石头城的具体位置得以确认，相关考古材料的出土，也使得石头城遗址变得更加鲜活。为进一步统一石头城遗址的保护利用，考古学者们提出了整合国防园、石头城公园、清凉山公园，建设石头城考古遗址公园的提议，得到政府层面支持。

大遗址保护是近年来我国文化遗产保护中一项重要的工作，各地政府大遗址保护热情空前高涨。国家文物局在《"十一五"期间大遗址保护总体规划》中正式对"大遗址"的概念进行阐述，提出"大遗址主要包括反映中国古代历史各个发展阶段涉及政治、宗教、军事、科技、工业、农业、建筑、交通、水利等方面的历史文化信息，具有规模宏大、价值重大、影响深远特点的大型聚落、城址、宫室、陵寝墓葬等遗址、遗址群"。

以重要大遗址为依托，在确保大遗址安全的基础上，科学展示遗址原貌及其历史文化内涵的公益性展示园区，就称为"考古遗址公园"。考古遗址公园首先是在保护国家资源前提下开展科研工作的基地，其次它又是向广大公众开放的公共场所，兼具科普教育和休憩的功能，区别于一般的城市公园或主题公园的是，考古遗址公园是基于考古遗址的保护与展示，融合了教育、科研、游览、休闲等多项功能建立的城市公众共享的文化空间。

早在2012年，南京市就规划建设汤山猿人洞、大报恩寺、明故宫、牛首山和石头城五大考古遗址公园，石头城遗址公园的建设工作也正式全面展开。

拟建的石头城遗址公园范围主要包括清凉山公园、国防园、菠萝山区域、乌龙潭公园区域，即北至汉口西路，西至外秦淮河东岸，东至虎踞关路，南至广州路、乌龙潭公园，总面积约107.5公顷。统一规划设计后的遗址公园将整合利用原有的清凉山公园、石头城遗址公园、石头城公园（国防园）、乌龙潭公园等景观资源，串联成一个完整的石头城历史风光带，建设后的遗址公园，将赋予老城市公园以新的生命力和可持续发展力，带来更高的社会效益和生态效益。

石头城炮台（图源：《江苏明清海防炮台建筑遗存》）

第九章 石头城遗址的文化意义与时代价值

在《清凉山景区导游全景图》上清凉台处标注有石头城遗址博物馆（南京城墙保护管理中心提供）

在六朝石头城遗址区域内，除了南京明代城墙，还保存有驻马坡、颜鲁公祠、还阳泉、清凉寺、崇正书院、惜阴书院、魏源故居、扫叶楼、民国水厂旧址、三民中学开校纪念碑，以及在国防园山体西侧存有晚清炮台和民国碉堡等古迹。六朝石头城遗址区域的历史文化积淀深厚，是南京具有代表性的风景名胜区之一。

石头城遗址公园的定位是南京古都城市发展纪念地；南京六朝及隋唐城市文化遗产的保存、展示、研究基地；南京公共考古教育、休憩中心；南京六朝都城遗址旅游和市民休憩中心；南京城市重要绿地景观公园。

采用集遗址本体保护、历史环境修复、生态环境建设为一体的"遗址公园"方式，立足于石头城遗址文物本体及其背景环境的保护、展示与利用，兼顾教育、科研、游览、休闲等多项功能，加强六朝石头城遗址文物保护、拓展六朝石头城遗址展示与利用的有效途径，促进考古研究、六朝石头城遗址保护和利用的有机结合，实现遗址文化价值的可持续合理利用。借助系统化、人性化的展示设计，为公众提供开放和直观的考古教材，引导公众走近大遗址保护的成果，使全民共享文化遗产保护成果。

在遗址公园内还拟设置规模适度的室内展示空间，包括遗址保护与展示场（馆）、专题博物馆、文化研究院（所）等，用于

六朝石头城考古遗迹展示馆

陈列出土文物、陈列大型遗址的沙盘，设置考古讲堂和考古影像资料放映厅，用于普及考古学知识、介绍遗址内涵和发掘历程、传播相关历史文化知识。

作为石头城遗址公园的集大成者，石头城遗址博物馆无疑将是最显著的地标。博物馆计划依托清凉山蓄水池（即民国清凉山水库）旧址，打造一座专题遗址博物馆，也是一座考古标本博物馆，将集中展示石头城遗址的考古发掘过程、出土文物以及对石头城遗址的历史文化科普介绍等。

2024 年 5 月 18 日国际博物馆日，六朝石头城考古遗迹展示馆正式对外开放。展示馆占地面积 700 平方米，真实地展现了石头城的历史风貌和考古成果，透明玻璃墙体的设计既保护了遗址的完整性，又让参观者能够清晰地看到城墙的结构，穿梭在展馆内感受历史的厚重。在展馆中，游客可以近距离观赏到石头城土遗址，还有六朝时期的瓦当、瓷器、铭文砖等模型图片。

二、石头城遗址的地位与价值

石头城遗址是南京市主城区目前唯一一处保存于地表之上的六朝都城及隋代蒋州城、唐朝扬州大都督府城市建筑遗址，对认识六朝都城史和南京城市发展史以及南京地区的长江江岸变迁史等具有重要意义。

（一）石头城遗址是南京作为中国古都的核心起源地

关于是谁选择了在石头山建石头城乃至将今天的南京城作为东吴首都的问题，历史上有不同说法，现在看来，它是一个综合性的时代产物。南京的区位优势是位于长江下游中部地区，在全国分裂和黄河流域动乱之时，它有长江天险可以凭依，再向北则有淮河作为第一道防线，进可攻，退可守，成为难得的安全区域；向东南和南方有深广的腹地，为先秦吴、越国所在，向西则为旧楚境域，战国时楚统一吴越，形成了中国以楚文化为特色的长江流域或南方文化体系，作为中华文化主干之一的长江文化成为东吴立国于此的重要的文化根基、文化资源和文化竞争力；由此顺江而上可达长江中上游，进而南下五岭，远控两广，从海上交通东南亚、南亚乃至西亚，顺江而下又能经海路去辽东、朝鲜半岛和日本以及东南亚各国，水上交通运输之便利得天独厚，文化交流渠道宽畅。

石头城肇始于孙吴建国之前，以楚金陵邑城旧址为基，成为此后连绵不断的南京筑城之始，也是南京作为六朝都城的起点。石城形胜是建康自然地理环境的代表之一，"龙盘虎踞"的王气之说奠定了南方政权日后持续建都于此的基础。同时，优越的地理位置造就的军事战略地位使得石头城成为六朝都城的"定海神针"。六朝历史中，石城之失也往往意味着一朝悲剧的开始，最终西晋灭吴、隋平陈在石头城设蒋州，孙吴、东晋、南朝的历史在此终结，同时终结的还有南京作为六朝都城的历史。这是石头城之于六朝、之于南京作为六朝都城历史的象征寓意。

六朝时期的南京，是中国东南地区政治势力的依托中心和文化的集聚地（东吴），接着又成为从黄河流域南移的中原传统政治势力和传统文化的保存中心（东晋），其城市政治统治区迅速通达大半个中国，文化辐射力波及东亚列国。诚如日本学者吉村怜先生所说："从文化上来说，6世纪的南朝（按：以南京为中心）宛如君临东亚世界的太阳，围绕着它的北朝、高句丽、百济、新罗、日本等，都不过是大大小小的行星，像接受阳光似的吸取从南朝放射出来的卓越的文化。"①从公元211年到公元589年，其间除去西晋的27年（280—307年）外，南京皆为中国半壁江山的中心城市，这一历史态势持续时间将近三个半世纪，写下了南京作为中国著名古都和东亚地区历史文化中心城市的伟大开篇，由此奠定了南京在中国乃至东亚地区的历史地位、城市根脉和文化基因。

南京作为长江文化乃至南方文化区带的代表性都城的地位在六朝时代确立，而石头城作为南京都城建设的起点，是南京作为六朝都城的开篇之作，在南京城市发展过程中占有重要地位。

（二）石头城遗址是南京最重要的城市历史文化空间

据文献记载，春秋战国时，楚威王在峭立江边的石头山建"金陵邑"城，这是南京城区历史上正式有行政建置的起始，也是南京称"金陵"的起源。东汉建安十六年（211年），孙权将政权中心迁至秣陵（南京）。次年，在石头山金陵邑城故址筑城，名"石头城"，改秣陵为建业，由此开始了南京的都城建设史和他的建国大业。在整个六朝时代，石头城皆因地居要冲而受到王朝的特别重视，皇帝常以心腹重臣领军镇守，六朝都城的许多重大事件、重要战争、重要人物与石头城皆有着密切的联系。

隋代攻克南朝都城并大肆破坏，后于石头城置"蒋州"，统领江宁、当涂、溧水三县，这一时期的石头城是南京地区的行政

---

① （日）吉村怜著，卞立强、赵琼译：《天人诞生图研究》，北京：中国文联出版社，2002年，第175页。

中心所在。唐代初年于石头城设"扬州大都督府",一度成为长江下游的行政中心所在。唐代以后,由于长江水道西移,石头城不再面临长江,慢慢失去原有的军事地位,逐渐成为文人墨客怀古胜地。

南唐时期,石头山因有清凉寺而更名清凉山,一度作为南唐王朝的避暑宫。明清时期,蕴含着丰厚历史文化底蕴的石头城,成为文人墨客的审美对象,画家郭存仁绘有《金陵八景图》,清凉山以"石城瑞雪"名列其中;位居"金陵八家"之首的名画家龚贤隐居于山上的扫叶楼,潜心作画;此地又先后产生了"惜阴书院"和中国第一个公共图书馆——"江南图书馆",旧石头城一带逐渐成为文化重地,石头城也逐渐转变为清凉山这一带有佛教色彩与山水园林风情的新地名。

从军事重地到文化中心,石头城串联起南京的千年文脉,石头城遗址是彰显南京历史文化名城风貌的重要空间。依据《南京历史文化名城保护规划》(2010—2020)之老城历史城区的保护,清凉山六朝石头城遗址区是南京15片地下文物重点保护区之一。

(三)石头城遗址是南京重要的文化标识与象征符号

石头城的魅力还在于它的文学艺术性,这是一座可以品读的文物保护单位。在六朝唐宋等历代文人的吟咏下,大量以"石头城"为主题的诗词名篇佳作传颂至今。因此,"石头城"成为南京城市的别称,成为最具金陵特质与象征意味的代表性地名意象符号之一。

石头城在唐代诗文中成为金陵古都的代称是由多方面原因造就的。首先应当归结为隋末的战火,将建康城夷为平地,六朝的历史旧迹几乎毁灭殆尽。建康宫城等都不复存在，只有石头城成为六朝灭亡后建康城在后世几乎唯一留存的见证，是唐代时期仍真实可见的为数不多的六朝遗迹。所以在文学作品中，以石头城来指代建康城乃至六朝政权成为必然。在唐末怀古诗盛行的潮流下，文人得以亲身登临石头城故址，感怀前朝旧事。回望石头城作为六朝重镇所承载的六朝历史的兴衰沉浮与风云变幻，生动的金陵古都和六朝历史画卷便在唐人眼里浓缩在这座城址之上，石头城所肩负的代表建康城和前朝旧代的角色也越来越被唐人接受，久而久之自然演变成为六朝金陵的代名词。另外从现实角度讲，石头城是建康都城不复存在后该地的第一个行政建置所在，有唐一代又数次在此驻兵镇守，在隋唐的政治场合中，石头城依旧是不可忽视的要地。从距离上看，石头城在南京西北端，方便当时北人对南京较近距离接触，应该说也是当时北方主流文化对南京比较认同的区域。这两点现实因素也应是石头城在唐代诗文中成为古都代称的考虑。而自六朝后，唐、宋、元、明、清历代层出不断的石头城歌咏之作，反之也加深了其作为六朝遗迹的沧桑之感，使得石头城的文化气质也愈加符合历经磨难的金陵城在后人心中的形象。所以石头城在文学意象中成为古都代称，不仅得益于其在后世的现实因素，也是得益于历代诗文作品的创作。

2022年，江苏在全国率先启动地名文化遗产评定，由江苏省民政厅、住建厅、交通厅、水利厅、文旅厅、方志办等6部门联合举办，多部门共同参与。在当年公布的首批古城、古镇、古村落三类地名文化遗产名单中，"石头城"作为南京的"古城地名"光荣入选。

（四）石头城遗址是长江文化的重要遗产

长江与石头城遗址的地位价值密切相关。古代长江水面宽阔，是南京北部的绝对天堑。六朝时期长江直抵清凉山石头城下，支流秦淮河入江口也在石头城附近，造就了石头城极其重要的战略地位。自东吴时期，滨江的石头城就是水师驻防要塞。整个六朝时期，石头城与建康宫城之间，也具有表里关系，石头城的命运关联的是六朝都城的命运。"长江千里，险过汤池，可敌十万之师。"[1] 六朝政权以长江为依托，实施战略防御，与北方政权相抗衡。也正是在长江天堑的护佑下，南京逐步走向城市史上辉煌的六朝时代。而后长江水道的迁移，也使得石头城的军事战略地位下降，逐步遭到废弃。

2022年1月，长江国家文化公园建设正式启动。随后，江苏提出高质量推进长江国家文化公园江苏段建设，南京提出努力成为长江国家文化公园中的璀璨明珠。2023年11月9日，在南京举行的长江文化发展研讨会中，南京市提出，南京正积极构建以长江文化博物馆为引领，包括西街越城遗址公园、石头城遗址公园、六朝石刻保护和展示、明故宫遗址保护与展示及明外郭遗址绿色廊道、下关和浦口近代文化保护展示片区等10个项目在内的"1+10"项目体系，积极构建南京长江文化城市空间叙事。

---

[1]（宋）张敦颐撰：《六朝事迹编类》卷五《江河门》"大江"条引《江南野史》，南京：南京出版社，2007年，第66页。

（五）石头城遗址是"海上丝绸之路"的重要见证

石头城，以其独特的地理位置扼守秦淮河与长江交汇之咽喉，不仅是自然地理上的战略要地，更是古代"海上丝绸之路"不可或缺的重要见证，深刻体现了南京作为"一带一路"节点城市的重要价值。自东吴建都以来，历经东吴、东晋、宋、齐、梁、陈六朝更迭，石头城始终作为都城核心或军事重镇，其影响力跨越政治、经济、文化多重领域，尤其在促进海上贸易与文化交流方面扮演了举足轻重的角色。

作为水上交通的关键节点，石头城依托的石头津码头，在六朝时期是长江内河航运最为繁盛的港口之一，也是中外交往的门户。东吴黄武五年（226年）从石头津启航的"南宣国化"，《梁书》记载：

> 海南诸国，大抵在交州南及西南大海洲上……及吴孙权时，遣宣化从事朱应、中郎康泰通焉。[1]

东吴使者经历和了解到的域外国家或地区就有一百多个，开启了古代中国官方通过海上丝绸之路加强对外联系的新篇章，其历史意义深远，堪比汉代张骞、班超通西域的壮举。东吴船队抵达台湾岛，也是首次见诸史籍的大陆与台湾岛交往，标志着海峡两岸交流的新纪元。东晋与南朝时期，石头津更是成为连接海南岛、东南亚、南洋乃至东北亚海上贸易网络的核心，常有船队从石头城下的石头津出发，南至海南岛和东南亚、南洋等地，北至辽东半岛、朝鲜半岛和日本，进行海外贸易，展现了南京作为海

---

[1] （唐）姚思廉撰：《梁书》卷五十四《诸夷·海南诸国传》，北京：中华书局，1973年，第783页。

上丝绸之路重要起点的辉煌历史。

石头城不仅是物质交换的桥梁，更是文化交融的熔炉。六朝佛教的兴盛，在石头城留下了深刻的印记，众多寺院的建立不仅推动了宗教活动的发展，更成为中外文化交流的重要平台。高僧法显自斯里兰卡归来，于道场寺与外国高僧共译佛经，这一事件不仅是佛教史上的佳话，也是东西方文化交流史上的一次重要事件，促进了佛教文化在中国的深入传播与本土化发展。

考古发现与历史文献相互印证，进一步强化了石头城在海上丝绸之路中的重要地位。如附近象山王氏家族墓出土的玻璃杯等具有异域风格的器物，以及《职贡图》中对海外使者形象的描绘，均生动展现了六朝时南京与海外地区的广泛交往。同时，《宋书》《梁书》等正史文献中关于海外国家遣使朝贡的详细记载，更是直接证明了石头城作为海上丝绸之路起点，在促进中外政治、经济、文化交流方面的巨大贡献。

《宋书》载元嘉五年（428年），天竺迦毗黎国（今尼泊尔与印度北方邦交界区域）：

国王月爱遣使奉表曰：伏闻彼国，据江傍海……臣之所住，名迦毗河，东际于海……愿二国信使往来不绝，此反使还，愿赐一使，具宣圣命，备敕所宜。款至之诚，望不空反，所白如是，愿加哀愍。奉献金刚指环、摩勒金环诸宝物、赤白鹦鹉各一头。[①]

《梁书》载天监十六年（517年），婆利国（今文莱）：

遣使奉表曰：伏承圣王信重三宝，兴立塔寺，校饰庄严，周遍国土……臣是婆利国主，今敬稽首礼圣王足下，惟愿大王知我

---

① （南朝梁）沈约撰：《宋书》卷九十七《夷蛮·天竺迦毗黎国传》，北京：中华书局，1974年，第2385页。

此心。此心久矣，非适今也。山海阻远，无缘自达……①

此后，普通三年（522年），婆利国国王再次派遣使臣来朝并献上礼品：

其王频伽复遣使珠贝智贡白鹦鹉、青虫、兜鍪、琉璃器、古贝、螺杯、杂香、药等数十种。②

由此可以看出，六朝时期，这些在南亚、东南亚的海外国家与南朝诸政权交往甚密，石头城作为当时的首都，见证了中国通过海路对外交往的历程。

如今，石头城遗址已经变身为石头城公园，成为连接过去与未来的重要文化地标，与南京郑和墓、郑和故宅、龙江宝船厂、静海寺、天妃宫等重要文保单位一起，被列入"海上丝绸之路"《中国世界文化遗产预备名单》。这一转变不仅是对历史记忆的尊重与传承，更是对石头城作为海上丝绸之路关键枢纽与文化交流重镇学术价值的深刻认识与高度肯定。在未来，石头城遗址将继续发挥其不可替代的作用，为海上丝绸之路的研究与申遗工作提供宝贵的实物资料与学术支撑。

石头城遗址的发掘与研究历程，是历史考古学领域的一次深刻探索，它不仅是对物质文化遗产的细致梳理，更是对南京乃至六朝时期社会、文化、军事等多维度历史面貌的深刻揭示。自20世纪90年代以来，对石头城遗址所在地区进行了多次大规模考古调查、勘探和局部试掘，如同层层剥茧般，逐步揭露了这座沉睡千年的古城之秘。这些科学严谨的考古实践，不仅精准定位了石头城遗址的地理坐标，还通过一系列建筑遗迹的发掘，如夯

---

① （唐）姚思廉撰：《梁书》卷五十四《诸夷·海南诸国传》"婆利国"条，北京：中华书局，1973年，第796页。
② （唐）姚思廉撰：《梁书》卷五十四《诸夷·海南诸国传》"婆利国"条，北京：中华书局，1973年，第796页。

土城墙、包砖墙、城门、角楼等，以及大量六朝时期的瓦当、瓷器、铭文砖等文物，构建了一幅生动的六朝都城生活画卷。

这些考古发现，对于六朝都城史及南京城市发展史的研究而言，无疑是宝贵的实物证据。石头城以独特的政治身份，见证了南京城市发展的辉煌历程，其地理位置和军事战略价值，使其成为历代兵家必争之地，承载了丰富的历史信息。石头城遗址的考古发现不仅证实了石头城作为南京都城起点的地位，还通过建筑技术、城市规划、社会生活等多方面的细节展现，为学者提供了深入探究六朝时期社会结构、经济形态、文化特征乃至技术工艺的钥匙。通过对这些遗迹与文物的综合分析，我们能够更加立体地还原六朝都城的繁荣景象，理解其在中国古代城市发展史上的重要地位。

此外，石头城作为文化符号的演变过程，亦体现了南京城市发展格局的演变和中华民族深厚的历史情感与文化认同。自隋唐以降，石头城逐渐超越了其实用功能，成为文人墨客寄托情怀、抒发历史感慨的文化地标。无数诗词歌赋以其为题材，不仅丰富了中华文化的内涵，也塑造了南京独特的城市文化气质。这一过程，是石头城从物质实体向精神象征的升华，展现了文化符号在传承与发展中的强大生命力。

从实用性到人文性再到超然境界，石头城与清凉山反映了南京的历史和精神历程，它们是认识、理解、体悟南京文化符号体系的重要标本，是南京历史与精神历程的双重映射。它们共同构成了南京文化符号体系的重要组成部分，为后人提供了理解南京乃至整个中华文化的独特视角。因此，对石头城遗址的持续发掘与研究，不仅是对历史真相的追寻，更是对中华优秀传统文化的传承与弘扬，对于提升南京城市的文化软实力、增强市民的文化自信具有不可估量的价值。

　　同时，作为重要的旅游资源，石头城遗址的开发与保护也为南京旅游业的可持续发展注入了新的动力。通过科学合理的规划与管理，将石头城遗址打造成为集历史教育、文化体验、旅游观光于一体的综合性文化旅游目的地，不仅能够吸引国内外游客的目光，促进地方经济发展，还能在更广泛的层面上传播南京的历史文化，增强中华文化的国际影响力。

附录一 南京石头城遗址 1998—1999 年勘探试掘简报

贺云翱 邵 磊

摘要：石头城是南京作为中国重要都城城市的起点，对研究六朝都城史、南京城市建设史等具有重大意义。1998 年 7 月至 1999 年 2 月，南京市文物研究所在清凉山地区开展了野外调查、勘探和试掘工作。一系列考古工作证实现存于清凉山地区的土垣为六朝时期的石头城城垣遗存，其最初建造时间为东吴时期，东晋以后又有加筑，城垣的彻底弃用时间约在五代、北宋时期。

关键词：六朝；石头城遗址；南京；城垣

在南京城西秦淮河东岸清凉门一带，有一片低山丘陵，这就是历史上有名的"石头山"，现名清凉山（图一）。石头山曾因诸葛亮评价金陵山水形势为"钟山龙盘，石头虎踞"[1]而闻名；南唐时，杨吴于此所建兴教寺被改名为清凉寺，山也随之渐称清凉山[2]，相沿至今。古石头山海拔最高处仅 60 多米，但是由于唐以前江水直逼山下[3]，其南又扼秦淮河口[4]，因此战略地位十分重要。史载南京最早的行政建置楚国"金陵邑"即位于此，东汉建安十七年（212 年），孙权在金陵邑旧址上修筑"石头城"，改秣陵为建业[5]，由此揭开了南京建都史的第一页。此后，在整个六朝时代，石头城皆因地居要冲而受到王朝特别重视，皇帝常以心腹重臣领军镇守[6]，六朝都城的许多重大事件、重要战争、重要人物与石头城皆有着密切的联系，故后代吟咏石头城的诗文颇多。过去，尽管研究者们认为今清凉门以北至"鬼脸城"段的明城墙曾是古"石头城"所在，但是，由于城址的具体位置和范围以及确属于六朝时期遗迹一直不清楚，所以近年来有些专家认为六朝石头城并不在今天清凉山一带，而是在其北面的四望山或草场门地区[7]。为此，从1998年7月至1999年2月，南京市文物研究所为探查石头城城址而在清凉山地区开展了多次野外调查与勘探工作，笔者主持了这次考古工作，现将考古收获简报如下。

一、城垣调查

图一 石头城遗址位置示意图

现清凉山一带较平坦的地方已呈人烟稠密状态，唯山冈因地势高亢不利交通而保持着较原始的状态。根据文献记载，石头城恰是利用山冈高地修筑而成，我们的调查工作重点首先放在对山冈的调查上。山冈目前主要分布在虎踞路东、西两侧，东侧多属"清凉山公园"和盋山范围；西侧多位于"南京国防园"内及芦柴厂、红土山一带，调查发现在清凉山山体基岩上部有明显隆起的用纯净黄土堆筑的土垣遗迹，土垣顺山脊走势连绵不断，其中北垣、东垣北段和西垣北段保存较为完好（图二）。

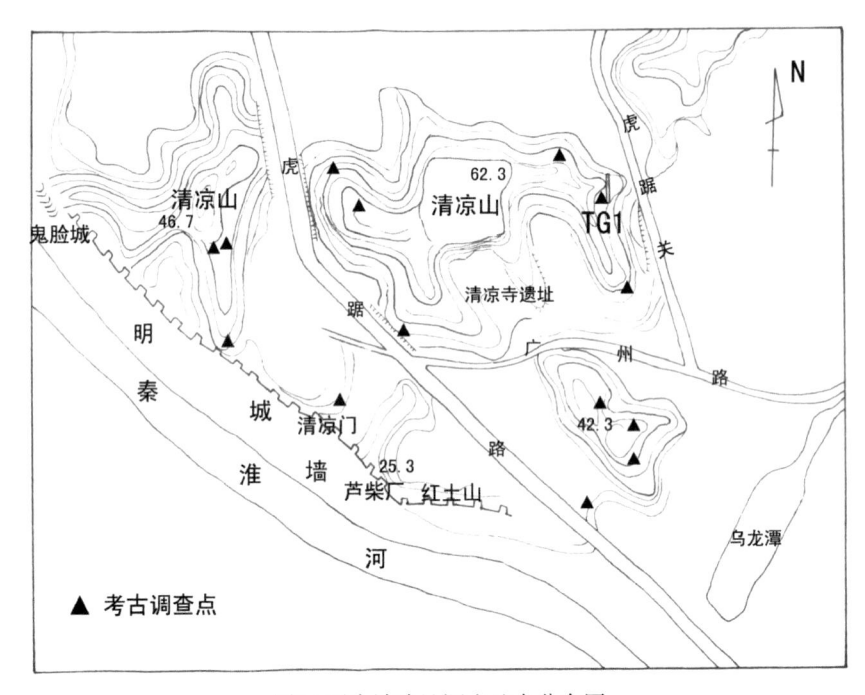

图二 石头城遗址调查地点分布图

北垣现除虎踞路所经一段被挖断外（挖断长度约 80 米），保存于"国防园"内的一段东西长约 370 米，清凉山公园内一段东西总长约 550 米，中段部分利用了自然山体；东垣被广州路切断，其中北段保存较好，南北长约 200 米（位于清凉山公园内）；西垣北段残长约430米（位于国防园内，南至清凉门）。城垣在地表上呈土垣状，其上部宽度一般在10—15米，高度一般在2—4米，局部超过10米。其高度和宽度一般决定于原山体地貌，高的地方土垣夯筑得就低，反之则高，而城垣在利用山体的部位，宽度就大于夯筑的部分。

调查中发现，在土垣延伸的过程中，凡拐角部或直行中每隔一段距离，就会在垣体上外凸一段土垣，外凸部分一般长约50—80米，宽20—30米，我们怀疑这种现象可能与城墙上的马面遗迹有关。在土垣遗迹的上部或坡部及东西两面土垣向南延伸的十多个地点发现有几何纹砖、绳纹砖、条带纹瓦、粗绳纹筒瓦和板瓦片等。

在调查中，我们对清凉山公园内的清凉寺范围的东、西、北三面山体土垣做了重点踏勘。该范围的南面山体地势稍低，似合围的小城堡状，其中东面土垣长约145米，西面土垣长约210米，北面土垣长约140米。1998年10月13—15日，江苏省地震局张治天研究员为我们对公园内山脊上的土垣做了精密磁测，探测结果表明：山上黄土堆积的"土垄（土冈）可能为人工所形成"，部分地段"曾有人类建筑存在"[8]。

二、钻探和探沟发掘情况

1998年12月12—20日，我们主要对清凉山公园内的土垣做了钻探。探孔主要分布在北、东两条土垣上，探孔之间距离为1米，共做探孔55个（TK1—TK55）。结果在55个探孔中，有29个探孔在地表以下2.2米左右发现有砖或砖瓦遗存；有12个探孔在扰乱层（一般0.2米左右）下是纯净的黄土堆筑，且少数探孔中发现有人工夯打遗迹（如46号探孔土样中发现有圆形夯窝痕迹）；有14个探孔上部为纯净的人工黄土堆积，下为基岩。根据土垣包含的砖瓦遗迹判断，局部土垣至少有过两次的修筑。

在整体调查和局部钻探的基础上，1998年12月19日到1999年1月10日，我们在清凉山公园东部的外凸土垣上（推测该处是北垣和东垣相结合处的一个马面遗迹）开挖了一条探沟（TG1）。探沟呈正南北方向，横跨土垣，长15米、宽1米，挖掘深度4.1米，具体发掘情况如下：

1. 地层（图三）

第①层：表土层，呈黄褐色，内含植物根系和少量碎砖瓦块。厚约0.05—0.2米，顶部较薄，坡部较厚，顶部土质较硬，坡部土质较为松软。该层为近现代扰乱堆积。

第②层：浅黄色夹沙土层，见于探沟南北两端，呈坡状堆积，厚约0—1.0米，土质较为松软且纯净，但在本层南部发现一座残墓（M1）。

第③层：黄土夹大量砖瓦块层，土质较为致密，此层分a、b两层，厚约0.5—2.3米。③a层，黄土夹砖瓦层，砖瓦相对较多，夹少量瓷片，在距地表约1.5米处发现人工夯土痕迹；③b层，黄土层夹少量砖瓦块，此层主要见于垣身中部，最厚处约2米，包含物特征与③a层相近，该层出土少量铁镞或铜镞，并出土有砖块遗迹。

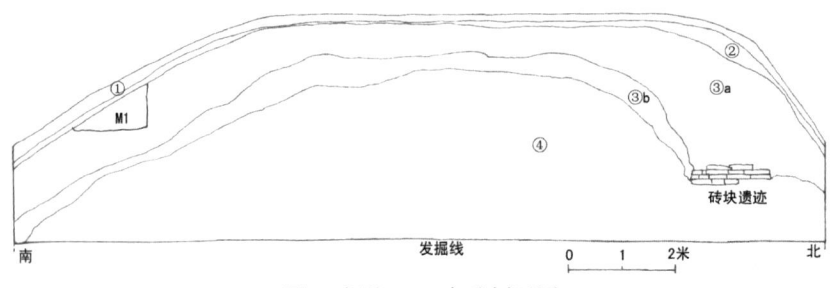

图三 探沟TG1东壁剖面图

第④层：黄土层，土质纯净，较为坚硬，为人工堆土，包含少量砖块。因探沟宽度较窄，不便下挖，经钻探，此层深度超过2米。

2. 遗迹

（1）墓葬

M1，位于探沟南部，开口第②层下，打破第③层。墓葬形制为长方形土坑竖穴墓，方向约140度，由于无法扩方，仅测得墓宽约1.2米，墓坑残深约0.3米。该墓早年已遭严重破坏，出土时只见少量朽烂的棺木及石灰，随葬品有青白瓷盒盖（有"江南官膏伍两"铭）及绿釉陶残罐（无法修复）各1件，器物具有南唐末到北宋初期的特征。

（2）夯土面

在距地表约1.5米和约2米的两个深度上，分别发现局部夯土面，夯土面与上下土层之间有较明显的分界，并留有一层黄黑灰状物，夯窝略呈圆形，直径约5—6厘米、深2—4厘米。

（3）砖建筑遗迹

位于探沟北部的③a层下，距地表约2.7米。砖建筑遗迹保存较为整齐，残存有两层砖，南北长约1.5米，其北面单砖平砌，南面砖较乱，似为建筑物倒塌毁弃之后的堆积。因遗迹继续向探沟两侧土层内延伸，故东西宽度不详，整体结构也不清。所用砖块一般长0.45米、宽0.25米、厚0.06米，砖肋面多为素面，平面拍印绳纹。

（4）土垣

由于探沟直接开挖于土垣上，解剖证明，这条土垣为人工堆筑而成，局部有夯打痕迹，其断面呈上窄下宽的梯形结构，其堆筑过程分前后二期，前期堆筑的土垣上有砖瓦建筑，该建筑在使用过程中留有大量箭镞。该建筑毁弃后，土垣再次被加筑，加筑用土中夹杂着少量早期的断砖和碎瓦。

3. 遗物

（1）砖瓦

主要出土于探沟（TG1）第③层。根据砖瓦的大小、纹饰之不同，收集了部分标本，其中砖标本22件、瓦标本16件，具体情况如下：

砖　砖块多为残断，多呈青灰或褐灰色，以素面砖为主，部分砖面上拍印粗绳纹。砖的端面、肋面上常饰有重圈纹、水波纹、套叠菱形纹、套叠三角纹、套叠半圆纹等，厚度一般都在4—6.5厘米；少数砖肋面上饰莲花纹、网纹等，厚度一般为3.6—4.1厘米（图四）。

图四 TG1 ③层出土砖标本拓本

瓦 均为残件,分为筒瓦、板瓦及少量瓦当三类。泥质,多呈灰、黄灰或黄红色。筒瓦和板瓦面上多有装饰,有纵向的凸线条纹、横向压印的菱形纹、V形纹、交叉线纹等,瓦内面一般都有麻布纹,瓦厚多在0.9—1.5厘米,筒瓦瓦唇长3—4厘米(图五)。

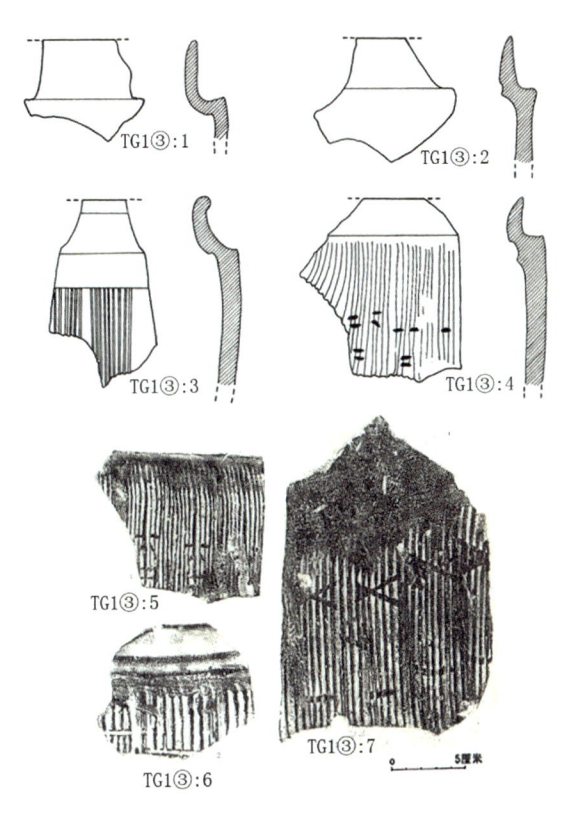

图五 TG1③层出土筒瓦(残)标本拓本

瓦当仅出土一枚(TG1④:78),已残,为人面纹瓦当,当面直径约14.5厘米,边轮宽1.2—1.5厘米、高1厘米。为褐红色质地,人面纹残存颊部、嘴及胡须,颊部鼓起作椭圆形,嘴为扁长形,凸起,嘴上下饰胡须。边轮内一周有不太清晰的三角形锯齿纹。当背可见修坯凹旋纹（图六）。

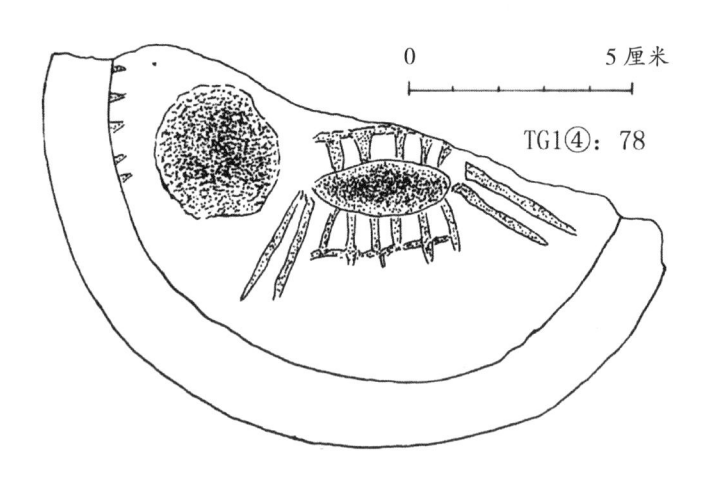

图六 人面纹瓦当残件拓本（TG1④：78）

另外，在土垣不同地点（主要在南京国防园内和位于盔山的原南京市第四中学校园东侧）采集品有砖、瓦两类。砖、瓦质地与探沟内出土砖、瓦相同，砖上或饰有套叠菱形纹、水波纹、套叠三角组合纹等，板瓦或筒瓦表面饰粗绳纹、间断绳纹等，有一件砖上模印"东乇"字样。

（2）箭镞

均出土于探沟第③层下，共77枚（编号TG1④：1—77）。其中两枚为青铜质地（TG1④：1、24），其余为铁镞。铁镞出土时多锈蚀严重。依据造型之不同，分A、B两型，A型为三棱形镞，B型为四棱形镞，而B型镞中又有一些形态上的差异，故再将其分为四个亚型，以下分而述之。

A型 2件。铜、铁镞各1件，镞前部断面作三棱形。TG1④：2，镞长3厘米，铤残，铤直径约为0.3厘米（图七：1）。

B型 共75件，分4个亚型。

Ba型 68枚，作标准四棱形。依规格大小还可分大、中、

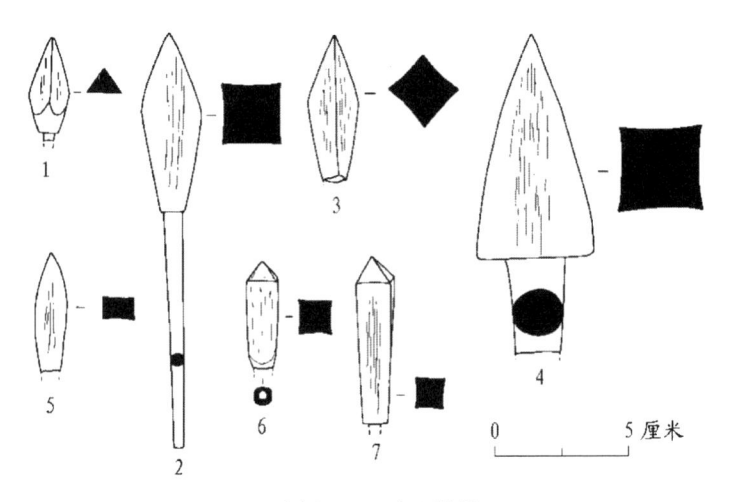

图七 TG1 出土箭镞
1.A 型（TG1④：2） 2、3.Ba 型（TG1④：16、72）
4.Bb 型（TG1④：23） 5.Bc 型（TG1④：6）
6、7.Bd 型（TG1④：24、68）

小三类，其中镞长 6 厘米以上者为大型，镞长 5 厘米以下者为小型，镞长 5—6 厘米者为中型。经统计，大型者 42 枚、中型者 7 枚、小型者 19 枚，可见，它们是以大、中型镞为主体。

该型镞形体较长，镞头前后分界即中脊线约位于中部。TG1④：16，保存较为完好，属大型镞，镞头长 6.5 厘米、中脊横截面边长 2.2 厘米、铤长 8.5 厘米，与其同类的还有 TG1④：3、8、17、26、41、56、70、72 等（图七：2、3）。TG1④：5，属中型镞，镞头残长 5.3 厘米、中脊横截面边长 1.5 厘米。与其同类的还有 TG1④：33 等。

Bb 型 1 枚，特大四棱矛头形。TG1④：23，状似矛头，镞头长 8.5 厘米、铤残长 3.5 厘米、断面直径 1.8 厘米，形体粗壮，重达 0.51 千克（图七：4）。

Bc 型 2 枚，扁体四棱形。TG1④：6，镞头断面略呈扁方形，镞头残长 4.3 厘米、中脊横截面长 1.2 厘米、宽 0.8 厘米（图七：5）。

Bd 型　4 枚，短头四棱形。特点是镞头中脊线偏于前端，使镞体呈前短后长状。TG1 ④：24，青铜质，长 3.8 厘米，其中中脊前部长 0.7 厘米、后部长 3.1 厘米（图七：6）。TG1 ④：68，铁质，长 5.7 厘米，其中中脊前部长 1.7 厘米、后部长 4 厘米（图七：7）。

（3）陶瓷器

"江南官膏伍两"铭瓷盒盖　1 件。M1：1，稍残，灰白胎，平面呈圆形，中部隆起，灰白釉，釉多脱落。盒面直径 7.8 厘米、高 1.3 厘米。盖面上模印楷书文字，竖 3 行，行 2 字，为"江南官膏伍两"（图八）。该器应为南唐时期的遗物[9]。

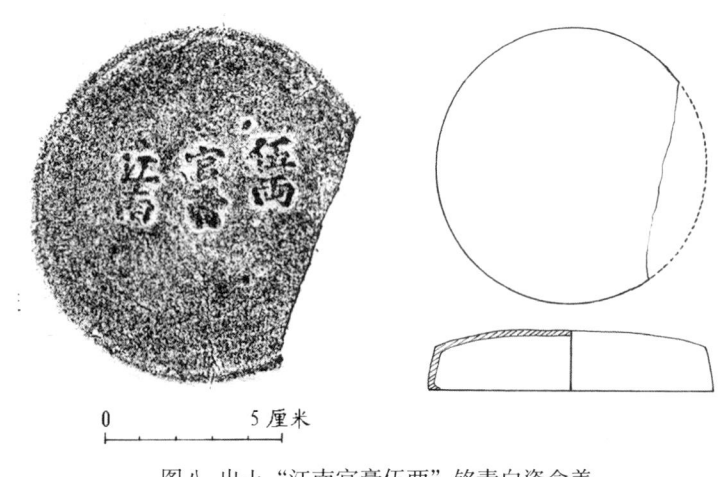

图八　出土"江南官膏伍两"铭青白瓷盒盖

绿釉陶罐　1 件。M1：2，破碎较甚，无法复原，但仍可看出器形。为红陶胎，口残，斜直壁，平底内凹，外施绿釉，底部直径约 6 厘米。

瓷片　3 件。均出土于探沟第③层，1 片为碗钵类器口沿部，灰白胎，圆唇，着酱釉，口部厚 0.4 厘米、器身厚 0.6 厘米；另

2片为罐类器腹片，灰胎，着黑釉，胎厚约0.6厘米，似为德清窑产品。

（4）铜五铢钱

1枚。TG1③：8，锈蚀严重，出土于探沟第③层。体较薄，有内外郭，正面存一"铢"字，"铢"字笔画较肥厚且横、竖大体等宽，其上口与穿平齐，下口超出穿部，"金"旁字头作正三角形，四竖点上两点作点状，下两点作短竖状，"朱"旁上下两部分不等长，下部长于上部，上下拐角圆转。

三、结语

1. 关于土垣的性质

地面考古调查和地下勘探资料证实，现保存于清凉山公园、国防园、盍山山脊上的土垣是人工修筑的城垣遗存。清凉山山体基岩为紫红色硅质砾岩，岩体特征显著，其上加筑的由纯净黄土构成的土垣质地与其形成鲜明的对比。土垣耸立于山脊之上，断面呈上窄下宽的梯形结构；残存的北垣约呈东西走向，东、西垣分别约呈南北走向，具有既利用自然山势但又给予人工规划的迹象。钻探和发掘过程中都发现土垣有人工夯打及不同时期加筑的遗迹。土垣沿线多处分布着砖、瓦遗存。这些都为判定土垣的性质提供了直接证据。至于土垣拐角或每隔一段凸出的部分，我们疑其为用于防御而特意构筑的"马面"之类的遗存。

2. 关于土垣的时代

无论是地表采集还是钻探和探沟中出土的遗物，都具有六朝时期的风格。如探沟第③层出土的饰莲花纹、网纹、忍冬纹、菱形纹砖等，在南京地区南朝墓葬、丹阳齐代帝陵墓室等都有使用[10]。黑釉或酱釉瓷常见于东晋、南朝时期。"五铢钱"具东汉时代的特点，出土于南朝地层中颇能说明问题，如《宋书·明帝本纪》曰泰始二年(466年)三月"壬子,断新钱,专用古钱"。又《隋书·食货志》载："梁初,……百姓或私以古钱交易,有直百五铢、五铢、女钱、太平百钱、定平一百、五铢雉钱、五铢对文等号,轻重不一。"这枚出土于南朝地层中的东汉五铢钱可能就是以上历史事实的反映。总之,我们认为探沟第③层的时代为南朝时期。

探沟第④层砖规格略大于第③层砖,纹饰品种繁多,图案清晰,砖瓦绳纹比之第③层要粗、深,类似的砖过去在南京附近东吴墓中曾有发现,也见于近年来镇江市六朝铁瓮城遗址东吴地层[11]。为此,我们将探沟第④层的时代定为东吴至东晋时期。

调查中在10多处地点采集的砖、瓦片同样具有六朝时期的特征,如水波纹砖、套叠菱形纹砖、粗绳纹瓦、凸线条纹瓦等见于探沟第④层,模印"东毛"铭的砖在近年南京钟山六朝坛类建筑遗存考古中也有出土[12]。另外,在29个探孔中出土的砖、瓦标本的质地与发掘出土及采集的六朝时期砖、瓦质地基本相同,这些资料对判断城垣时代也有重要作用。总之,我们认为,清凉山地区目前尚存的沿山脊分布的人工堆筑土垣为六朝时期的一处城垣遗迹。

探沟第②层残墓中出土的带铭盒盖和绿釉陶罐,器型具有北宋早期的特点,而铭文"江南官膏伍两",可能反映的正是南唐晚期李煜称"江南国主"后的一段史实[13],在探沟西南300多米处恰巧就有建于杨吴、盛于南唐并作为南唐皇帝避暑胜地的"清凉寺"遗址[14]。这座北宋残墓打破并叠压在土垣之上,对判断土垣的时代下限有所帮助,即这处城垣到唐代以后已被废弃而成为葬地。

3. 对城垣性质的认识

依据以上考古材料,我们认为现存于清凉山地区的土垣为六朝时期的石头城城垣遗存,其最初建造时间为东吴时期,东晋以后又有加筑,城垣的彻底弃用时间约在五代、北宋时期。基于以上的认识,我们根据现有的城垣遗存推测六朝石头城的四至:其北垣除现虎踞南路所经被掘断一段外,其余大体尚存;东垣保存于清凉山公园内的一段较为完好,向南延伸处被现广州路切断,跨过现广州路后又从盋山一线向南延伸,在原南京市第四中学校园南端向西拐折;西垣沿当时的江岸高地设置,约呈西北—东南走向,其北端即北垣的西端之西侧,悬岩高耸,怪石嶙峋,俗称"鬼脸城"。不过,需要说明的是,由于"鬼脸城"一线保留着高大的明代城墙,容易使人们认为这段明城墙的基础都是六朝石头城的西垣之所在,而据我们调查,六朝石头城西垣的北段实际并不在明代城墙一线,而是在明城墙东边的山脊上蜿蜒伸展。

现在,有关六朝石头城西南一角的遗迹状况尚无直接证据,但是调查发现,明代城墙于芦柴厂与红土山的拐角处一段建于高耸的基岩之上,红土山一段的明城墙呈东西走向,与石头城北垣相对应。假设这段城墙体直接向东延伸,正好可与石头城东垣南端相交,构成石头城的南垣。依这一推测,我们可知石头城北垣长约1100米,东垣约650米,西垣约820米,南垣约450米,周长合约3000多米(取直线测量,未计城墙弯曲处长度)。而按南朝《舆地志》所载,六朝石头城周长为"七里一百步",合今大约3194.2米[15],依考古资料所推石头城周长与历史文献记载的数字如此接近,应该不是巧合。

另外,对位于石头城大城圈内东北部但又相对独立的现存于清凉山公园内的小城堡式遗存,我们认为或是文献中所载的"石头东城"(或"石头小城"或"石头仓城")[16]遗迹。在石头城范围内及附近还有东、西、南、北四座城门及门楼、入汉楼、听事阁、石头津等[17]，同时，史料显示，石头城从东汉末到唐代，先后有过多次修筑[18]，这些都有待将来进一步开展工作予以确认。

石头城是南京作为中国重要都城城市的起点，对研究六朝都城史、南京城市建设史等具有重大意义。南京六朝石头城遗址考古虽才起步，但已获取的资料为确认城垣所在、推定城垣四至、认识城垣的构筑方法、所用建筑材料的时代特征等都提供了直接帮助，出土的花纹砖、板瓦、筒瓦和人面纹瓦当、箭镞等，是南京六朝都城考古中首次发现的一批与城市建设直接相关的资料，对研究六朝都城物质文化有一定价值。当然，由于本次考古工作是以地面调查、局部钻探和探沟发掘为主，所获资料有限，得出的结论还有待将来进一步的工作予以确认。

（本文写于1999年12月。在此对南京清凉山公园管理处及所有参加当年考古工作和提供帮助的同志表示衷心感谢！）

领　　队：贺云翱

发掘人员：邵　磊　路　侃　王碧顺　袁晓琪　邢华年

绘　　图：周桂龙

执　　笔：贺云翱　邵　磊

---

[1] 晋·张勃《吴地理志》载："刘先主曾使诸葛亮至京，因睹秣陵山阜，叹曰'钟山龙盘，石头虎踞，帝王之宅'。"见清·王谟辑《汉唐地理书钞》，中华书局1961年。唐·许嵩《建康实录》卷一引《吴录》："刘备曾使诸葛亮至京（按：指京口，今镇江），因观秣陵（按：即今南京）山阜，曰：'钟山龙盘，石头虎踞，此乃帝王之宅也。'"

[2] 宋·马光祖、周应合《景定建康志》卷四六"清凉广惠禅寺"条载："在石头城，去城一里"，"伪吴顺义中徐温建为兴教寺，南唐升元初改为石城清凉大道场"。宋·普济《五灯会元》卷二十二"清凉院休复悟空禅师"载："江南国主创清凉道场……"中华书局1989年。但"石头山"何时改称"清凉山"，目前还值得研究，学者一般认为自有五代清凉寺后，山即因寺而得名，然笔者反复查阅史书，发现як宋《景定建康志》、元《至正金陵新志》直到明《万历上元县志》，石头山都不称"清凉山"，可见，"石头山"改称"清凉山"很可能最早是在明代。清嘉庆年间，吕燕昭修《江宁府志》，把石头山、清凉山并列。清·汪士铎等撰修《同治上江两县志》卷三"石头山"条中认为，易"石头"为"清凉"，确是因此地有清凉寺，但山何时易名未作交待，该书认为："吕（燕昭）《志》分石头、清凉为二山，盖沿明《应天（府）志》之误，不知'清凉'者俗称，'石头'者古名，……不得析石头、清凉为二矣，

今正之。"即石头山改称清凉山可能大约是在明代出现的俗称，到清代遂相沿成习，但学者对它的称呼还会有误，可见"清凉山"一称之产生时代当不会太早。

[3] 六朝时期，石头山西临大江，至唐时江潮仍可直迫城下，唐·刘禹锡《金陵五题·石头城》诗言："山围故国周遭在，潮打空城寂寞回。淮水东边旧时月，夜深还过女墙来。"唐代以后，江水逐渐西移，石头城下渐成平畴，不复旧观。

[4] 陈·顾野王《舆地志》载："淮水发源于华山，在丹湖、姑孰之界，西北流经建康、秣陵二县之间，萦绕京邑之内，至于石头入江，悬流三百许里"，见清·王谟辑《汉唐地理书钞》，中华书局1961年。

[5] 《三国志》卷四七《吴书·吴主传第二》载："（建安）十六年（211年），权徙治秣陵。明年，城石头，改秣陵为建业。"南朝宋·山谦之《丹阳记》载："石头城，吴时悉土坞，义熙始加砖累甓，石头（城）因山以为城，因江以为池，形险固，有奇势，故诸葛亮曰'钟山龙盘，石城虎踞，良有之矣'。见清·王谟辑《汉唐地理书钞》，中华书局1961年。另《建康实录》卷一载："越霸中国，与齐、楚争强，为楚威王所灭，其地又属楚，乃因山立号，置金陵邑也。楚之金陵，今石头城是也。"又载建安十六年（211年）"权始自京口徙治秣陵。十七年，城楚金陵邑地，号石头，改秣陵为建业"。同书卷二引《江表传》："汉建安中，刘备尝宿于秣陵，观江山之秀，劝帝（按：指孙权）居。初，张纮谓帝曰：'秣陵，楚威王所置，名金陵，地势岗阜连石头。……今宜为都邑。'帝深善之，后闻刘备语，曰：'智者意同。'"

[6] 宋·张敦颐《六朝事迹编类》卷二："吴孙权沿淮立栅，又于江岸必争之地筑城，名曰石头。常以腹心大臣镇守之。"东晋、南朝，先后有周札、王敦、庾冰、司马元显、谢安、刘裕、刘骏、刘劭、萧道成、萧赜、萧纲、萧绎、王僧辩等驻守石头城，多为朝廷重臣或皇族，可见石头城位置之重，相关记载见《晋书》《宋书》《南齐书》《梁书》《陈书》《南史》等相关人物本传。

[7] 六朝石头城在四望山说见吕武进、李绍成、徐柏春《南京地名源》，江苏科技出版社1991年，第33～37页；在草场门说见季士家、韩品峥主编《金陵胜迹大全》"石头城"条，南京出版社1993年，第516～517页；又见南京市地方志编委会《南京建置志》"石头城"，海天出版社1999年，第47页。

[8] 张治天：《关于清凉山公园试探测的一些初步看法》，南京市文物研究所资料，1998年12月22日。

[9] 《续资治通鉴长编》卷一二记载：开宝四年（971年）十一月癸巳日，北宋朝廷要求南唐国"去唐号"，改称"江南国"，南唐国印文也改为"江南国主印"。这件瓷盒盖铭文作"江南官膏伍两"，说明此时南唐已称"江南国"。

[10] 南京市博物馆等：《江苏南京市富贵山六朝墓地发掘简报》所录1号墓出土墓砖拓本，《考古》1998年第8期；王志高、贾维勇：《江苏南京市白龙山南朝墓》所录墓砖拓本，《考古》1998年第12期；南京市文物研究所等：《南京梁南平王萧伟墓阙发掘简报》所录砖纹拓本，《文物》2002年第7期等。

[11] 李蔚然：《南京南郊六朝墓葬清理》，《考古》1963年第6期；南京市博物馆：《南京郊县四座吴墓发掘简报》，《文物资料丛刊》第8辑，文物出版社1983年。镇江铁瓮城遗址出土东吴花纹砖资料存镇江古城考古所，此蒙刘建国先生见告，笔者赴镇江直接在考古现场观摩。

[12] 笔者在主持南京钟山六朝坛类建筑遗存考古工作的过程中，多次发现模印"东乇"二字的铭文砖。

[13] 《宋史》卷四七八《世家列传·南唐李氏》："开宝四年（971年）……（煜）上表，遂改唐国主为江南国主，唐国印为江南国印。"又《十国春秋》卷一七《南唐本纪》："开

宝四年……冬十月……，遣太尉、中书令韩王从善朝贡，称江南国主，请罢诏书不名，许之。"

[14] 宋·马光祖、周应合《景定建康志》卷四六《祠祀志·寺院》："清凉广惠禅寺，在石头城……伪吴顺义中徐温建为兴教寺，南唐升元初改为石城清凉大道场……旧传此寺尝为李氏避暑宫。"

[15] 清·顾祖禹《读史方舆纪要》："《舆地志》：山环七里一百步，北缘大江，南抵秦淮口，去台城九里，山上有城……""山环七里一百步""山上有城"，表明石头城周长约为七里一百步，综合出土东吴古尺，每尺约合今 24.2 厘米，"七里一百步"合今约为 3194.2 米。古尺资料见丘光明：《中国历代度量衡考》第三章《三国至南北朝的尺度》，科学出版社 1992 年。

[16]《三国志》卷四八《吴书三·孙休传》：永安六年（263 年）夏四月"癸未，建业石头小城火，烧西南百八十丈"。《建康实录》卷十载：东晋义熙八年（412 年）"于石头东城内起高楼……"。《资治通鉴》卷一二五《宋纪七》元嘉二十七年（450 年）"太子劭出镇石头，总统水军，丹阳尹徐湛之守石头仓城……"《陈书·高祖本纪》又称其为石头"东北小城"，而现在发现的这处小城堡状的遗迹正处于石头大城的东北部。石头小城又称"仓城"，城有"仓门"，见《南齐书·戴僧静传》等。

[17]《读史方舆纪要》引《图经》：石头城"南开二门，东开一门，其南门之西者曰西门"。即石头城有东门（《资治通鉴》卷一三四《宋纪十六》）、南门（《晋书·周顗传》等）、西门各一，只不过因城西垣呈西北—东南走向，故西门门向偏东南，或称"西门"（《陈书·程灵洗传》、《资治通鉴》卷一六六《梁纪二十二》），或称"西南门"（《南齐书·戴僧静传》）。另石头城还有"北门"一座（《陈书·高祖本纪》）。今虎踞南路、广州路约在石头城范围内中部成十字交叉，经查清《江宁省城图》，这两条道路清代时已有基础，从地形观之，两条路入石头城遗址之地点很可能与古石头城四门有关，如江苏省文物管理委员会的文物考古人员于 20 世纪 80 年代曾在原南京市第四中学西侧虎踞路所经处（本文所推测的石头城南垣一线）发现一段土墙，土墙在六朝地层内，南北残长 3—4 米，宽约 0.8 米，墙基东侧有砖砌包墙，似一处南北向的城门墙基遗迹。与土墙同一地层内出土人面纹瓦当等六朝早期的遗物（王少华：《石头城下孙吴太初宫》一文，《吴越文化论》，江苏省出版局 1995 年内部印行）。我们怀疑这一地点正是石头城南门的部分遗迹，值得在今后考古工作中给予重视。另史载南城门有楼（《陈书·高祖本纪》），城内还有"烽火楼"（《建康实录》卷一六）、"入汉楼"（在"石头东城"内，《建康实录》卷十）、"仓屋"（一度作为晋成帝临时宫室，《建康实录》卷七）、"听事"及"内阁"（《陈书·侯安都传》）、厢堂（《南齐书·祥瑞志》）等建筑物。"石头津"为六朝都城重要的水运码头和税收重地，面江临秦淮。南朝宋·山谦之《丹阳记》载"旧扬州有四津，方山为东，石头为西"。见清·王谟辑《汉唐地理书钞》，中华书局 1961 年。

[18] 宋·马光祖、周应合《景定建康志》卷一七"石头山"条载，石头城有过多次修筑：1. 东汉建安十七年（212 年）孙权乃加修理，改名石头城，时为土墙；2. 东晋义熙初始加砖累甓（义熙六年发居民治石头城）；3. 南朝刘宋景和元年修为"长乐宫"；4. 南朝陈宣帝太建二年（570 年）复加修筑以贮军食；5. 隋平陈后于此置蒋州治，唐又于此置扬州大都督府，后扬州移广陵，此城废；6. 唐武则天光宅年间徐敬业派崔洪修石头城；7. 唐德宗时韩滉筑石头五城，于石头城穿井皆百尺；8. 唐宪宗元和二年（807 年）李锜派庾伯良率兵三千来筑石头城，据以谋反等。见《宋元方志丛刊》第二册，中华书局 1990 年。

附录二 江苏南京六朝石头城遗址

石头城遗址位于南京城区西部清凉山（古石头山）区域。2016年6月至2017年2月，由南京大学历史学院、南京大学文化与自然遗产研究所和清凉山公园管理处组成的联合考古队对遗址进行了考古发掘，发掘面积约600平方米，发掘区域主要位于清凉山公园东北角的原八角亭处。此次考古工作取得突破性进展，发现了孙吴时期的砖铺路面、东晋至南朝早期的包砖墙及角楼遗迹和南朝晚期的城门遗迹，为我们展现了石头城在整个六朝时期不断修缮、传承使用的发

莲花纹瓦当

展过程。

发掘出土砖多为绳纹砖、楔形砖，少量砖有其他纹饰，如莲花纹、重圈纹、几何纹等，最厚为7.3厘米，最薄的也有3.2厘米，最宽为25.2厘米，最窄为10.5厘米；出土的瓦块多为板瓦和筒瓦，板瓦厚度为1.2—1.7厘米，筒瓦厚度1—1.2厘米，同时还有少量人面纹瓦当、兽面纹瓦当、莲花纹瓦当出土。青瓷片均为残件，器形有盏、罐、碗、壶，均具有六朝早期至南朝的特点。

本次还发现了晚于六朝的对城墙墙体作修补夯筑的遗迹，证明六朝石头城在隋唐时代仍有被修补使用的过程。这与隋唐时代石头城曾有延用的文献记载相符合。（贺云翱 王碧顺）

附录三 南京发现吴大帝孙权始筑的石头城

六朝古都南京别称"石头城",这是因为东汉建安十七年(212年),孙权在楚国金陵邑旧址上修筑"石头城",改秣陵为建业,拉开了南京建都史的第一页。过去一般认为今天南京市内清凉门以北至"鬼脸城"段明城墙是孙权所建"石头城"所在,但城址的具体位置和范围以及是否确属于六朝时期遗迹这点一直不清楚。1998年,通过大面积的考古调查,贺云翱教授提出真正的六朝石头城遗址应该是在"鬼脸城"段附近的更大范围内。2010年,南京大学历史学系在相关部门的支持下,对遗址继续进行了调查勘探和考古发掘,进一步获知了东吴至南朝时期的石头城的城垣走向、结构及相关遗迹状况。

2011年11月至2012年1月,南京大学历史学系、南京市

人面纹瓦当　　　　　　　　　　　莲花纹瓦当

钱纹砖

发掘中的东垣 2 号探沟

博物馆对此前勘探发现的地下东垣和北垣遗迹进行了更详细的考古发掘，发现了体量巨大的城垣遗迹，出土遗物主要为砖、瓦、瓦当、瓷片等。这次考古发掘探明了六朝石头城的确切位置和建筑结构，为研究六朝都城整体布局、古长江及与石头城的关系以及六朝都城城墙建筑技术等问题提供了宝贵资料。（周桂龙）

参考文献

古籍

[1] （春秋）左丘明撰，（晋）杜预集解，李梦生整理：《春秋左传集解》，南京：凤凰出版社，2020年。

[2] （战国）吕不韦撰：《吕氏春秋》，上海：上海古籍出版社，1996年。

[3] （汉）司马迁撰：《史记》，北京：中华书局，1959年。

[4] （汉）刘向集录：《战国策》，上海：上海古籍出版社，1978年。

[5] （汉）班固撰：《汉书》，北京：中华书局，1962年。

[6] （东汉）袁康、吴平辑录：《越绝书》，北京：中华书局，1985年。

[7] （晋）陈寿撰，（南朝宋）裴松之注：《三国志》，北京：中华书局，1959年。

[8] （南朝宋）范晔撰：《后汉书》，北京：中华书局，1965年。

[9] （南朝梁）萧子显撰：《南齐书》，北京：中华书局，1972年。

[10] （南朝梁）沈约撰：《宋书》，北京：中华书局，1974年。

[11] （唐）房玄龄等撰：《晋书》，北京：中华书局，1974年。

[12] （唐）姚思廉撰：《陈书》，北京：中华书局，1972年。

[13] （唐）姚思廉撰：《梁书》，北京：中华书局，1973年。

[14] （唐）李延寿撰：《南史》，北京：中华书局，1975年。

[15] （唐）魏徵等撰：《隋书》，北京：中华书局，1973年。

[16]（唐）许嵩撰：《建康实录》，北京：中华书局，1986年。

[17]（唐）李吉甫撰：《元和郡县图志》，北京：中华书局，1983年。

[18]（宋）周应合纂：《景定建康志》，南京：南京出版社，2009年。

[19]（宋）李昉等撰：《太平御览》，北京：中华书局，1960年。

[20]（宋）乐史撰：《太平寰宇记》，北京：中华书局，2007年。

[21]（宋）司马光编著：《资治通鉴》，北京：中华书局，1956年。

[22]（宋）岳珂撰：《桯史》，北京：中华书局，1981年。

[23]（宋）王象之撰：《舆地纪胜》，北京：中华书局，1992年。

[24]（元）张铉修纂：《至正金陵新志》，南京：南京出版社，2010年。

[25]（明）程嗣功修，（明）王一化纂：《万历应天府志》，南京：南京出版社，2011年。

[26]（明）顾起元撰：《客座赘语》，南京：南京出版社，2009年。

[27]（明）孙应岳撰，成林点校：《金陵选胜》，南京：南京出版社，2009年。

[28]（明）陈沂撰，欧阳摩一点校：《金陵古今图考》，南京：南京出版社，2006年。

[29]（清）严可均校辑：《全上古三代秦汉三国六朝文》，北京：中华书局，1958年。

[30]（清）顾云撰，张增泰点校：《盋山志》，南京：南京出版社，2009年。

[31]（清）顾祖禹撰，贺次君、施和金点校：《读史方舆纪

要》，北京：中华书局，2005年。

著作

[1] 宗白华著：《美学散步》，上海：上海人民出版社，1981年。

[2] 吕武进、李绍成、徐柏春著：《南京地名源》，南京：江苏科学技术出版社，1991年。

[3] 刘淑芬：《六朝的城市与社会》，台北：学生书局，1992年。

[4] 〔日〕村上专精著：《日本佛教史纲》，北京：商务印书馆，1992年。

[5] 季士家、韩品峥主编：《金陵胜迹大全》，南京：南京出版社，1993年。

[6] 傅振伦：《〈景德镇陶录〉详注》，北京：书目文献出版社，1993年。

[7] 罗宗真：《六朝考古》，南京：南京大学出版社，1994年。

[8] 马伯伦主编：《南京建置志》，深圳：海天出版社，1994年。

[9] 蒋赞初：《南京史话》，南京：南京出版社，1995年。

[10] 卢子博主编：《南京图书馆志1907—1995》，南京：南京出版社，1996年。

[11] 季啸风：《中国书院辞典》，杭州：浙江教育出版社，1996年。

[12] 乐黛云、陈珏编选：《北美中国古典文学研究名家十年文选》，南京：江苏人民出版社，1996年。

[13] 〔美〕施坚雅主编：《中华帝国晚期的城市》，北京：中华书局，2000年。

[14] 梁思成：《营造法式注释》，《梁思成全集》第七卷，北京：中国建筑工业出版社，2001年。

[15] 许辉、邱敏、胡阿祥主编：《六朝文化》，南京：江苏古籍出版社，2001年。

[16] 郭黎安：《六朝建康》，香港：香港天马图书公司，2002年。

[17] 卢海鸣：《六朝都城》，南京：南京出版社，2002年。

[18] 李万健主编：《开放的藏书楼 开放的图书馆 纪念古越藏书楼创建百年论文集》，杭州：浙江人民出版社，2002年。

[19] 〔日〕吉村怜著，卞立强、赵琼译：《天人诞生图研究》，北京：中国文联出版社，2002年。

[20] 李德辉：《唐代交通与文学》，长沙：湖南人民出版社，2003年。

[21] 贺云翱：《六朝瓦当与六朝都城》，北京：文物出版社，2005年。

[22] 胡阿祥：《六朝疆域与政区研究》（增订本），北京：学苑出版社，2005年。

[23] 杨新华主编：《南京明城墙》，南京：南京大学出版社，2006年。

[24] 杨国庆、王志高：《南京城墙志》，南京：凤凰出版社，2008年。

[25] 中共南京市鼓楼区委宣传部、南京市鼓楼区文化局编：《鼓楼风光》，南京：东南大学出版社，2009年。

[26] 薛冰：《清凉山史话》，南京：南京出版社，2009年。

[27] 胡阿祥、李天石、卢海鸣编著：《南京通史·六朝卷》，南京：南京出版社，2009年。

[28] 李泽厚：《美的历程》，北京：三联书店，2009年。

[29] 黄强著：《文人置业那些事》，广州：暨南大学出版社，

2011 年。

[30] 陈刚：《六朝建康历史地理及信息化研究》，南京：南京大学出版社，2012 年。

[31] 严中著：《红楼梦与南京》，南京：河海大学出版社，2013 年。

[32] 陈彦青：《观念之色：中国传统色彩研究》，北京：北京大学出版社，2015 年。

[33] 朱偰著，南京市地方志编纂委员会办公室编：《金陵古迹图考》，南京：南京出版社，2019 年。

[34] 吴令华编：《百年红学经典论著辑要(第一辑·吴世昌卷)》，合肥：安徽教育出版社，2020 年。

[35] 赵勇著：《近代中国城市管理法制研究》，郑州：河南人民出版社，2020 年。

[36] 袁晓聪、曹辛华、缪剑农主编：《百年来缪荃孙研究论文选粹》，上海：上海大学出版社，2021 年。

[37] 刘跃清著：《举头望明月》，北京：燕山出版社，2022 年。

[38] 葛长森编：《清凉源流》，南京：东南大学出版社，2022 年。

论文

[1] 汤用彤：《魏晋玄学和文学理论》，《中国哲学史研究》1980 年第 1 期。

[2] 蒋赞初：《鄂城六朝考古散记》，《江汉考古》1983 年第 1 期。

[3] 魏韬：《魏源南京故宅的历史变迁》，《求索》1983 年第 2 期。

[4] 熊海堂：《试论六朝武昌城的兴衰》，《东南文化》1986年第2期。

[5] 王红：《试论晚唐咏史诗的悲剧审美特征》，《陕西师大学报（哲学社会科学版）》1989年第3期。

[6] 鄂州市博物馆、湖北省文物考古研究所：《六朝武昌城考古调查综述》，《江汉考古》1993年第2期。

[7] 胡光曙：《魏源遗迹访谈录》，《文史拾遗》1994年第2期。

[8] 镇江古城考古所：《铁瓮城考古发掘纪要》，《南方文物》1995年第4期。

[9] 刘宗意：《石头城新考》，《江苏地方志》2000年第2期。

[10] 李蔚然：《金陵邑治所辩》，《南京晓庄学院学报》2000年第3期。

[11] 王然、丁兰：《吴王城新考》，《江汉考古》2000年第1期。

[12] 〔日〕盐泽裕仁：《六朝建康的城市防卫体系试探》，《东南文化》2001年第1期。

[13] 卢海鸣：《试论六朝定都建康的风水因素》，《南京社会科学》2002年第4期。

[14] 冯务建：《六朝武昌城试掘简报》，《江汉考古》2003年第4期。

[15] 胡阿祥：《六朝疆域与政区述论》，《南京理工大学学报（社会科学版）》，2003年第1期。

[16] 贺云翱：《南京钟山南朝坛类建筑遗存一号坛发掘简报》，《文物》2003年第7期。

[17] 刘伟顺：《南京魏源故居"小卷阿"命名管见》，《邵阳学院学报》，2005年第3期。

[18] 张金龙：《南朝的石头城防务与领石头戍事》，《浙江

学刊》2005年第2期。

[19] 李金堂:《"石头城"纵论》,《东南文化》2005年第1期。

[20] 张学锋:《六朝建康城的发掘与复原新思路》,《南京晓庄学院学报》2006年第2期。

[21] 赵小勇:《东吴长江防线兵要地理初探》,《中国历史地理论丛》2006年第2期。

[22] 张弓:《中国古代城市设计山水限定因素考量——以承德、南京为例》,清华大学硕士论文,2006年。

[23] 尹辉风:《孙吴长江防线研究》,湖南师范大学硕士论文,2008年。

[24] 严中:《〈红楼梦〉与南京》,《新世纪图书馆》2011年第2期。

[25] 铁瓮城考古队:《江苏镇江市铁瓮城遗址发掘简报》,《考古》2010年第5期。

[26] 镇江古城考古所、镇江博物馆:《镇江铁瓮城南门遗址发掘报告》,《考古学报》2010年第4期。

[27] 戴凡、王继华:《北河口水厂 润泽南京八十载》,《中国文化遗产》2011年第5期。

[28] 武廷海:《六朝建康规画》,《城市与区域规划研究》2011年第4期。

[29] 陈允兰:《南京出土六朝瓦当纹样研究》,南京师范大学2011年硕士论文。

[30] 贺云翱,邵磊:《南京石头城遗址1998—1999年勘探试掘简报》,《东南文化》2012年第2期。

[31] 岳清:《穿越时空的梅花香》,《钟山风雨》2019年第3期。

[32] 梁白泉:《试述石城文化——纪念南京石头城建城

1800 年》（上下），《东南文化》2012 年第 5、6 期。

[33] 王志高：《简论南京石头城的四个问题》，《南京晓庄学院学报》2013 年第 2 期。

[34] 贺云翱、周桂龙：《南京发现吴大帝孙权始筑的石头城》，《大众考古》2013 年第 3 期。

[35] 刘丽：《六朝江南城墙的修筑和形制》，《史学集刊》2013 年第 5 期。

[36] 王志高：《金陵邑与金陵邑城综考》，《南京晓庄学院学报》2014 年第 5 期。

[37] 王志高：《秦汉秣陵县治新考》，《学海》2014 年第 5 期。

[38] 朱涵瑞：《镇江铁瓮城遗址保护及利用研究》，北京建筑大学 2016 年硕士论文。

[39] 苏玮：《六朝人面纹瓦当视觉审美与符号研究》，江南大学 2016 年硕士论文。

[40] 贺云翱、王碧顺：《江苏南京六朝石头城遗址》，《大众考古》2019 年第 3 期。

[41] 王双：《中古时代金陵"石头城"之具象与意象及其变迁》，南京大学 2016 年硕士论文。

[42] 武汉大学历史学院、鄂州市博物馆：《湖北鄂州瓦窑咀窑址发掘简报》，《江汉考古》2021 年第 3 期。

[43] 李佳蕙：《城市历史景观视野下南京清凉山城山关系演进机制探究》，北京林业大学 2020 年硕士论文。

[44] 胡阿祥：《自然与人文视野中的六朝长江》，《江苏地方志》2023 年第 1 期。

[45] 李慧杰：《论魏晋时期尚"自然"的审美取向》，河南大学 2023 年硕士论文。

后记

石头城，这座承载着南京千年沧桑与辉煌的军事堡垒，犹如一部鲜活的历史长卷，静静地诉说着过往的故事。它不仅是南京作为古都历史的开篇之作，更因其险要的地势、深厚的文化底蕴而成为这座城市不可或缺的灵魂所在，千百年来始终是古都南京重要的文化地标。近年来，随着田野考古工作的深入进行，石头城遗址逐渐揭开了神秘的面纱，以更加生动的姿态展现在世人眼前。2022年初，长江国家文化公园的启动，更是赋予了这片古老土地新的生命与使命。作为曾经矗立在长江之滨的坚固堡垒，石头城不仅对南京城市文明的起源、发展以及未来，起着至关重要的作用，也是保护、传承、弘扬长江历史文脉的重要载体。

本书综合运用历史学、考古学、文献学、文化学等多学科视角，对石头城遗址的历史、考古与文化资源进行了系统梳理和深度挖掘，融学术性、普及性为一体，有不少历史资料也是首次公开，具有一定学术价值和创新性，旨在为南京地域文明的探源和长江文化的传承与发展贡献力量。

书中包含了大量石头城遗址的考古资料，来自南京市考古研究院、南京大学历史学院、南京大学文化与自然遗产研究所多年来开展的考古工作，以及南京市石头城遗址管理处（原南京市清凉山公园管理处）的大力支持，感谢各家单位在石头城遗址的发掘工作中倾注了巨大的心血与热情。南京市文化和旅游局对本书稿的撰写给予了坚实的支持。在研究和出版过程中，我们多次组织召开专家座谈会，通过深入交流阶段性成果，共同探讨并解决了研究中的诸多难题。河海大学出版社为本书的出版提供了鼎力支持与专业帮助，使得这一凝聚了众多学者智慧与汗水的研究成果得以面世。在此，我们衷心地向各位领导、各有关部门及专家学者等表达最深的谢意！

本书研究涉及领域广泛且时间跨度悠久，加之相关的考古研究工作仍在进行中，在短时间内难以达到尽善尽美。书中难免存在不足之处，我们恳请社会各界读者不吝赐教，您的宝贵意见将是我们不断进步的动力。

本书研究涉及领域广泛且时间跨度较大，加之相关的考古研究工作仍在进行中，难免有不足之处，恳请读者批评指正，您的宝贵意见将是我们不断进步的动力。

本书编委会
2024 年 8 月